城镇化的模式创新与风险管控

Model Innovation and Risk Control of Urbanization

张本效　著

国家社科基金后期资助项目
出版说明

后期资助项目是国家社科基金设立的一类重要项目，旨在鼓励广大社科研究者潜心治学，支持基础研究多出优秀成果。它是经过严格评审，从接近完成的科研成果中遴选立项的。为扩大后期资助项目的影响，更好地推动学术发展，促进成果转化，全国哲学社会科学规划办公室按照“统一设计、统一标识、统一版式、形成系列”的总体要求，组织出版国家社科基金后期资助项目成果。

全国哲学社会科学规划办公室

序

张本效在跟随我做访问学者期间，对其博士学位论文进行了大幅度的修改与完善。在即将出版之际，邀请我赠序一篇。

纵览全文，该书体现了作者立足现实、创新求异、扎实做学问的探索勇气，论证了发轫于基层农村社区的主动城镇化模式，研究了政府主导下的富丽乡村建设实践，并在对二者的比较研究中探索城镇化的理性和理性的城镇化路径。他致力于研究以集体经济为主导的混合所有制经济，并以之作为推进农村新型城镇化发展的载体，不但证明了城镇化与农村经济社会发展的兼容性，也为我国探索新型城镇化模式提供了生动个案和不一样的思路。

另外，该研究有如下几个值得我们关注和探讨的重要思路与观点。

第一，农民在新型城镇化进程中的地位与角色问题。这是与城镇化的经营主体与发展动力相联系的重要问题，也是学术界关注较少的问题。现有的相关研究成果从两个角度涉及了这一问题，其一是将城镇化的经营主体界定为城市，在此基础上，研究城市在自身发展能力不断增强的前提下，如何推动和引领农村的城镇化。在这类观点中，农村只是个被动接受者，农民既不是城镇化的发展动力，也不是积极主动的行为主体。其二是将农村城镇化的经营主体界定为农民，认为农村的城镇化应该由农民自己主导、推行，应该是“自下而上”的内源性城镇化，村庄应采取各种措施，积极主动融入城市，并以自身不断扩张的实力服务城市、影响城市，谋求与城市的共同发展。虽然这类观点开始关注农民的城镇化地位与作用问题，但都还处于起步阶段，对诸如农村城镇化的经营主体是谁、农民在新型城镇化中的角色定位等基本问题，缺乏界定和讨论。至于更深层次的问题，诸如村域集体经济在城市社会时代的实现形式与历史命运，城镇化与以集体经济为主导的混合所有制经济的互构关系及运行逻辑等问题，需要更进一步的研究。

作者以社会互构论为基础理论视角，基于对样本村实证研究的结果，提出我国现阶段的农村城镇化的实质就是“三农”的城镇化，归根结底是农民的城镇化，农民既是城镇化的对象，也是城镇化的任务，更应该是城镇化的经营主体，并在此基础上，提出了主动城镇化和农民的城镇化角色两个重要概念，在精确界定这两个概念的基础上，推导出基于混合所有制经济的新型城镇化模式与理论。

第二，主动城镇化与政府主导型城镇化的关系问题。主动城镇化是相对于政府主导型城镇化而言的一种新型城镇化实现形式，是城镇化先发村农民创新出的一种城镇化推进路径，并在实践中取得了较为显著的成就。与政府主导型城镇化相比较，可以发现，两种城镇化模式各有优缺点，政府主导型城镇化的优点在于它的政府背景、全局性特点以及强大的发动力、号召力和推动力；其缺点是个性特色不足，在发挥农民主动性、创造性方面流于表面。恰好相反，主动城镇化的优点正在于它因地制宜的个性特色和对农民主动性、创造性的依赖；而其缺点则在于对天时、地利、人和的过度依赖和可能发生的本位主义、个人利益、集团利益、局部利益及其对我国整个经济社会发展带来的负面冲击。

作者通过对实践中两种模式呈现出的利弊得失的深入研究，提出了通过政府、法规等外部力量的规范与保障，通过主动城镇化者积极、主动承担和履行社会责任与历史使命，通过将两种模式对接与结合，扬长避短，进而实现“各美其美、美人之美、美美与共、天下大同”，促进我国城乡一体化建设顺利推进的建设性观点。

第三，理性城镇化实践路径问题。中国的城镇化率已于2011年底超过50%，我国进入了城市社会时代，与之相对应，我国的城镇化也进入转型发展时期。未来我国新型城镇化发展模式与之前模式相比较，也必将存在显著差异。

基于在研究过程中的所有观察与思考，基于对临安区和J村城镇化实践路径和发展成就的研究，基于对我国农村城镇化经验教训的审视和反思，基于对政府主导型城镇化利弊得失的讨论，并基于与主动城镇化模式的对比，作者在研究的最后阶段，全方位地研究了理性城镇化的相关理论问题，试图在理论层面上提供适应城镇化转型要求的新型城镇化发展框架，虽然还存在这样或那样的不足，但是，作为一个探索性结论，它的提出，对研究我国未来城镇化发展路径、探讨新型的城乡关系、破解城乡二元结构困境等，都具有实实在在的价值和意义，值得学术界去关注和探讨。

当然，该研究还存在许多需要进一步完善的地方，比如主动城镇化的概念界定问题、农民的主动城镇化角色问题等；作为作者的创新性成果，如何在更进一步提炼与优化的基础上，使之为理论领域的学者和实践领域的工作者所理解和接受，并成为具有较强生命力的“流行”概念，还需要作者不懈的工作和进一步的努力。

总之，该研究是一个基于实证研究的创新性研究成果。语言通俗、流畅、清新，结构合理，分析深入，研究结论可靠。该书的出版，对于城市社会时代农村新型城镇化发展路径探索、模式凝练都具有启迪意义。

郑杭生

2014 年 5 月于中国人民大学社会学理论和方法研究中心

目　录

第一章　绪论

中国城镇化的快速推进与发展，特别是新型城镇化的顶层政策设计及在其催生下喷涌而出、特色各异、成果初显的实践探索，不仅促进了中国城乡社会的全面发展，对长期疲软中的全球经济也带来了巨大的推动作用，诺贝尔经济学奖获得者约瑟夫·斯蒂格利茨（Joseph E. Stiglize）的预言，即“中国的城市化与美国的高科技发展将是深刻影响21世纪人类发展的两大主题”中的第一个主题，即中国城镇化对于中国和世界的意义与价值，正被越来越多地发生在这古老而神奇大地上的城镇化实践成就所证明和证实。

中国的城镇化方兴未艾并有渐入佳境趋势，但尚存在亟待克服的一系列问题，可以说，机遇与挑战并存、成就与错误交织。如何弘扬成就、克服困难、抓住机遇、提升城镇化质量与总体水平、实现城乡一体化发展，既是关乎我国目前的发展态势，关乎中华民族长远发展目标的全局性问题，又是关乎当今世界经济社会发展的全局性问题。因此，立足现实、冷静思考、创新发展，探索出一条适合中国特色的城镇化发展道路，避开困扰发达国家和拉美国家的各种城镇化流弊，克服我国城镇化进程中的各种既存城市病和农村病，以较少的发展成本，实现城乡一体化和谐发展，既成为我们应该全力以赴的中国事业，也是渐趋强大的中国必须承担的世界责任。基于此种考虑，本书将关注的目光投射到在实践中已经取得重大成就的中国基层城镇化创新发展典型：J村主动城镇化，借用社会互构论、个案拓展法等研究理路，对其进行全面透彻解读，在总结其成功经验的基础上，探究阻碍其进一步发展的风险性因素，并在风险管控视角之下，尝试探索一条适合我国国情的、能够弥补既有城镇化发展模式之不足、促进城乡一体化和谐发展的理性城镇化道路。

第一节　对话与思考

与城镇化研究领域中的国内外思想大师们的对话和在此基础上的理

论思考，是本书顺利推进和深入探索的必要理论准备，也是本书能够正确认识和理解中国城镇化发展进程、剖析典型案例的成功经验并辨识其风险性因素的必要理论准备。对话之初，我们首先选择的是与国外研究者的理论对话，并在尽可能广泛的意义上展开这一对话过程；然后，我们重点聚焦于国内研究者有关主动城镇化的理论研究活动与研究成果，并在这一视域之内展开全面而又深入的理论对话，为本书的顺利进行奠定坚实的理论基础。

一 与国外学者的理论对话与思考

国外学者在城镇化研究领域的相关成果可以大致区分为两种类型，第一种类型由来已久，论著也较为丰富，其核心观点乃是强调集中化趋势，即认为城镇化的过程就是农村不断升级为各种不同规模城市的过程。其中，马克思最早从历史发展规律角度提出乡村城镇化的发展趋势；阿德纳·费林·韦伯认为小城镇是一个过渡地点，城镇化是一个从农场到乡村，从乡村到城镇，从城市到大都市的渐进过程，并以此为起点，研究城镇化的程度、趋势、动力、后果及弥补措施等问题；近年来，国外学者从城市的可持续性、宜居性和环境友好型等角度，进一步强调并论证了集中化趋势的必要性，加拿大学者简·雅各布斯在她的著作《美国大城市的死与生》中提出了集中居住以实现对环境损害的最小化观点；在此后的 2011 年，哈佛大学经济学家爱德华·格莱泽在他的引起学界广泛注意的《城市的胜利》一书中，进一步发展了雅各布斯的观点，提出“城市生活远比绿草如茵的生活更加有利于环境”，“如果你真的热爱大自然，请远离它”[①] 等观点，并对中国的城镇化模式提出了自己的建议：“如果他们的城镇化人口居住在围绕着电梯修建的、人口密集的城市里，而非居住在围绕着汽车修建的、平面扩展的地区，那么这对地球来说是大有益处的。”[②] 第二种类型的典型理论可以追溯到有机疏散论和田园城市理论，二者都强调改变城市发展的集中趋势，特别是后者，认为“只有改变集中的趋势，才能建立一种新秩序，改变的方式是通过离心规划

① 爱德华·格莱泽：《城市的胜利》，刘润泉译，上海社会科学出版社，2012，第 187 页。

② 爱德华·格莱泽：《城市的胜利》，刘润泉，上海社会科学出版社，2012，第 184 页。

形成小的均衡的城镇，这种城镇融美好的乡村生活和工业生产的成果于一体”[①]；并立足于从根本上解决城市病的立场提出具有创建性的解决方案：“使人民返回土地的解决方法，肯定是一把万能钥匙，因为它能打开入口。由此，即使是入口微开，就能看到在解脱酗酒、过度的劳累、无休止的烦恼和难忍的贫困等问题方面有着光明的前景。”[②] 后来，实践中逆城镇化现象的出现，让国外研究者如 B. J. L. Berry 等开始关注小城镇发展情况，并将其视为城镇化发展的规律；也有研究者关注发展中国家农村城镇化的特质，提出“内爆式的城镇化”等观点；2008 年金融危机之后，国外学者从环境与经济可持续发展角度反思离心化发展趋势，认为市郊型城镇是近现代城镇化进程中最失败的案例。西方学者的上述研究从两个方面揭示了农村城镇化中的重要经验事实：其一，作为累积因果的城镇化，农村城镇化标志和促进农村发展与城市增长间的互生共赢、协同增长；其二，与农村发展失去关联的城镇化，难以形成城乡间的良性互动与互补，难以保证城市的可持续发展。为了更加全面了解这两种类型研究的理论成果，我们将对其进行较为详尽的述评。

（1）基于 urbanization（城市化或城镇化）的对话与思考

本书梳理国外学者对 urbanization（城市化或城镇化）概念做出的理论贡献，既是因为我们需要对本研究的最主要概念，即城镇化的内涵和外延要有一个准确的理论定位，也是因为在我国理论界和实践领域还存在对城镇化概念的不同理解。实际上，国外学者对城镇化概念的理解也是很不一致的，他们分别从各自所属的学科出发，给出自己关于城镇化的相关理解与解释，概括起来，有如下几种关于城镇化的概念，分别是：经济学的概念、社会学的概念、人口学的概念、地理学的概念和一般意义上的城镇化概念五种。

经济学领域的城镇化含义可以从库兹涅茨下面的一句话中得到说明，他认为：“过去一个半世纪的城镇化，主要是经济增长的产物，是技术变革的产物，这些技术变革使大规模生产和经济成为可能，一个大规模的

---

① 布莱恩·贝利：《比较城市化》，顾朝林等译，商务印书馆，2008，第 22 页。

② 埃比尼泽·霍华德：《明日的田园城市》，金经元译，商务印书馆，2012，第 5 页。

工厂含有一个稠密的人口社会的意思，也意味着劳动人口，从而从属人口的向城市转移，这种转移又转而意味着经济投入的增长。”[①] 很显然，这个概念有着浓郁的经济学色彩，他从经济发展角度来理解和论证人口的迁移和城市经济社会的进步与发展。

社会学对于城镇化理解的焦点可以定位在关注人们的生产方式和生活方式转变方面，波普诺认为：“确定一个地方是否为城市的最重要因素，不在乎其规模，而在于其居民的谋生方式。”[②] 以此为核心，社会学对城镇化过程中的人口迁移、文化变迁和社会结构变迁进行了深入研究，形成了具有社会学特色的城镇化定义。

人口学和地理学则分别从人口和地域方面论述了农村人口和农村地域的城镇化转变，把相应的过程界定为城镇化，体现了自身的学科特点，反映了单一学科对城镇化关注的特点和学科片面性。

与上述研究不同，有很多学者努力超越学科限制，尝试从更为综合、全面的角度，探讨具有广泛适应性的、更真实反映城镇化过程的城镇化概念，作为这种努力的结果，具有一般意义的城镇化概念纷纷产生。例如罗西的城镇化概念，他认为：“城镇化一词有四个方面的含义：一是城市中心对农村腹地影响的传播过程；二是全社会人口逐步接受城市文化的过程；三是人口集中的过程，包括集中点的增加和每个集中点的扩大；四是城市人口占全社会人口比例提高的过程。”[③] 与之类似的还有美国学者弗里德曼的城镇化概念，苏联学者库采夫的概念、皮沃瓦罗夫的概念，日本学者的概念，等等，这些概念表述虽然各不相同，但是，都尝试着从跨学科的角度提出更为一般化的城镇化概念，对人们认知、把握城镇化实质大有助益。

比较分析来自国外不同学科的 urbanization 概念，本书比较倾向于第五种理解，即一般意义上的城镇化概念，并认为，实践中发生的城镇化本来就是一个内容丰富、覆盖面广阔的系统工程，从运动方向上看，它既有从农村向城镇的变迁和跃升过程，也有城镇向农村的蔓延

① 西蒙·库兹涅茨：《各国的经济增长》，常勋等译，商务印书馆，1985，第 87 页。

② 戴维·波普诺：《社会学》（第十版），李强等译，中国人民大学出版社，1999，第 566 页。

③ 转引自高珮义《中外城市化比较研究》（增订版），南开大学出版社，2004，第 408 页。

和辐射过程；从内容上看，则可以包括经济、社会、文化、生态乃至人们的生产、生活、思维方式等方方面面的内容。所以，科学认识和研究当下中国农村的城镇化实践，必须将研究视野广布于城镇化的不同方向、不同领域和不同层次，只有这样，才能真正发现影响我国城镇化推进的各种因素，创新推动农村城镇化健康快速发展的理论与对策。

（2）基于城镇化发展规律的对话与思考

国外学者在这一研究领域发现了三个基本规律：城镇化S形发展规律、城市规模等级序列分布规律以及城镇化与经济发展相关规律。实事求是地讲，国外学者的这三大发现，对我国的理论界和实务界有着很大的影响，在很多情况下，它们是被当作毋庸置疑的真理性规定而被全盘接受的，问题在于，基于国外城镇化实践而产生和被发现的这三大基本规律，是否能够完全反映我国的城镇化实际情况，能否真正指导我国的城镇化实践沿着健康、可持续的发展方向顺利推进呢？这是我们希望通过与国外学者的理论对话而予以探索的又一个重要理论领域。

第一个基本规律，即城镇化S形发展规律的最早发现者是美国地理学家诺瑟姆（Ray M. Northam），它主要从城市人口占总人口的比重这个角度，研究一个国家城镇化的发展轨迹，并根据对这条呈倒S形曲线的分析，得出城镇化具有阶段性发展特征的结论。诺瑟姆的这一发现，不断被大多数国家的城镇化实践数据所印证，因而，逐渐成为常识性的结论。许多学者从这一结论出发，进一步探讨相关问题，例如，对S形曲线背后原因的探讨、对城镇化发展不同阶段特征的探讨、对城市病与城镇化发展阶段关系的探讨，等等。所有这些研究，连同S形曲线规律的发现，对我们认知、理解和解读城镇化具有重要价值，首先，它给予人们一个较为清晰的城镇化图式，使人们能够预知和预判城镇化发展的轨迹与发展方向，从而能够指导政策制定者根据城镇化的发展趋势制定相应的城镇化发展战略和策略；同时，也利于具体实践者把握城镇化的脉搏，为城镇化的顺利推进提供理论支撑和智慧支持。其次，它还可以帮助人们理性认知、理解自身城镇化发展阶段，直面城镇化所产生的众多问题，并理性设计出适合自己发展特点的城镇化道路。在这一方面，具有战略意义的是对城市病的理解和应对。依据城镇化S形发展规律和已有的相关理论可以做出如下判断：作为城镇化的不良伴生物，城市病的症状及其危害性与城镇化发展阶段密切相关，一般来说，城市病的高潮期开始于城镇化水平超过 50% 时，当其超过 70% 时，“将会有明显好转”[①]。把握和研究这个规律性现象，对于城镇化的有序推进、社会秩序的构建、城市病本身的解决，都会有很大帮助。

但是，城镇化 S 形发展规律本身也具有潜在的负面效应，由于它主要是用城市人口占总人口的比重来衡量一国的城镇化水平，再加上后来者的不断推导和论证，城镇化发展水平就有了一组相对应的人口数字——“城市化水平 Y < 10% 是城市化史前阶段；Y = 10% ~20% 是城市化起步阶段；Y = 20% ~50% 是城市化加速发展阶段；Y = 50% ~60% 是城市化基本实现阶段；Y = 60% ~80% 是城市化高度发达阶段；Y > 80% 是城市化自我完善和城乡完全实现一体化阶段”[②] ——这些数字给出的是数量化的客观性，但仅仅是用一个特殊指标研究城镇化规律时得出的客观性，并没有穷尽，或者说并没有涵盖城镇化发展所涉及的所有主要指标所反映的其他客观性，因此，该理论本身是有局限性和应用领域限制的。但是，这个客观性数据并不能提醒后来者注意其内蕴的局限性，反而会因其强大的数据魅力而给人以误导，就是误导人们将其当作目的本身加以追求，从而容易导致城镇化领域的急功近利和冒险主义，导致纯粹是城市人口数量急剧膨胀的过度城市化现象。从目前我国城镇化发展的实际情况看，片面追求人口增长的城镇化现象，已经在一些地方出现，因此，理性认知城镇化 S 形发展规律的内蕴和价值，并结合我国基本国情，因地制宜地推进具有自己特色的城镇化进程，才是借鉴国外城镇化理论研究成果的应有之义。

第二个基本规律，即城市规模等级序列分布规律，包括位序—规模法则、首位城市定律和中心地理论三项内容，主要研究城市规模和城市等级之间的对应关系，以及城市规模与腹地大小之间的对应关系。位序—规模法则的首倡者美国的 G. K. Zipf 认为，城市位序和规模之间存在“对数线性相关关系”，“在一个城市体系中，城市规模和它们的等级之

① 高珮义：《中外城市化比较研究》（增订版），南开大学出版社，2004，第 24 页。

② 唐恢一：《城市学》（修订版），哈尔滨工业大学出版社，2004，第 34 页。

间的总体关系是相对稳定的"[①]。首位城市定律的首倡者 M. Jefferson 关注首位度问题，认为规模异乎寻常大的第一大城市"不合比例扭曲了位序—规模分布的对数线性相关的特性"。[②] 位序—规模法则反映的是美国城市体系中不同规模城市的等级排列状况，而首位城市定律针对的则是欧洲一些国家特殊的城市体系状况。它的价值在于引导人们关注与城市规模密切相关的一些问题，例如，城市规模与经济发展之间的关系问题，城市空间布局问题，城市的规模效应、辐射力与引力场问题，等等，对于后发国家理性认知自己的城镇化过程，寻找合理的城市规模体系，有针对性地规范城市空间格局，都有操作层面上的价值。但是，也应该看到，无论是位序—规模法则，还是首位城市定律，其存在的普遍性还有待进一步的验证。例如，就我国现存的城市体系来看，无论是全国层面上的，还是区域层面上的，都很难找到所谓的首位城市，也很难找到源于市场选择的城市规模等级序列分布规律，更多的可能是基于城市行政级别的规模等级序列分布规律。因此，我国的城镇体系很难和国外学者的这几个发现之间有明确的对应关系。所以，基于我国城镇化的国情背景和经济社会发展状况研究城镇化推进过程中的城镇规模等级序列分布规律，指导我国城镇化体系的合理建构和良性互动，是包括我国在内的城镇化后发国家的一项重要理论使命。

中心地理论的首倡者是德国地理学家克里斯塔勒，该理论旨在探讨"决定城市的数量、规模以及分布的规律是否存在，如果存在，那么又是怎样的规律"[③] 这一城市地理问题。该理论认为，中心地具有等级性并按照一定的规则分布，"高级中心地按交通原则布局，中级中心地布局行政原则作用较大，低级中心地的布局用市场原则解释较合理"[④]。继克里斯塔勒之后，又有许多学者关注并研究中心地理论，他们从各自的研究对象中探寻城市空间布局规律，得出自己的观点。其中，有部分研究城市规模等级序列分布的学者对中心地具有等级性的观点提出质疑，在这

---

① 保罗·诺克斯、琳达·迈克卡西：《城市化》，顾朝林等译，科学出版社，2009，第 73 页。

② 保罗·诺克斯、琳达·迈克卡西：《城市化》，顾朝林等译，科学出版社，2009，第 73 页。

③ 转引自李小建主编《经济地理学》，高等教育出版社，1999，第 86 页。

④ 转引自李小建主编《经济地理学》，高等教育出版社，1999，第 93 页。

些质疑的学者群体中，有人认为等级制是中心地研究者的主观臆想①，也有人认为“在比较小的空间范围内的中心地配置明显存在等级结构，但就一个国家或一个大区域而言，存在着中心地规模的连续性”②。

总结各种有关中心地的理论观点，我们认为，对于中心地蕴含着巨大的经济社会集聚效益和极化效应，以及中心地对其腹地所具有的扩散效应或曰涓滴效应等相关问题，应该是没有争议的，其对城镇化发展的重要性也是有目共睹的，至于是否存在中心地等级结构，暂且作为一个有待实践验证的理论问题予以悬置，也无伤大雅。关键问题是，作为城镇化后发国家，如何认知与理解中心地理论的价值与启示，把握城镇化内在规律，使其有序推进。从推进我国城镇化良性发展的角度来讲，如何发挥好中心地的集聚效应与扩散效应，促进城乡一体化发展，是我们研究城镇化未来发展走向、规划城镇化具体路径的一个重要着力点。对于我国各类型农村社区来说，如何根据自己的区位特点，扬长避短，有针对性地谋划与规范自己的城镇化路径，医治已经发生的农村病症状，绕过城市病缠身的泥淖，避免再走旧型城镇化的老路，争取掌握自身城镇化发展的主动权，跟上主流城镇化发展步伐，共享城市文明的优秀成果，既是应该关注的实践问题，也是应当注意并研究的理论问题。

第三个基本规律，即城镇化与经济发展相关规律也引起了国外学者的高度兴趣，相关研究成果非常丰富，基本观点也较为明确，他们认为，城镇化与经济发展具有相关性——“推动和塑造城市化的核心动力是经济发展”，“城市和城镇在经济发展过程中仍然具有发动机的传统功能”。③ 围绕着这一基本观点，不同学者给出了各自的解释，例如，保罗·诺克斯和琳达·迈克卡西在总结城镇化历史的基础上提出了这样的观点：“历史上，城市化和经济发展之间存在着相关关系：城市化水平高的国家通常经济发展水平也较高。不太明晰的因果关系——经济发展在

① Vining, R., “A Description of Certain Spatial Aspects of an Economic System,” *Economic Development and Cultural Change*, 1954/55, 3: 147 - 198.

② 参见李小建主编《经济地理学》，高等教育出版社，1999，第 102 页。

③ 保罗·诺克斯、琳达·迈克卡西：《城市化》，顾朝林等译，科学出版社，2009，第 10、13 页。

什么程度上促进了城市化，或者城市化在什么程度上促进了经济发展。”[①] 再如，贝利（Brian Berry）在 *Long－Wave Rhythms* 中，通过论证库兹涅茨周期与康德拉季耶夫周期之间具有显著联系，来证明经济发展同城镇化之间的同步性。还有学者从工业化对城镇化的巨大推动作用和巨大现实成就角度，论述经济发展与城镇化之间紧密的正相关关系。

也有学者从负面角度间接论证了城镇化与经济发展的相关关系和内在规律。例如，Michael Lipton 描述了欠发达国家的“Urban Bias”——在提升城镇化水平的同时，国家经济被削弱，因而出现城乡差距被拉大、城乡分割进一步恶化的现象。[②] 保罗·诺克斯和琳达·迈克卡西在承认城镇化和经济发展存在相关关系的同时，也注意到“边缘地区城镇化主要是由于人口增长先于经济发展”的事实，这同拉美国家城镇化路径暗暗相合。拉美地区过度城镇化所带来的严重城市病从负面角度证明，经济发展与城镇化具有相关关系，两者之间的互动轨迹具有特定的规律和一定的比例关系。

由于城镇化的影响因素众多，经济因素只是其中重要的一个，在某些情况下，可能还不是最主要的因素，因此，经济发展与城镇化的互动轨迹的具体形式也是多样化的。关于这个问题，国外学者也有论述，实际上，正是对这个问题的关注与重视，才会出现上文所述的城镇化发展类型问题研究。因此，注意城镇化发展过程中的这一问题，对于指导城镇化后发国家正确处理经济发展与城镇化推进的关系，具有重要价值。现实社会中出现的过度城镇化和城镇化滞后现象，从某种程度上说，无疑是扭曲经济发展与城镇化互动关系的结果。

对于二者之间是否拥有因果关系，还是一个需要深入探讨和继续求证的问题；它们之间的比例关系怎样，则更有待于实证研究战略性成就的确认和证实。但是，不管它们之间的因果关系是否得以证实，也不管其比例关系怎样，学者们所探讨的城镇化与经济发展之间的紧密互动关系及其规律性的东西，是理性认知城镇化进程的抓手，也是促进城镇化和谐发展的

---

① 保罗·诺克斯、琳达·迈克卡西：《城市化》，顾朝林等译，科学出版社，2009，第207页。

② Michael Lipton, *Why Poor People Stay Poor: Urban Bias in World Development* (Cambridge, Mass.: Harvard University Press, 1977).

抓手，同时也是防止急功近利和冒险主义式的城镇化路径选择的抓手。

（3）基于城镇化动力机制的对话与思考

国外学者的主流观点认为，促进城镇化发展的动力有两大类：其一是市场机制，其二是集体主义（政府主导），前者构成了西方发达国家、新兴工业化国家城镇化发展的主要动力；后者是第三世界国家，特别是社会主义国家促进城镇化发展的动力源泉。美国学者布赖恩·贝利就较为纯粹的市场机制推动城镇化发展的动力类型进行了相关研究，并发现了其中两个较有代表性的典型："自由企业、去中心化和市场导向制度是这一广阔范围中的一个极端。在这种社会中，私人和团体做出决策，在市场条件下他们通过供求关系相互作用。依据所有权和物权赋予的政治和经济权利被广泛传播和在竞争中运用。集体或政府行动主要用于保护和支持市场的主要组织机构和维护必须的权力分散。这是经典的19世纪模式，今天仍然是美国、加拿大、澳大利亚发展的基础。"与上述国家不同，"由于缺少私人发展资金和企业家阶层，第三世界的发展更多的是政府主导的"。

随着时间的推移和研究的不断深化，研究者们进一步发现，伴随着城镇化的不断推进，特别是进入20世纪以来，两类城镇化动力机制越来越相互借鉴与渗透，在动力机制选择上，理性主义渐渐占据上风，有效性成为选择动力机制的标准。因此，在西方发达国家，"组织的集体力量，政府的集中力量以及个人的自由选择构成系统的各个部分。因此，'市场'不再是单一的主宰"。而"在整个第三世界，尽管更多的发展是操作在政府规划者手里，但企业也渐渐趋向于私营企业形式的运作，从而导致准市场机制的重要性不断增加"。

作为一个复杂的发展过程，城镇化与众多部门相关联，国外学者认为，在一个国家内部，城镇化的关联部门可以包括人口、经济、政治、社会、文化、科技、环境、自然资源等众多因素，它们与城镇化的关系既可以是动力因素，也可以是城镇化的结果，城镇化"不只受那些动力机制的直接影响，同时它也对产生的影响存在一定的反馈。与此同时，城市变化的各个方面几乎都相互依赖"①。另外，在全球化背景下，"世

① 保罗·诺克斯、琳达·迈克卡西：《城市化》，顾朝林等译，科学出版社，2009，第10页。

界范围内的城市过程和结构产生了一定的相似性”，因此，在一国内部，城镇化与各部门动力因素之间的互动关系也发生了一定的变化，至于变化的程度与作用方式，还是一个有待进一步研究的问题。但是，无论这种变化有多大，市场机制与集体主义（政府主导）两类宏观模式还是发挥着主导作用，“当前的主流趋势在文化价值定义的轨道上运行，而变化只发生在最重要的边缘”①。

总之，在城镇化动力机制研究领域，国外学者研究得较为深入并取得了较大的成就，但是，还是存在一个研究者较少涉猎的领域，这就是“三农”在城镇化进程中的地位与角色问题，特别是它们的城镇化主体地位问题，成为国外城镇化研究领域中的一大缺憾。之所以出现这种遗漏，可能有很多原因，主要原因应该有二。其一，在农业现代化与工业化和城镇化同步推进的国家里，“三农”的城镇化是一个自然历史进程，“三农”在城镇化中的地位与角色问题被整个城镇化进程吸纳了；其二，在以牺牲“三农”为代价的国家里，“三农”问题又被城市病覆盖，被阶级问题、种族问题、民族问题等覆盖，没有把“三农”作为一个整体、作为一个城镇化主体来研究与讨论，即使偶有讨论，也是从正义、公平等角度出发，从应该给予的角度出发，研究与剖析“三农”问题。从我国城镇化发展的目前阶段出发，我们认为，从整体上突破市场机制模式与集体主义（政府主导）模式的界限，将城镇化定义为既是城市的城镇化，又是“三农”的城镇化，从农民是城镇化的主要利益相关者这个角度关注城镇化发展的新型动力，并从农村城镇化角度，而不是单纯从城市扩张的角度理解、设计、推进城镇化步伐，应该是符合我国农村人口众多、农村区域广阔和农业落后的基本国情的，这是新型城镇化需要面对的关键问题。

（4）基于二元结构理论的对话与思考

西方的二元结构理论是研究农村人口向城市流动的条件及机制的一系列理论观点的总称，可以包括刘易斯－拉尼斯－费景汉模型、新古典主义二元经济模型、钱纳里·赛尔昆的就业结构转化理论和舒尔茨的人

---

① 在梳理第三个关注点时，本书引用的观点，除第10页脚注①外，全部来自布莱恩·贝利《比较城市化》，顾朝林等译，商务印书馆，2008，第173、82、174、209、211页。

力资本理论等理论流派，他们基于各自的研究实践和研究心得，提出了具有独到见解的理论观点，对于我国城镇化理论研究和实践探索都有一定的参考价值。

在刘易斯－拉尼斯－费景汉模型中，研究者“以古典主义的理论为基础，采用的是完全竞争的条件下，资源流动的市场分析法”[①]。其中，刘易斯（W. A. Lewis）提出了无限剩余劳动力供给的人口流动观点，为农村人口向城市的流动提供了一种解释框架。拉尼斯（G. Ranis）和费景汉（John C. H. Fei）在指出刘易斯观点不足的同时，“提出了部门间平衡发展的思想，并把农业剩余劳动力转移过程的实现由一种无阻碍过程变为一种有可能受阻的三阶段发展过程”[②]，从而补充、修正了刘易斯的人口流动思想，形成了刘易斯－拉尼斯－费景汉模型，进而提高了该理论模型的现实解释力。新古典主义二元经济模型理论体系的代表人物是乔根森（D. W. Jorgenson）和托达罗（M. P. Todaro），他们从全新的角度考察了农村人口向城市的迁移，提出了新的解释框架。乔根森认为，“农业剩余劳动力向非农产业部门流动和转移的根本原因在于消费结构的变化，是消费需求拉动的结果”。托达罗则认为，乡城人口迁移“不仅取决于城市与农村实际收入的差异，同时还取决于城市就业率的高低和由此而做出的城乡预期收入差异”[③]。与乔根森的理论相比较，托达罗更加注重农业本身，他的这一思路，不仅开启了新的研究理路，也为城镇化进程中农村的发展以及农村劳动力转移提供了更为有效的建设性建议。钱纳里·赛尔昆提出的发展中国家“产值结构转换普遍先于就业结构转换”[④]的观点，给出了一个不同于发达国家的就业转换模式，从而为发展中国家，特别是为农业人口众多、乡城人口迁移压力巨大的我国提供了很好的分析工具。

舒尔茨（T. Z. W. Schultz）在他的人力资本理论中提出了改造传统农业为现代农业，以适应工业化发展的观点，他认为传统农业不可能引

---

① 钟秀明、武雪萍：《城市化之动力》，中国经济出版社，2006，第 28 页。

② 张忠法：《国内外有关劳动力就业结构转换和劳动力市场的几个理论问题》，《经济研究参考》2001 年第 3 期，第 23～29 页。

③ 钟秀明、武雪萍：《城市化之动力》，中国经济出版社，2006，第 29 页。

④ 张忠法：《国内外有关劳动力就业结构转换和劳动力市场的几个理论问题》，《经济研究参考》2001 年第 3 期，第 23～29 页。

起或促进现代经济增长，虽然“农民在他们的经济活动中一般是精明的、讲究实效的和善于盘算的”，也就是说，在传统农业模式下，农民和市场经济条件下的行为主体一样，也是理性经济人，在其可操控的范围内，完全可以实现最优化生产要素配置，发挥资源的最大效益，因此，生产要素配置问题并不是传统农业阻碍现代经济增长的关键因素。舒尔茨认为，缺乏新的生产要素才是问题的关键：“增长的关键在于获得并有效的使用某些现代生产要素。在这一点上，迅速的持续增长便主要向农民进行特殊投资，以使他们获得必要的新技能和新知识，从而成功地实现农业的增长。”① 舒尔茨的这一理论，既认可农民的经济理性和学习能力，又重视向农民进行特殊投资，提高农民的人力资本，它不仅对于传统农业的现代化转型具有促进意义，对于正确认识农民的城镇化角色，充分发挥农民在城镇化进程中的推动作用，恰当处理农民和其他社会群体的关系，也有指导意义。

二元结构理论对研究我国的城镇化发展具有很大的启迪意义，其重要原因在于我国依然存在的城乡二元结构状态，虽然我国的“二元结构”与二元结构理论的“二元结构”在内容和形式上都存在差异，引起“二元”差异的原因及运行的轨迹也有很大的不同，我国城乡二元结构所涉及的内容与范围，既超越了二元结构理论研究的人口迁移问题，也超越了其关注的农民的人力资本问题。换句话说，二元结构理论虽然取得了较大的理论成就，但是，与我国农村城镇化的发展实际却存在较大的距离，这是我们在研究借鉴这一理论时必须注意的问题。但是，二元结构的理论视角给我们提供了非常有用的分析框架，特别是在我国政府及民间社会致力于缩小城乡差别的各种努力日趋加大，从事这项工作的人手日趋增多，而实际效果却难尽如人意，甚至在一些地方城乡差距不仅没有缩小，反而进一步扩大的情况下，利用二元结构理论的知识和视角，探究农村城镇化因二元结构造成的诸多发展瓶颈，寻找理论上的解释、提供理论上的解决思路和实践上的解决之道，是有现实紧迫性的。因此，在借鉴西方二元结构理论研究剖析我国城镇化实践时，我们既应该关注它所具有的方法论的意义，也应该关注其具有的认识论与实践论

① 舒尔茨：《改造传统农业》，梁小民译，商务印书馆，1985，第133页。

意义。如果在这一层面上实现和西方二元结构理论的对话，并在这个对话过程中建构起属于中国的话语体系和话语主权，建构其属于中国自己的二元结构特色理论，则是实践的大幸，也是理论的大幸。

（5）与生态学派理论的对话与思考

生态学派理论从人与环境的关系角度研究城市空间结构和城市功能区划，突出强调“以人为本”的理念，强调人类社会与周围环境的协调与共生关系。该学派的代表性成就来自芝加哥学派创立的人类生态学，该学派认为，人类生态学“所研究的是人和社会机构的地理分布的形成过程及其随时间变化的情况和规律，是研究人群的空间分布的各种社会原因和非社会原因”。基于这一认识，该学派将城市视为一种人类生态秩序，认为“城市绝非简单的物质现象，绝非简单的人工构筑物。城市已同其居民们的各种重要活动密切地联系在一起，它是自然的产物，而尤其是人类属性的产物”[①]。基于人与环境的互动关系，特别是基于人“能创造自身的文化，有自己的意识、能动性和实践活动”的特殊性，芝加哥学派开展自己的研究活动，得出一系列对后人产生很大启发作用的研究结论。从城镇化角度看，伯吉斯（Emest W. Burgess）创立的同心圆理论、霍伊德（H. Hoyt）提出的扇形理论和哈里斯（C. D. Harris）与厄尔曼（E. L. Ullman）共同提出的多中心理论，具有较大意义。虽然这三个理论是基于个别关键变量提出的，与现实的契合性不高，研究本身也存在较大缺陷，但是，对于理解城市、研究城市和推进城镇化的发展，还是有较大的启发意义和参考价值的。该理论体系对人的意识、能动性和实践活动的阐述，为我们在城镇化过程中重视、正视和尊重人的创造精神和创造成果，特别是给农民留出足够的创造潜能发挥的空间，具有启发意义。

围绕着人类社会与生态环境的关系，还出现了上文中已经谈到的有机疏散论和田园城市理论，从某种程度上说，这两种理论具有较大的空想性，讨论的是一种理想化城市状态，但是，也在一定程度上为解决城市病提出了具有可操作性的方案，为农村城镇化进程提供了一种思路。例如，有机疏散论提出了这样两个基本操作原则：“把人们日常生活和工

---

① 帕克等：《城市社会学》，宋俊龄等译，华夏出版社，1987，序言，第2、1页。

作区域，作集中的布置；不经常的‘偶然活动’的场所，不必拘泥于一定的位置，则作分散的布置”①，这就是一些可资借鉴的城镇化发展对策。近几年，我国雾霾天气无论是在范围上还是在污染程度上都存在日趋加重之势；另外，我国城市病和农村病同时暴发，并且呈现难以治愈和循环恶化的现象。在这样的严峻形势面前，借鉴生态学派理论的研究成果，在农村城镇化推进过程中沿着真正意义上的新型城镇化道路发展，不仅具有现实意义，还具有长远的历史意义。同时需要注意的是，到目前为止，在我国，从政府领导到知识界人士，从城市到乡村，建构人与环境的战略性伙伴关系已经成为共识，习近平总书记提出的“两山理论”是对这一共识的最新理论总结。并且因为“两山理论”的影响力、可操作性和实践指导意义远大于生态学派的一般性理论，所以，其在实践中的巨大影响和在理论上的建设性价值，值得深入研究和思考，这是我国从事城镇化研究的理论工作者难得的机遇，在这个层面上实现与生态学派的理论对话，应该能够推动该理论体系的极大发展。

（6）与人口迁移理论的对话与思考

在这一理论领域，国外学术界提出了几种人口迁移假说，代表性观点有：推－拉理论、人口迁移转变假说和配第－克拉克定理三种。推－拉理论认为，“迁移行为发生的原因是迁出地的推力因素和迁入地的拉力因素共同作用的结果。‘推力’，即存在着迫使居民迁出的社会、经济和自然压力；‘拉力’，即存在着吸引其他地区居民迁入的社会、经济和自然引力”②。推－拉理论从特定角度提出了乡城人口迁移的内在动力及机制问题，对存在二元经济结构的发展中国家来说，具有针对性和指导意义，特别是对于处于城镇化快速推进期的我国，其价值更是值得我们深入研究。但是，该理论忽视了乡城双向流动的可能性和互动机制，忽视了人口流动可能存在的阶段性特点等问题，这是应该引起我们警惕的理论缺憾。

泽林斯基的“人口迁移转变假说”立足于对经济社会发展阶段的理解，将人口迁移描述为五种类型：前现代社会即传统社会的人口迁移类

① 钟秀明、武雪萍：《城市化之动力》，中国经济出版社，2006，第45页。

② 王新文：《城市化发展的代表性理论综述》，《济南市社会主义学院学报》2002年第1期，第25～29页。

型、工业革命早期的人口迁移类型、工业革命晚期的人口迁移类型、发达社会阶段的人口迁移类型和未来超发达阶段的人口迁移类型，这五种类型既对应着不同的经济社会发展阶段，也与不同的人口再生产模式相对应，揭示的是经济社会发展同人口再生产之间的内在关系，并在此基础之上，揭示了城乡人口迁移的规律和趋势，其基本轨迹近似于倒“V”形结构，即由偶有人口迁移发生的传统社会，发展到有大规模人口迁移的工业革命早期社会，再到人口迁移模式趋缓的工业革命晚期社会，然后是城乡人口迁移重要性下降的发达阶段社会，最后则是总体人口迁移数量降低、城市之间和城市内部人口迁移保持一定增长的未来超发达阶段社会。从我国城镇化发展的现实情况来看，该假说为我们理解乡城人口迁移的规模以及所带来的问题，进而提出有针对性的应对之策，提供了有价值的思路。整体上看，“人口迁移转变假说”具有历史的纵深感，是纯粹市场经济条件下的理论假设，在具有长期二元结构社会形态的我国，虽然目前已处于二元结构刚性化开始消解的时代，但其影响力依然巨大，这个假说的实际价值和理论意义就显得无足轻重了。目前，随着二元户籍制度改革实践的不断深化，我国城乡间的人口迁移已经出现了一些不同于二元结构刚性化时代的新现象，除个别大城市外，人口从农村流向城市的户籍门槛逐渐降低乃至取消，大量农村劳动力涌向城市，中央政策还在力促农民工的市民化进程；与之形成鲜明对比的是，城市人口流入农村的户籍门槛反而提高。怎样理解和如何研究这些新的人口流动现象和趋势，并与西方传统理论形成对话，在对话过程中提出具有解释力的理论命题，也是一个需要理论研究者和实践工作者不断思考和研究的新问题。

配第－克拉克定理认为，“随着人均国民收入水平的提高，劳动力首先由第一产业向第二产业转移。当人均国民收入水平进一步提高时，劳动力便向第三产业转移。劳动力在产业间分布状况是，第一产业将减少，第二、第三产业将增加”①，并认为这种转移发生的直接动因是“产业之间在经济发展过程中产生的相对收入的差异”②。配第－克拉克定理揭示

① 钟秀明、武雪萍：《城市化之动力》，中国经济出版社，2006，第33页。

② 刘仕俊、陈春华：《试论我国现阶段劳动力的有效转移》，《乡镇经济》2008年第3期，第60～63页。

了经济发展与人口在产业之间转移的关系与规律，告诉人们，人口向第三产业转移，以及由此引起的劳动力就业结构的变化和人口向城市的聚居的必然性。作为一个人口众多的发展中国家，如何认识与把握这一规律，并在恰当的时机、经由恰当的路径促成人口在不同产业之间转移的顺利实现，并在最终实现就业人口向第三产业转移的同时，保证国民经济健康发展，是我国在加速推进城镇化进程中必须直面的问题。但是，由于存在对人口产业间转移现象的片面理解，或者把配第－克拉克定理理论绝对化理解，实践中已经出现了令人担忧的现象，这种现象的最集中表现是，罔顾现实空谈理论，只是畅谈似是而非的所谓理论上的正确，而忘记了三大产业间关系的本质属性；其具体表现就是对实体经济的轻视甚至是无视，忽视了第一、第二产业在财富生产中不可替代的地位与功能，忘记了第三产业的主要功能是财富的流通、转移问题，片面强调第三产业比重的提高，甚至以第三产业比重的提高作为全部工作的重心；随着互联网经济的出现，又将虚拟经济的地位提升到难以置信的程度，好像只要能够在互联网上运转，社会财富就会极大增加，从根本上忽略了财富的生产问题，导致整个经济虚火旺盛，实体经济受到冷落甚至打压。这是我们在研究城镇化推进过程中应该注意到的重要问题，是我们在同西方理论对话时应该反省的理论态度。

综上所述，可以较为清晰地看到，国外学者在城镇化研究领域取得了很大成就，研究的覆盖范围也非常广阔，对实践中发生的城镇化诸种现象与问题及内在规律都进行了理论的解答。国外学者取得的这些研究成绩，为人类知识宝库增添了新的重要内容，为城镇化的顺利推进与发展提供了智力支撑。但是，也可以发现，他们在致力于探求城镇化规律、解决城镇化问题、促进城镇化和谐发展的过程中，不可避免地受到所处时代背景和社会制度环境的影响，“其中生成的各种理论学派也必然存在着研究者个人的认知能力与时代局限”①。因此，某些研究成果存在明显的局限性，例如，囿于市场经济的限制，对政府的城镇化角色、政府与城镇化的关系和互动方式研究不够，对农民城镇化主体地位熟视无睹，

① 张鸿雁：《西方城市化理论反思与中国本土化城市化理论模式建构论》，《南京社会科学》2011 年第 9 期，第 1～10、15 页。

没有形成关于农民城镇化角色与作用的研究氛围，缺乏这方面的研究成果，等等。理论研究不足的缺憾，给后发展国家的城镇化实践带来一定的负面影响，正视这些缺憾，在后续的研究实践中既注重全面的深入研究，又注重重点领域的纵深研究，根据自己国家的实际情况，创新具有自己特色的城镇化发展模式，实现城镇化的模式创新与模式转型，并时时警惕与管控创新发展中的显在与潜在的风险，是从事城镇化理论研究与实践探索者们责无旁贷的重大历史使命。

二　与国内学者的理论对话与思考

（1）与三大研究类型的对话与思考

我国学者对城镇化的广泛研究开始于1979年，近年来，国内学者注意到创新性理论研究的重要性，增强了理论自觉意识，在城镇化道路问题等研究领域开始了自己的独立探索，并取得了一定成绩，根据研究的广度、深度和影响力，可以将已有研究成果归类为三种差异性明显的研究类型：广泛卷入型、初具规模型和起步状态型。

广泛卷入型主要指涉我国城镇化道路问题的研究领域，卷入人员涉及面很广，既包括专业研究者、高校教师，也包括政府高层决策人员以及相关研究者。结论性成果在深度方面还有很多缺陷，但是内容丰富多彩，其中，有广泛影响力和代表性的成果可归类为五种模式，分别是：大城市论、中等城市论、小城市论、大中小城市论和多元论，在这五种主要模式之外，还有一些影响力较小的其他观点，也在一定范围内获得一定数量研究者的赞同。梳理上述诸种城镇化道路发展模式，可以发现，它们的核心关注点集中在两个方面，分别是城镇化的规模和因之而形成的综合效益，特别是经济社会效益。

在我国，小城市论的代表人物应该是费孝通先生，早在20世纪80年代，费老就提出了“小城镇　大问题”[①] 的观点，并把小城镇界定为“比农村社区高一层次的社会实体存在”，指出“要把小城镇建设成为农村的政治、经济和文化中心，小城镇建设是发展农村经济，解决人口出

① 费孝通：《费孝通选集》，天津人民出版社，1988，第318页。

路的一个大问题”[①]。此后，围绕着费老这一思想，学术界进行了深入研究和持续思考，其主要理论观点是：“我国原有的城市无力接纳如此众多的转移乡村剩余劳动力和乡村人口，而中国的国力又难于再建那么多的新城市。福利补贴、粮食补贴等等国家已负担不起，城市住房、交通、供食、供水、就业、就医等等问题已相当紧张，因此，只能在原有乡村集镇的基础上发展小城镇。”[②] 据此认为，“发展小城镇是我国实现农村现代化的捷径”[③]。与这类观点相对立，大城市论则认为，“大城市具有远大于小城镇的规模效益”[④]。

大城市论和小城市论是我国城镇化道路问题研究领域的两个极点，这两极道路模式的相通之处在于，二者都从城镇化的效益角度出发，试图寻找到适合中国国情的最恰当的城市规模，并以此为抓手，解决农村城镇化、农业现代化和农民、市民共享城市文明发展成果的重大问题。所以，从理论出发点和理论诉求角度分析，它们都是对中国城镇化发展路径的有益探索，对促进城镇化实践的健康发展都有指导和引领作用。两者的差异之处在于，小城市论从农村剩余劳动力和潜在剩余劳动力众多、国力不足、城市建设投入成本巨大等事实出发，认为“积极发展小城镇是具有中国特色的城镇化道路的标志”[⑤]。这种观点将城市规模和城镇化效益密切联系在一起，期望通过小城市化发展，既解决国外城镇化过程中难以克服的“城市病”弊端，又实现农村剩余劳动力的就近和就地转移，走出一条有别于发达国家的具有中国特色的城镇化道路。大城市论不同意小城市论的上述观点，认为“‘大城市病’和城市规模大小并无必然联系”[⑥]，“从经济、社会、环境和建设四个方面分析城市规模效益，无论从哪一方面看，大城市的效益都高于中小城市”[⑦]。

---

① 费孝通：《小城镇　大问题》，江苏人民出版社，1984，第8页。

② 高珮义：《中外城市化比较研究》（增订版），南开大学出版社，2004，第430页。

③ 徐更生：《发展小城镇是我国实现农村现代化的捷径》，《中国农村经济》1987年第11期。

④ 赵新平、周一星：《改革以来中国城市化道路及城市化理论研究评述》，《中国社会科学》2002年第2期，第132～138页。

⑤ 李鑫生：《论城市化的历史趋势》，《城乡建设》1987年第6期。

⑥ 张秉忱等：《2000年我国城市化道路的若干问题》，《经济纵横》1988年第11期。

⑦ 高珮义：《中外城市化比较研究》（增订版），南开大学出版社，2004，第432页。

围绕规模与效益问题，中等城市论、大中小城市论和多元论等城镇化研究的其他流派，也各自提出了自己的主张，其中，中等城市论流派的观点与大城市论和小城市论的观点的实质大同小异；而大中小城市论则具有更加灵活的特点，它不拘泥于某种规模样式，而是从整个城镇化和谐发展的角度，主张根据具体情况，确定应该着力发展的城市规模，“城市化并不仅仅包括现有城市规模的日益扩大，同时还包括新兴城市的不断涌现，城市数目的不断增加与规模的扩大。控制既有的、已过于庞大的城市规模的继续盲目膨胀，同时促进中小城市的发展；在发展过程中，不少小城市将上升为中等城市，有些中等城市将进一步升格为大城市。这是与世界城市化的一般趋势相一致的”①。具有颠覆意义的是多元论的城镇化道路理论，它否认有关城镇化发展道路、规模讨论的价值和意义，“认为不存在统一的能被普遍接受的最佳城市规模，城镇体系永远是由大中小各级城镇组成的，企图以规模来调控城市的发展与建设，没有抓住问题的关键”②。

总之，关于我国城镇化道路问题的研究，已经进入一个较深入的探索层次，不同理论流派之间的争鸣及同一理论流派内部的思考，都为我国城镇化的健康发展提供了有价值的理论成果。我们认为，作为一个城镇化的后发国家，利用好后发优势，借鉴国外城镇化的成功经验，汲取国外城镇化的教训，并结合中国自己的实际，探索出一条低成本、高效益的城镇化发展道路，压缩城镇化成本，缩短与发达国家的差距，快速推进、整体提升城镇化质量与水平，意义非凡。从这个角度讲，各种探索都是极具功效的，而顺其自然、无为而治的城镇化发展思路是不可取的。

广泛卷入型研究类型同时涉猎城镇化与经济社会发展关系的研究领域，与关注城市规模与经济社会发展效益之间的关系模式不同，这一类研究者更多的是从一般意义上思考城镇化与经济社会诸领域之间的互动关系与性质，而不是仅仅局限于城市规模一个研究变量。从整体上看，

① 郑杭生、李迎生：《我国社会转型加速期与城市社会问题》，http://6761213.blog.hexun.com/15495169_d.html。

② 赵新平、周一星：《改革以来中国城市化道路及城市化理论研究评述》，《中国社会科学》2002 年第 2 期，第 132 ~ 138 页。

关注该领域并提出自己观点的学者也大有人在，并基本上形成了较为统一的看法，特别是在当下，当我国的城镇化水平早已突破50%时，我国的城镇化也已经进入整体转型阶段，政界和学界较为一致地将之界定为城镇化的第二阶段。基于这样的发展阶段和阶段判断，李培林认为，“城市化将继我国工业化之后成为我国经济社会发展的巨大引擎”，“工业化、城市化和市场化，已经成为拉动中国发生巨大变迁的三驾马车”。[①]与这类认知相对应，相关学者将统筹城乡发展作为我国城镇化进一步推进的载体和目标，因此，接下来，探索适合新形势要求的城镇化实现形式，既成为这一理论思考的必然，也成为城镇化模式创新的理论基础。

初具规模型主要指我国学界关于城镇化一般理论的研究，虽然创新性、突破性成果寥若晨星，但是，出现了一些匠心独运的城市发展理论；在译介外来研究成果的过程中，也有不少学者结合我国城镇化实际，对城镇化理论做了一般性阐述。到目前为止，比较有影响的、在实践中逐步操作起来的，当属著名科学家钱学森先生生前提出的“山水城市”概念，这个概念是较为理想化的生态城市建设模型，或者说是理想化的未来城市建设标准，是理想城镇化的发展方向和最终成果。按照“山水城市”的理念推进城镇化进程，既可以克服西方发达国家城镇化过程中解决不了的“城市病”和“发展病”难题，又可以实现以人为本、可持续发展的新时代目标，对我国城镇化的健康发展具有重要指导意义。

应该看到，“山水城市”在城市规划与城市建设领域更具有指导价值，在新城市建设和旧城市改造过程中更易于操作、更易于见成效。但是，在城镇化过程中，如何将“山水城市”理念付诸实践，理论本身没有设计。另外，由于“山水城市”理论本身存在一定的理想化成分，在城镇化实践中难以执行，因此，如何从理论上进一步完善，如何将之转化为理论模式，还需要一个艰苦的探索过程。

另外，我国学者高珮义提出了有关城镇化的三大定律学说，钟秀明、武雪萍提出了城镇化发展三阶段观点，还有一些学者围绕着我国的城镇化水平、城市规模效益、城镇化动力、城市体系以及城镇化制度障碍等问题进行了探索性研究，形成了针对中国实际的、具有独创意义的城镇

① 《中国城市人口首超乡村》，http://finance.qq.com/a/20111220/005558.htm。

化理论与观点，在有关城镇化一般理论的研究领域迈出可喜的一步，并对中国城镇化的健康发展起着一定的规范作用。但是，每一种理论观点都还处于初创时期，既没能形成自己的理论体系，也没能透彻地解说自己的研究对象，更没能获得理论界与实践领域的一致首肯。因此，我国学界关于城镇化一般理论的研究任重道远。

与前两种类型相比较，起步状态型落后较多，周一星将其界说为“非常重要，但却研究得很不够的问题”①，主要包括城镇化的主体问题、社会伦理问题、适合中国国情的城镇化综合模式问题、制度问题和中国城镇化的个性问题五个方面，对每一个方面的研究，都是一个庞大工程，是需要集合各个相关领域的专家、学者几代人，甚至是更多代人的精力和智慧，方能大成的重大攻关课题。其中，对于前两个问题，即城镇化的主体问题和城镇化的社会伦理问题的关注焦点——农民在城镇化中的地位、角色问题，涉猎之人更是少之又少，更不用说研究农民在城镇化过程中的地位与作用问题了。这是一个很奇怪的现象，因为城镇化，特别是我国现阶段的城镇化，最重要的一块内容是“三农”的城镇化，归根结底是农民的城镇化，农民既是城镇化的对象，也是城镇化的任务，更应该是城镇化的行为主体，就是这样一个重要的城镇化角色，在我国60年的城镇化征程中竟然始终处于边缘地位。由此观之，我国城镇化的理论研究的确存在严重的不足和路径偏差。在城镇化过程中，如何通过城镇化模式创新和风险管控，既能保护“三农”利益，又能够激发农民积极参与城镇化过程的积极性，发挥他们的主体作用，挖掘其创造潜力，是关系到我国城镇化如何发展以及如何进一步发展的大问题。

（2）基于“自下而上”的对话与思考

自费老有关“小城镇　大问题”研究开始，国内学者对我国农村城镇化进行了大量研究，学者们既关注城镇化铁律作用下“村落的终结”②命运，提炼出“自下而上的城镇化”等理论观点；也从发展模式、动力机制、社会效应和存在问题等方面深入研究，探究我国农村城镇化的本质、规律和运行模式，典型如李强教授凝练出的“政府主导、大范围规

① 赵新平、周一星：《改革以来中国城市化道路及城市化理论研究评述》，《中国社会科学》2002年第2期，第132～138页。

② 李培林：《村落的终结》，商务印书馆，2010，第2页。

划、整体推动”的农村城镇化基本模式等。在有关农村城镇化主体、发展动力等领域，国内学者的研究成果较为突出，创新性观点纷呈，郑杭生教授认为，新型城镇化包含着政府推动、市场拉动、民间协同和创新驱动四大动力因素[①]；孔祥智教授认为，农业是小城镇发展的初始动力，乡村工业化是城镇发展的根本动力，第三产业是农村、城镇发展的后续动力，农民转变身份的愿望和社区发展的公共需求也是农村小城镇发展的强大动力。另外，学者们普遍注意到，我国既有的农村城镇化进程很大程度上依赖政府行政力量的推动，土地城镇化快于人口城镇化则成为基本常态，进而普遍认为农民工的市民化进程缓慢，城镇化增长需要由量的提高转移到质的提升。在农村城镇化具体推进路径方面，国内学者做出了有价值的探讨，李强认为，城镇化推进不一定都采取集中方式，可以通过乡镇产业化和村庄产业化的发展方式，探索农村就地城镇化的新模式；张鸿雁则认为，村庄规模小、分布零散，加大了城乡统筹的难度，中小城镇尤其是中心镇功能不足造成了“乡村 - 中小城镇 - 中心城市”的网状结构功能体发育不全。结合实践中出现的诸如撤村建居等地方特色的城镇化推进方式，学者们从城镇化发展规律角度予以判断与解读，并通过“城乡衔接”[②] 等概念创新和其他学术努力，为探索具有中国特色的城镇化社区模式提供理论支撑。在城镇化与农村社区经济、社会结构及资源环境关系等研究领域，国内学者观点较为统一，对城镇化、经济发展与生态环境互构共变关系普遍关注；对城镇化推进与公平正义增长普遍关心，特别是对农民市民化的关注，更凸显出新型城镇化研究的时代内容和科学内涵，通过新型城镇化实现经济、社会与生态共赢成为基本共识，这为健康推进我国新型城镇化提供了知识保障。

近年来，国内学术界有一个新的研究趋势值得关注，一批学者从“自下而上”的城镇化实践中发现并总结出一种源于草根阶层的城镇化成功模式，即主动城镇化，并从“三农”立场出发，从确立它的城镇化主体地位和发挥农民主动性角度，研究农村城镇化的模式转型。有研究者明确指出：“随着工业化对城市化带动作用的弱化和城市自生发展能力

---

① 郑杭生、张本效：《“绿色家园、富丽山村”的深刻内涵》，《学习与实践》2013 年第 6 期，第 79 ~ 84 页。

② 毛丹：《村落共同体的当代命运》，《社会学研究》2010 年第 1 期，第 1 ~ 33 页。

的不断增强，中国当前正处于由‘被动城市化’阶段向‘主动城市化’转变的阶段。”① 在已有研究成果中，有关主动城镇化研究的主要观点可以归结为三种类型，在第一类观点中，白永秀、王颂吉将主动城镇化的行为主体界定为城市，在此基础上，研究城市在自身发展能力不断增强的前提下，由被动城镇化向主动城镇化的转变；孙建设从宏观经济发展模式角度，从探讨中国由出口导向转向主动城镇化发展模式过渡的角度，研究主动城镇化问题；李子旸等学者则有意识地把主动城镇化确立为明确的政策目标，以期摆脱目前城镇化进程中的被动局面，解决一系列社会问题。第二类观点将城镇化的经营主体界定为农民。卞华舵认为，主动城镇化是由农民自己主导的城镇化；顾朝林等将主动城镇化解释为是“自下而上”的内源性城镇化；王荣保从政府与农民的互动关系及经济社会效益角度认识城镇化实践中农民的主动作用，强调政府重视城镇化和农民渴望城镇化之间能够产生“共振效应”；马晓黎则强调村庄应采取各种措施，积极主动融入城市，并以自身不断扩张的实力服务城市、影响城市，谋求与城市的共同发展。第三类观点主要将主动城镇化的行为主体界定为两个特定群体，其一是农村原住民中的外出打工者，其二是生源地来自农村的大学生。该类观点认为，“城镇化的核心是‘人的城镇化’”，“人的城镇化是尊重人的主体地位的城镇化，真正以人为本的城镇化一定要符合参与城镇化的广大老百姓的意思，也就是要实现主动城镇化，避免被动城镇化”。②

持有上述有关主动城镇化三类观点的学者，在其关注的研究领域做出了自己应有的贡献，但是，由于研究都还处于起步阶段，对诸如什么是主动城镇化，主动城镇化的经营主体是谁，农民在主动城镇化中的角色定位等基本问题，缺乏全面的界定和深入的讨论，至于更深层次的问题，更是需要进一步研究。尽管如此，在梳理已有研究成果的过程中，笔者发现，还是有一些学者开始致力于研究主动城镇化概念，虽然存在见仁见智的不同理解版本，但还是可以看出已经崭露头角的如下几类有

① 白永秀、王颂吉：《由“被动城市化”到“主动城市化”》，《江西社会科学》2011年第2期，第81~86页。

② 李强：《主动城镇化与被动城镇化》，《西北师范大学学报》（社会科学版）2013年第6期，第1~8页。

代表性的观点。

第一，主动城镇化是农民自主经营非农化土地。这类观点较为明确地界定了主动城镇化的概念，它认为，主动城镇化“主要是一些自身经济发展较快，在农村工业化和现代化发展中走在前面的近郊区农村，它们打破现行征地体制，农民的集体土地所有权通过各种形式直接进入工业和城市建设用地的一级市场，使土地用途非农化，它们对原有农村进行了改造，农民的生产和生活方式发生了根本变化，形成了经济和人口相对集中的新兴小城镇或小型城镇化社区”①。

这类观点将主动城镇化地域限定在“近郊区农村”，将主动城镇化的抓手界定为“土地用途非农化”，将主动城镇化的成果落脚在“农民的生产和生活方式”的根本转变上，这非常契合现实中的主动城镇化状况，与我们对上海市J村的研究和观察高度符合。但是，这类观点本身也存在一定的局限性，特别是关于地域和抓手的界定，忽视了我国农村幅员极为辽阔和发展情况复杂、多变的特点，没有关注非近郊区农村的城镇化状况，并为其主动城镇化的可能留下余地，致使概念本身存在瑕疵，解释力和应用范围受到削弱和限制。

第二，主动城镇化是农民主动做出选择和决策的城市化过程。这类主动城镇化观点可以区分为三个亚类，其一是没有形成明确概念，但有主动城镇化内蕴，基本概念框架已经比较清晰的亚类；其二是明确提出了主动城镇化概念，但关注内容较为狭窄的亚类；第三个亚类也明确提出了主动城镇化概念，其关注内容已经具有全面性特点。

第一个亚类的代表性主张首推章光日、顾朝林的观点，他们认为，“城市化必须坚持以工业化为基础，以市场驱动为主导，以农民自愿为基本原则，循序渐进推进，政府只能在必要的时候对其进行适当的引导，而不能代替农民进行选择或决策”②。该观点的突出贡献在于对农民选择权与决策权的重视和强调，将主动权交到农民手中，从而为城镇化中的“三农”利益提供了路径保证。另外，这类观点可以和下面我们将要讨论的第二类观点形成互补，弥补第二类观点的两大缺憾，满足不同条件

① 戎建：《城市化：主动还是被动?》，《经济体制改革》2006年第6期，第31~33页。

② 章光日、顾朝林：《快速城市化进程中的被动城市化问题研究》，《城市规划》2006年第30卷第5期，第48~54页。

下农村社会实现主动城镇化的愿望和可能。

但是，它也存在明显的空想成分：现实城镇化的强势者是规模不同的各类既存实体城市——无论是其实力，还是其意愿，还是其影响力和辐射力，在很多情况下都是农村社会所难以抗拒的，因此城镇化之于农村，存在各种各样的被动和无奈，因此，“以农民自愿为基本原则”，“不能代替农民进行选择或决策”目前看来还只能是不切实际的一厢情愿。

第二个亚类的观点，将主动城镇化的研究视角指向农民个体，研究原子化状态中的农民在城镇化过程中的行动表现，指出“所谓‘主动城镇化’、‘被动城镇化’是从进入到城镇、城市的人的主观意愿角度对于城镇化、城市化的区分”①；“所谓主动性城市化者，就是指那些自愿、主动地加入城市化的人们”②；“原来在农村生活和务农的人凭借各种机会和条件进入城市，在城市生活和工作，随着农村地区的人员不断进入城市，城市发展所需的空间范围也越来越大，这种情形可称为‘主动城市化模式’”③。

这一亚类型的优点在于明确提出了“主动性城市化者”和“主动城市化模式”两个概念，并对概念本身做了明确的界定；同时，它还基于城镇化的角度，给予主动进城的农民以主体者的地位，这与将农民视为城镇化的被动适应者的观点相比，已经有了很大的不同，开始关注农民在城镇化中的地位、角色以及利益问题，为更为宽广领域的主动城镇化研究奠定了良好的基础。但是，这一亚类型也存在明显的缺点，主要表现在如下两个方面。其一，它只是在原子化层面上关注“主动性城市化者”的个体行为，没有提出相关的群体性特征，更没有进行类型化研究。其二，它所界定的主动城镇化模式的概念非常模糊，没有明确的内涵和外延，不具有实践可操作性，很难进入政策设计者的法眼，也难引起理论界的关注，更不能从理论层面上对这种“模式”进行定量或定性研

① 李强：《主动城镇化与被动城镇化》，《西北师范大学学报》（社会科学版）2013年第6期，第1~8页。

② 王春光：《中国城市化与社会结构变迁》，《中国农业大学学报》（社会科学版）2008年第25卷第3期，第55~67页。

③ 王唯山：《城乡空间统筹下的厦门农村发展规划与建设》，《规划师》2007年第23卷第2期，第8~11页。

究，因此只是一种初创阶段的经验性的理论素材。

第三个亚类认为，“主动城市化是农民依据自身意愿实现就业结构调整，自主解放农村富余劳动力和提升农村劳动生产率的过程”①，是“改革开放以来，被动城市化的村庄面对城市扩张这种外部压力，以及所造成的土地减少、村民就业难等社区内部压力，以村党支部和村委会为核心的村级组织做出回应和调整，改变传统的农村发展模式，探索新的发展策略。挖掘村庄社区资源，‘引城入村’，以社区发展为目标，整治村庄环境，改变村民生活方式”② 的一种集体主动城镇化模式。这一亚类的研究视角和研究成果，已经向构建与政府主导型城镇化模式相并列的主动城镇化独特模式方向前进了一大步，为我国主动城镇化理论研究和实践探索提供了很好的理论观点和实践素材。但是，从整体上看，这类研究也才刚刚起步，无论是在其论证的说服力、逻辑的严密性、理论的系统性方面，还是在研究成果的实践检验方面，都还存在较多问题，需要更多的研究者，投入更大的精力，进行更为严密、科学的研究和论证。

第三，主动城镇化是“三农”因素向城市因素转化与靠近的过程。这里所谓的“三农”因素，是指围绕着农业、农村和农民形成的具有浓郁乡土特色的因素集合；所谓城市因素，是指与现代城市相联系、与乡土因素迥异的因素集合。刘传江等认为，主动城镇化是有形的、直接的，是“人口和非农产业活动向城镇的转移、聚居、强化和分异，以及城市景观的地域推进等实体变化过程”③。这类观点实际上将城镇化过程一分为二，即农村因素的非农化和城市因素对农村因素的影响与辐射，并把前者和后者中的有形因素称为主动城镇化。我们认为，这种分类法有很强的可操作性，对于城镇化的解释也较为到位，但是，据此来理解主动城镇化，难免失之偏颇。因为，农村因素的非农化过程既与“三农”发展、进步联系在一起，也与“三农”的边缘化、衰退等因素交织在一

① 卞华舵：《主动城市化》，中国经济出版社，2011，第 60 页。

② 马晓黎：《城乡一体化进程中统筹主动城市化与社区发展问题研究》，《河北青年管理干部学院学报》2010 年第 3 期，第 89 ~93 页。

③ 刘传江、王志初：《重新解读城市化》，《华中师范大学学报》（人文社会科学版）2007 年第 40 卷第 4 期，第 65 ~71 页。

起；既在一定程度上迎合了“三农”的意愿，也在某种程度上扭曲着“三农”意愿，因此，这一过程是否应该被定义为主动，存在很大的疑问。

孙建波等人则认为：“主动城市化是相对于过去的被动城市化而言的，它是指依据城市化规律、产业结构升级规律和区域产业转移规律，有意识、有目的、分阶段地规划引导和提高城市化水平，同时实现城乡结构、产业结构、区域结构和收入结构的调整，奠定经济发展转型的基础。”① 该观点虽然没有明确提出“三农”因素向城市因素转化与靠近的观点，但是，细究其内蕴，也可以得出与刘传江等人的观点相类似的意蕴；不同的是，孙建波等人设计的主动城市化概念，明确提出了“有意识、有目的”推动城镇化的说法，将人的主观选择引入城镇化过程，与国外城镇化区位理论中的行为学派理论有相同的研究旨趣。但是，由于该观点没有明确界定主动城镇化的主体归属问题，因此，从“三农”的角度来讲，难以看出主动城镇化的影子，对我国城镇化转型的引导功能造成一定程度的限制。

第四，主动城镇化是市场机制起主导作用的城镇化形式。这类解释还没有主动城镇化的构思，它主要是比较了政府主导型城镇化和市场主导型城镇化的利弊得失，注意到民间力量对城市化的推动作用，并在借鉴欧美城市化经验的基础上，倡议将市场机制引入城市化过程，弥补政府在该领域的不足，推进我国城市化的健康发展。由于其关注焦点是城镇化的主导力量，所以，在当人们普遍认为政府主导的城镇化是刚性的、难以选择的，因而是被动的语境下，我们就可以理所当然地将市场主导的城镇化认可为主动城镇化。当然这种理解难脱武断之嫌，因此，我们权当它是一个推理，而不作为一种主动城镇化的现实观念。

作为较为新颖的研究努力，这种解释在主动城镇化概念领域的研究成果并不成熟，在学界和政界中也存在不小的争议，但是，由于它是对实践中已经存在的城镇化类型的回应，所以，其研究价值还是应该得到正视的。特别是在我们这样一个农村人口众多的发展中国家，如何在发

---

① 孙建波、张志鹏：《主动城市化：经济结构调整的关键依托》，《新华文摘》2010 年第 22 期，第 56～59 页。

挥好政府主导型城镇化发展模式优势的同时规避该模式的弊病，并适应城市时代到来的要求，探寻通过城镇化模式创新和风险管控努力，达致既能够经由城镇化努力保护“三农”利益，又能够经由城镇化努力保证农民共享城市文明发展成就的理想追求，在新型城镇化努力中彻底消解农村病和城市病的病根，真正实现城乡一体化发展目标。这些现实问题要求理论研究予以及时而到位的回答，并要求理论研究能够为实践探索提供智力支持和知识保障。

第二节　目的和意义

一　研究的目的

本书以上海市J村主动城镇化创新实践为主要研究对象，其间也将对发生于我国其他地方的一些城镇化经典案例进行局部的横向比较分析，旨在就下述问题做出力所能及的解答。

第一，在我国，是否存在主动城镇化，如果存在，主动城镇化的结构、规律、实现方式怎样；如果不存在，如何理解实践中出现的并已经取得较好经济社会成就的“主动城镇化”发展经验。

在本研究开始之前，作为被委托方，我们在上海市开展了“M区J村主动城市化发展研究”社会服务活动，在为完成该委托课题而进行的调研、评审和后期讨论过程中，研究者广泛接触了高校相关知名学者、上海市政界领导、“三农”问题专家和发达农村中的精英，在同他们的交往和交流过程中，搜集到了有关主动城镇化的不同评论。一般来说，政界领导对主动城镇化持否定态度，主要观点有二：一种观点认为，在我国，没有存在主动城镇化的必要和可能，在农村，只要运行好政府主导型城镇化模式，就能够实现城乡一体化发展目标；另一种观点认为，农民没有主动城镇化的资格，无论是从知识、能力、水平还是从社会地位方面衡量，农民只能是被动城镇化者。与政界一边倒的观点不同，学者与“三农”问题专家对主动城镇化基本持肯定态度，最保守的观点也是允许试试看，在实践中检验、修正和发展。至于发达农村中的精英，对主动城镇化是肯定的，同时抱持着谨慎乐观的态度，他们从自身实践经验出发，认定主动城镇化为一条较好的城乡一体化发展的探索性路径，但对能否获得政府的肯定与支持把握不准，对政策未来走向忐忑不安。

因此，我们希望通过对J村的个案研究，通过对其他地区城镇化先进典型案例的剖析，探讨和尝试回答主动城镇化是否存在的问题，并在此基础上，进一步思考主动城镇化的结构、规律、运行方式，以及实践中出现的“主动城镇化”草根经验之于我国新型城镇化的实践价值和理论意义等相关问题。

第二，主动城镇化能够给国家和农民带来什么，它与政府主导型城镇化模式相比较有哪些优势？

从J村的城镇化实践成效看，主动城镇化不仅让该村成为上海市的最富裕村之一，村民人均可支配收入和财产性收入迅速提高，而且带动了周边乡镇和上海市区相关地方和行业的发展，带动了它的帮扶对象的发展；同时也缓解了政府的征地压力、缓和了社会矛盾；上缴国家的利税也持续快速增长。换句话说，J村通过主动城镇化实践，建构起了国家、地方、村集体和农民以及外来务工者的多赢局面。

需要认真思考的是，这种多赢局面是暂时现象，还是必然结果？是个案特征，还是具有普适价值？主动城镇化与政府主导型城镇化相比较，其利弊得失是什么？在我国新型城镇化推进过程中，如何从这些具有创新意义的社区城镇化经验中寻找到可推广的城镇化发展思路与方法，也是本书所要力图回答的问题。

第三，为什么在J村出现了主动城镇化，农民有没有主动城镇化的资格，它的推广意义在哪里？

1994年是J村主动城镇化的启动年，这个时期，该村没有直通外界的道路，是被周边村庄环绕的“孤岛村”，为了打开“封锁”，发展村域经济，村民们与周边村洽谈，借地修路，将SHX路南扩、北延，最终南与SGD路、北与SCB路连接，从而畅通了与外界的陆路交通。换句话说，J村城镇化的区域位置是没有任何优势可言的，为什么这样一个“孤岛村”能走出一条主动城镇化的道路？为什么这样一个村能够从沉重的债务负担中崛起，成为上海的首富村？这里面有很值得挖掘的东西。与这一问题相联系，作为主动城镇化的主要承担者，该村农民扮演了怎样的社会角色？基于他们的实践经验能不能讨论中国农民的主动城镇化资格问题？对城镇化后发展村庄来说，它的启迪意义何在？它的成功经验有没有推广的价值？等等，上述这些问题，是我们致力于研究J村主动城镇化创新经验和其他先发村城镇化经验的重要目的所在。

二　研究的意义

本研究的意义，可以从以下三个方面予以说明。

（1）在新型城镇化视域下反思政府主导型城镇化发展模式，与国内外城镇化研究者展开学术对话，同时，为日益严重的城市病和农村病把脉问诊。

政府主导型城镇化模式的优势和制度性不足已经在实践中逐步彰显，围绕着这一模式展开的理论研究也开始了不断的反思，本书立足现实，在对个案进行深入细致研究的基础上，主要借用社会互构论和个案拓展方法等研究路径，进一步对政府主导型城镇化模式进行考察和反思，并以此为基点，探讨如何通过适时的制度创新，在继续发挥上述模式巨大潜力的同时，避免和克服其自身难以解决的体制性弊端，以实现我国城镇化建设的继续发展，不断推进城乡一体化目标的实现。与此同步，我们希望以自己的研究成果为媒介，实现同国内外城镇化研究者的学术对话。一方面，通过对话，既验证自己的观点，提高自己的研究能力和研究水平，又推动学术界进一步加强对城镇化社区经验的研究和反思，从而进一步正视和研究目前我国城镇化进程中愈演愈烈的城市病与农村病，并为城市病和农村病的解决提供可行性对策。另一方面，通过对话，进一步激发学术界探索和研究新形势下农村新型城镇化的兴趣，期望以我们的研究为分析对象，无论是批驳，还是指教，抑或是支持，都能形成一个研究兴趣点，产生一批观点，从而为我国农村城镇化的健康快速发展提供知识财富，为新型城镇化基层创新经验的崛起和被接纳奠定舆论基础。

（2）研究实践领域新型城镇化创新经验，剖析以农民为主体的主动城镇化实践，寻找促进城镇化和谐发展的新路径，以期为实现社会公平，维护、发展“三农”权益，消弭城镇化进程中的不安定因素，提供新的参考框架，并尝试在理论研究方面有所突破，以期为城镇化理论的创新发展提供绵薄之力。

作为农民的创造性成果，主动城镇化已经在实践中初步显示出其旺盛的生命力，但是，农民群体眼里的主动城镇化还仅仅是他们亲身感受的一种经验事实，没有能够从理论的高度来认识和总结它。因此，产生了两个问题，其一，对村级经济实体、村领导和村民来说，主动城镇化是一系列过去策略、方法的集合，是摸着石头过河的艰难和智慧的凝结与沉淀，是村领导人的胆识和执着，是“硬发展也是道理”的朴素行动逻辑，等等。这些理解虽然也涉及城镇化的主体、动力因素和发展路径等深层次问题，但都是雾里看花、浅尝辄止，而且没有明确的问题意识。所以，当他们介绍自己的主动城镇化创新经验时，会出现许多语义含糊的不同概念版本，而且容易被外来者的观点所影响和干扰，并应和着外来者的思想随时修正自己的说法。概言之，由于他们不能够从理论上认识和总结主动城镇化实践经验，因此，难以真正认识自己城镇化创新经验的本质特征，难以把握主动城镇化的内在规律，对过去的成功实践只能够用累积案例和堆积数据的方式予以解说，对未来的发展，只能够寄托于领头人的智慧和胆略。其二，由于主动城镇化是以经验事实的方式被大家认识和思考的，因此，外来的思考者和认识者会从自己的思想观点、价值观念和知识背景出发，衡量、剪裁和建构自己的主动城镇化概念，因此，歧义和误解就在所难免，继之产生的可能就是对来自社区层面的主动城镇化经验的质疑，甚至是责难，这样的反面意见弥散开来，产生了两种负面影响：一是来自社会各方面的怀疑声音加大和增强，发展阻力随之增加；二是村庄内部，包括村领导和村民对主动城镇化未来发展前途的担忧和顾虑，并且，随着时间的推移，这种担忧和顾虑不断发酵、放大，成为影响自身发展的潜在障碍。两种负面影响相互作用，主动城镇化的未来命运被笼罩上一层浓浓的阴影。

因此，站在理论的高度，研究实践领域中出现的主动城镇化创新经验，探索以农民为主体的主动城镇化模式，力争在理论上有所突破，无论是对原发地的实践者来说，还是对外来者来说，都具有很大的现实意义。

另外，政府主导型城镇化发展模式运行的一个负面结果是“三农”权益被不断侵害，从发展趋势看，通过该模式自身的改良来实现维护和发展“三农”权益的社会目标，不仅需要绵长的时间成本，还需要难以估量的经济社会成本。不仅如此，分析近几年我国农村城镇化发展的实际情况，可以发现，农民权益特别是农民的土地权益，正在被各种方式严重侵害，国家规定的18亿亩耕地红线正在面临各种各样的挑战。尽管党的十八届三中全会进行了具有针对性的顶层设计，但是，如果不能实现城镇化发展模式的制度创新和路径创新，就很难从根本上扭转“三农”权益被不断严重侵害的社会局面，很难消弭城镇化进程中的不安定因素，难以从根本上解决日趋严重的城市病与农村病，难以真正实现全国层面上的社会公平与正义。从这个角度讲，研究、探索以农民为主体的主动城镇化社区经验，寻找促进城乡一体化发展的新路径，也具有重大的现实意义。

梳理新中国成立以来我国城镇化发展历程，可以发现这样一条运动轨迹，即我国的城镇化理念、政策设计及实践，有意无意地走着一条从城镇化逐步向城乡一体化转变的道路。当然，这个转变，是在不断反思城镇化经验教训的基础上，是在加深对城镇化本质的深刻认识基础上，通过实践中的不断试错过程所完成的。如果沿着这一路径健康发展下去，我国的城镇化必将进入和谐发展轨道，此前产生的城镇化弊病及衍生的众多问题，也将在这一过程中得到纠正和克服。但是，由于这个转变是不断试错的探索性结果，发展路径既不太清晰，也缺乏高度的自觉，再加上我国城镇化率已经突破50%，正处于刚刚步入城镇社会的关键时期，因此，如何通过理论自觉，通过理论发展与创新，科学地规范和导引城乡一体化发展路径，也是摆在我们面前的一项重大历史任务。

（3）探索新型的国家与农民关系模式，探寻实现农民富裕和持续富裕的长效机制。

改革开放以来，国家与农民的关系正在逐年改善，农民更多地从国家那里获得了经济社会发展的诸项权利，两者之间关系的改善和农民权利的增长，为农村城镇化的健康快速发展奠定了良好的基础。但是，从某种程度上讲，现时的国家与农民关系还远没达到合理与和谐的程度，在几个关键领域中，二者之间还存在障碍与摩擦。例如，农民的土地权益完全实现问题、市场公平竞争主体问题、流动与迁徙权问题、自治权问题等。这些领域中存在的问题，折射到现实生活中来，便出现了农民的土地权益被不断侵害，农民难以平等享受城镇化发展成果，农民享受的政治权利及社会权利不完整等现实问题。因此，通过对来自基层的主动城镇化社区经验进行深入细致的实证研究，探索新型的国家与农民关系模式，从制度层面、体制层面以及运行机制层面寻找实现农民富裕和持续富裕的长效机制，既具有现实意义，也具有本体论意义。

第三节 理论框架与概念界定

一 本书的理论框架

本书不是对以J村为代表的样本对象就政治、经济、社会、文化、环境等各个方面所进行的整体、全面、事无巨细的剖析与思考，而是从主动城镇化这个特定视角入手，研究、分析我国农村先发社区所走过的城镇化道路，探讨推进路径的生命力和存在价值，以期找到适合我国农村实际的新型城镇化实现方式，进而探索以之为杠杆的实现城乡一体化发展的城镇化一般模式，以及适合不同地域要求的城镇化个性化模式。本书就是在发展模式这一理论框架之下展开讨论的，从其本身的意蕴分析，发展模式就是在特定场域中形成的发展方向，以及体制、结构、思维和行为方式等各结构性要素的综合体。基于此，本书抓住主动城镇化这一体现新型城镇化特点的发展方向，从行为主体、体制性内外部环境与发展动力、行动策略与行动理性、实现机制、完善路径、风险管控等结构性要素和理论模型建构等方面着力，研究农村社区新型城镇化发展模式。其线性逻辑关系是：以主动城镇化为理论视角和切入点，通过研究体制性内外部环境，探寻主动城镇化发展动力，在此基础上研究主动城镇化行为主体及行为特征，分析其行动策略与行动理性，解读其特有的主动城镇化实现机制，探讨可持续发展的主动城镇化发展路径，并最终从理论上探索适合我国实际的农村城镇化的一般模式和个性化模式。详情可参见图1－1。

致力于发展模式研究的理论架构，决定了相关分析理论的选择，我们从众多的社会学理论流派中，选择了批判结构主义。“批判结构主义回溯潜在的物质结构的长期发展过程，以及这些结构对个人、社会和文化所产生的影响。在该理论中，人被看做是被他们所在的社会经济和历史

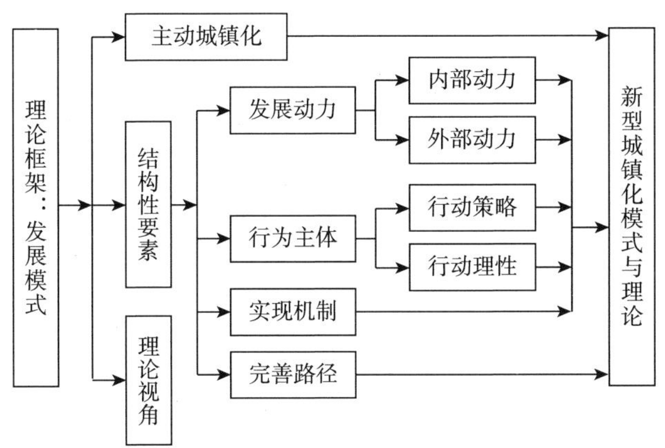

图 1-1 理论框架图示

方面的定位所规定的。”① 这一理论范式也为我们提供了一种整体主义的分析方法与观察视角，它的结构性观点适合分析处于计划经济时期的我国农村（以上海J村为代表）如何突出重围，开创属于自己的城镇化发展路径。同时，它也能够帮助我们确定本书的主要样本村在我国整个社会发展网络中的具体坐标位置，以及主要样本村人的行为方式、思维惯性与创新精神。郑杭生先生创新的结构互动论也是本书所采用的重要分析工具，该理论的本土化特点，使得其在分析样本村城镇化创新实践时更能发掘主动城镇化的乡土特征，也更具有适应性和解释力。

另外，基于对以J村为代表的城镇化发展路径所做的前期调研的追问与思考，基于对国内外学术界在相关领域理论研究和学术争鸣的总结与判断，我们将对与主动城镇化相关的三个问题进行逐步深入的追问，这三个问题分别是：主动城镇化不仅有存在的可能，还有存在的必要；农民不仅具有主动城镇化的资格，而且是主动城镇化的主体力量；主动城镇化如同政府主导型城镇化一样，适合我国城乡一体化发展要求，是我国基层农村新型城镇化的创造性经验模式。这三项理论追问，一方面是为了突出和完善主动城镇化的特定研究视角，另一方面也是为了叩问和验证主动城镇化的现实性和真实性，进而为理论上探索适合中国特色的新型城镇化模式奠定基础。

① 马尔科姆·沃特斯：《现代社会学理论》（第2版），杨善华等译，华夏出版社，2000，第7页。

二 研究的问题

本书关注的问题依然是城镇化问题。在学界，关于城镇化的理解存在广义和狭义两种类型，前者认为，有了城市就开始了城镇化过程，因此，城镇化历史可以上溯到人类社会出现第一座城市时期；后者认为，城镇化始于工业革命，无论是从数量上看，还是从规模上分析，工业革命之前的城市发展都处于极为缓慢的状态，因此，世界上有城市而没有城镇化；只是到了工业革命之后，城市数量和规模才开始呈迅猛发展之势，城市也才开始以“化”的方式进入人们的认知领域和研究视野。本书所采用的是后一类型的城镇化，即狭义的城镇化，在此概念基础上，展开相关问题的研究。

在研究我国城镇化发展问题时，我们重点关注发生于社区层面的新型城镇化创新实践活动，希望通过对城镇化先发社区现状的剖析，总结经验、找出不足、寻找对策，进而通过模式创新研究，为我国新型城镇化的健康、和谐发展提供知识支持。当然，现实与历史是紧密关联的，为了充分理解现实，我们也将新中国成立以来我国城镇化的实践纳入研究视野，通过梳理旧式城镇化的发展脉络，以求把握城镇化发展的基本理路，进而寻求当下新型城镇化领域机制、模式创新的历史根基和事实基础。

本书的主要样本对象是上海市 M 区 Z 镇 J 村，为了使我们的研究更为深入、全面和有代表性，在研究过程中，我们会对经由分层抽样方法产生的北京市郑各庄村、江苏省华西村和浙江省滕头村等众多有代表性的城镇化发达村，以及我们长期跟踪研究的浙江省临安区①“富丽山村”实践涵盖的东湖村、平山村、马溪村和回龙村等村的城镇化进行比较研究，从而将 J 村这一特殊个案，置于一个大的环境中去思考。当研究视野由个案跃升到宏观时，旧式城镇化的主流模式，即政府主导型城镇化，连同上海市城镇化发展历程及现状，就成为本书重要的依托和背景，我们将本书的样本对象牢牢地嵌入它们应在的经济社会自然等诸环境中，

---

① 浙江省临安市已于 2017 年 9 月 15 日完成了“撤市设区”工作，正式成为杭州市的第十个区，即杭州市临安区。因此，在下文中，我们将调整称谓，将长期跟踪调研的对象临安市改称为临安区。

因之，本书必然会将宏观与微观的对话贯穿于整个研究过程之中。

本书的基本理论视角是主动城镇化，我们将通过分析、总结样本村主动城镇化的经验，以及发展中的不足和教训，综合探讨主动城镇化的动力因素、实现机制、基本路径、风险管控和发展理性，力争构建一个既具有典型意义，又具有普适性的新型城镇化模式，同时建构适合不同地域发展特色的个性化模式，力争为我国新型城镇化的健康快速发展、为城乡一体化的健康快速发展提供有参考价值的实践模式与理论知识。

三　概念界定

正如上文所述，本书将围绕主要样本村主动城镇化的创新实践模式展开，通过分析、总结发生于社区层面主动城镇化的经验，综合探讨主动城镇化的行为主体、动力因素、实现机制、基本路径、风险管控和发展战略等方面内容，尝试构建具有一般意义的新型城镇化理论模型。与之相对应，本书的基本概念、变量也以此来组织和构建。

（1）主动城镇化概念界定

本书的核心概念之一是主动城镇化。从国内外研究的已有成果看，还没有一个被大家一致认可的规范概念，实际上，截至目前，已经有诸如清华大学著名社会学家李强教授等学界大腕开始关注并尝试界定这个概念，但是，因为研究所关注的领域存在差异，这些概念也是见仁见智。李强教授主要关注的是“人的城镇化”，结合他近期的研究成果，按照我们的理解，我们认为，他是从两个角度来研究主动城镇化这一问题的，其一是农村居民在自己的意愿驱动下进入各种规模城镇的人的空间位移式的主动城镇化，包括异地城镇化和就近城镇化；其二是农村居民的“就地城镇化”：“更突出了农村的就地改造，即农民并没有迁移到其他地方，而是在世世代代居住的乡村地区，完成了向城镇化、现代化的转型。”[①] 李强教授的这两个研究视角，对我们从事J村主动城镇化研究具有很大的启发价值，让我们更加关注城镇化中的人的问题和人作为城镇化发展的终极意义的问题。但是，我们也发现，与我们的研究内容相比

① 李强、陈振华、张莹：《就近城镇化与就地城镇化》，《广东社会科学》2015年第1期，第186～199页。

较，李强教授更加注重的是作为原子化个体或群体意义上的农民个体的主动城镇化问题，而不是包括经济、社会、文化、生态等众多内容的整体意义上的农村城镇化问题。虽然后者的核心也是城镇化中的“人”，即农民和农民个体，但是，二者之间毕竟还是有差异的。因此，我们将已有的关于主动城镇化的概念解释作为重要指导和参考，结合研究样本的特点，尝试创新更为适合的主动城镇化概念。本书的阶段性成果指出：J村人的主动城镇化不是一个学理性的概念框架，而是一个促进农村稳定、快速与和谐发展的可信赖凭仗，它从J村被动城镇化的艰难历程中脱胎而出，是民间智慧和实践逻辑的综合性产物。

按照J村人的理解，主动城镇化实际上就是一个挑战困难、主动求变、实现村民整体小康的发展过程。它内含着三种层次不同的主动城镇化内容，分别是理念意义上的主动城镇化、实践意义上的主动城镇化和结果意义上的主动城镇化，这三个层面的主动城镇化既是次第推进的，又是相互交织的，其现实成果则是J村已经展现的经济、社会、文化等各方面的迅速发展和稳定和谐。

理念意义上的主动城镇化发端于村主要领导人对村庄发展环境的判断、认知与思考，是在“大势所趋、非变不可”境遇下的主动求变，然后，通过不断宣传、商讨、博弈、权衡与比较，最终上升为全村人共同持有的发展理念。当这种理念成为村民的共识后，就引发了强烈的行动意愿，催生出以村集体为行为主体的主动城镇化实践形态。

实践意义上的主动城镇化是一个艰难的试错过程，同时也是一个惊喜连连的进步过程。在J村先后经历的五次主动求变经历中，“硬发展也是道理”是他们的行动逻辑，惊喜的结果是其行动奖励，主动城镇化就在这样一种挑战困难、主动求变、实现发展飞跃的循环中不断前行。

结果意义上的主动城镇化有着实实在在的物的体现，包括不断增长的村集体经济财政、逐渐优化的村基础设施、迅速增长的村民可支配收入、较为全面的社会保障等内容，它是整个主动城镇化模式的价值体现和根本追求。一方面，强化了理念意义上的主动城镇化；另一方面，支撑了实践意义上的主动城镇化，同时也为自身的进一步壮大奠定了基础。①

在本研究逐步展开的过程中，我们也认识到，J村作为运行主动城镇化模式的一个较为成功的案例，已经通过自己的具体实践活动为认知和探索主动城镇化概念提供了非常好的素材，如果对其经验教训和社会价值进行总结与提炼，并结合其他城镇化先发社区的经验以及学术界已有的思考，是可以提出具有解释力的主动城镇化概念的。

基于上述认识和不间断的深入思考，我们体会到，较为科学、全面的主动城镇化概念，应该包括以下几个方面内容：城镇化的主体、动力、基本原则、实现机制、手段与途径、客体、成果等。对这些内容进行分析、整理与思考，本书得出了这样一个主动城镇化概念，即主动城镇化是指处于城镇化浪潮冲击下的农民，为促进农村因素向城市因素转变，实现所在村域经济社会发展，因时顺势、理性选择、自主决策，经营可利用的各种资源，以非农产业为抓手，以城市化为追求，以长远利益为依归的、可持续发展的新型城镇化社区模式。

对于这一概念，我们研究团队从各个角度做了基本的测评，并邀请业内专家学者进行严肃论证，最终的结论是，它虽有不足，但能够较好地反映主动城镇化的实践现状，并能对之进行较为恰当的解释和说明，同时，对未来新型城镇化的实践也有一定的指导意义。

（2）农民的城镇化角色概念界定

除了主动城镇化这一核心概念外，农民的城镇化角色也是本书的一个关键概念，作为“三农”中唯一的能动者，该群体是农村新型城镇化的承担者，能不能承担起这一重任，能不能发挥主体性功能，以及扮演什么样的社会角色和如何扮演自己的社会角色，就成为决定性因素。反思旧式城镇化场域中的农民，其之所以成为被动者和被迫适应者，社会各方给予他们的行为期待和他们自己扮演角色的方式是问题的关键，在这样的基本环境中，被动适应者的角色期待既型构了政府主导型城镇化的既有特点和运行方式，也型构了农民自己的旧式城镇化思维方式和城

① 张本效：《主动城市化的探索与思考》，《城市发展研究》2010年第10期，第9～14页。

镇化路径依赖。所以，通过农民城镇化角色这一概念的界定，扭转存在于社会各方思维中的行为期待定式，是推进新型城镇化沿着健康方向发展、实现城乡一体化奋斗目标的重要抓手。

基于对样本村，特别是上海市J村主动城镇化路径的研究与思考，我们认为，一般意义上的农民城镇化角色概念应该这样界定，即在国家给定的法律、政策范围内，城镇化中的农民，通过实现主体性、发挥主动性，以求实创新为手段，充分利用各种自然、社会资源，消弭各种障碍性因素，实现所在村域城镇化目标，缩小乃至消灭城乡差别，推动城乡一体化发展过程中的理念和行为模式。

本书的第三个核心概念是新型城镇化，对于这个概念，学术界也存在不同的看法，我们认为，与旧式城镇化模式相比较，“新型城镇化之新的表现是全方位和多角度的，可以表现为人的城镇化，土地的城镇化，城乡互补协调发展的城镇化，集约、智能、绿色、低碳的城镇化等等，这是一个包含众多因素的系统整体，其实现过程，需要众多相对应的操作化推进路径”①。换句话说，这是一个包含着众多协调、集约、智能、高效、可持续因素的全新城镇化发展模式，至少从学理上说，它能够克服和避免旧式城镇化的种种弊端，真正按照科学、健康的路径推进城镇化发展，实现人类的城镇化福祉。

本书的基本概念还包括政府主导型城镇化（旧式城镇化）和发展模式两个概念。基于对我国现行的、以政府为核心的城镇化模式的理解和总结，我们认为，政府主导型城镇化的科学内蕴应该是以政府为主导、以城市和农村为双重行为主体、以市场为手段的城镇化模式。发展模式是本书运用的又一基本概念，主要在两个层面上予以使用，其一，作为文章整体理论框架，从主动城镇化发展模式的结构层面，把握和应用该概念；其二，作为本书的结论，基于整个研究成果，建构出新型城镇化模式，希望以之为工具，探索出一条促进城乡一体化发展的成功道路。在本书中，五个基本概念，即主动城镇化、农民的城镇化角色、新型城镇化、政府主导型城镇化和模式之间，有着内在的联系，从时空顺序上

① 张本效：《村域经济与生态环境同向谐变支点思考》，《社会学评论》2014年第2期，第75～81页。

排列，它们是按照发展模式→政府主导型城镇化→农民的城镇化角色→主动城镇化和新型城镇化→建构新型城镇化模式展开的；从文章的逻辑关系看，发展模式是统领，主动城镇化既是理论视角，又是新型城镇化的一种实现形式，农民的城镇化角色是支撑，政府主导型城镇化是前奏，新型城镇化是目标。正是这五者之间的密切联系，形塑了本书的基本架构。

第四节　研究的主要方法

一　方法论讨论

在社会学研究领域，存在三大方法论，分别是实证主义（自然主义）方法论、反实证主义（人文主义或主观主义）方法论和马克思主义方法论。从历史主义角度分析，可以发现，自奥古斯特·孔德将自然科学研究方法引入社会研究领域以来，前两种方法论倾向，即实证主义与反实证主义的争鸣与交锋就如影随形，并延续至今，而且成为左右社会学发展的支配性力量。二者在诸如社会学的研究对象、社会学研究的逻辑顺序等根本性问题上存在重大差异，并衍生出诸如“社会唯名论”与“社会唯实论”、“一元方法论”与“二元方法论”甚至“多元方法论”、“价值中立论”与“价值参与论”等众多分歧和对立。这些分歧和对立一方面为不同学说的产生和发展提供了良好的条件，另一方面也因为双方各自的方法论片面性而影响和妨碍着社会学自身的壮大和完善，进而削弱了社会学对丰富多彩社会生活的解释能力，难以为经济社会发展提供准确而又及时的理论指导。

尽管如此，无论是实证主义方法论，还是反实证主义方法论，都为社会学研究者提供了丰富的、有价值的研究方法，诸如迪尔凯姆提出的“把社会事实当做事物来研究”[①] 的社会学第一原则；再如马克斯·韦伯提出的“社会学是一门致力于解释性的理解社会行动并因而对原因和结

---

① 安东尼·吉登斯：《社会学》（第四版），赵旭东等译，北京大学出版社，2003，第10页。

果作出说明的科学"[①] 的理解社会学，等等。理解并运用其内蕴的正确研究方法，是解读现实问题的工具与捷径。

与实证主义方法论和反实证主义方法论相比较，马克思主义方法论有自己的鲜明特点，我们可以从辩证唯物主义与历史唯物主义有关物质与意识等唯物论观点，对立与统一等辩证法观点，理论与实践、感性认识与理性认识等实践论观点和生产力与生产关系、经济基础与上层建筑等历史观诸方面，认识其方法论的实质和基本观点。唯物论强调物质第一性、意识第二性，意识对物质具有反作用；辩证法主张普遍联系、变化发展，强调矛盾的双方对立统一；实践论强调实践，认为实践既是认识的来源，又是认识的动力和目的，强调实践是检验真理的唯一标准；历史观坚持社会存在决定社会意识、生产力决定生产关系、经济基础决定上层建筑，并同时坚持后者对前者的能动作用，强调人民群众是推动历史发展的主要力量，等等。总之，马克思主义方法论既强调社会的整体性，又强调社会存在的客观性、必然性和可认识性，因此，以其独特的理论魅力，对实证主义和反实证主义产生了重大影响，成为独具特色的社会学研究方法论。

梳理上述三种方法论倾向，可以发现，尽管各方法论本身都不是尽善尽美的，尽管相互之间似乎存在不可调和的分歧，但是，它们都能够从不同方面为社会问题研究提供重要的方法论工具。因此，摒弃方法论上的争斗，避免陷入"社会学中许多理论文献都耗尽在运用这些方略中的这个和那个方略来进行研究工作的学者们的争论之中"[②] 的泥淖，取各家之所长，为我所用，就能够在方法论层面，形成"站在巨人肩上"的优势，从而为整个研究的顺利进行，为高质量研究成果的产生，奠定方法论基础。正是基于这样的认识，本书在方法论选择方面，坚持开放的胸怀，希望能够集各家之长，善加运用，以期圆满完成对城镇化先发社区创新性经验的研究工作。

---

① 马克斯·韦伯：《社会科学方法论》，韩水法等译，商务印书馆，1995，第35页。

② 乔纳森·H. 特纳：《现代西方社会学理论》，范伟达等译，天津人民出版社，1988，第35页。

二　研究对象选择

本书之所以选取上海市J村主动城镇化实践经验为主要研究对象，兼及分层抽样产生的其他样本村新型城镇化实践，主要是基于以下四个方面的考虑。

其一，实践中的J村主动城镇化发展经验已取得了丰硕的经济社会成就，并因其成就而得到社会各界的关注，显示出重大的实践价值。

其二，关于J村人的主动城镇化创新经验，学界、政界、新闻界等各相关方存在差异较为悬殊的不同认识，在几个关键且敏感的问题上存在很大的争论。例如，在我国，主动城镇化有没有存在的可能和必要？农民能不能将自己的发展方式界定为主动城镇化？农民有没有资格主动城镇化？对于诸如此类的问题，现在也还没有一个有说服力的标准答案，显示出在新型城镇化加速推进时期，理论研究滞后于社会实践的状态，因此，研究J村主动城镇化经验，具有重大的理论价值。

其三，为反思政府主导型城镇化模式提供了良好的契机。新中国成立以来，我国的城镇化就走上了一条以政府为主导的旧式城镇化发展道路，经过60多年的实践探索，这一发展模式的利弊得失逐渐清晰：从初始状态看，它与新中国成立初期的经济社会发展形势相适应，并在一定时期和一定范围内形成了相互促进、共同发展的和谐格局。但是，随着经济社会的进一步发展，二者之间的关系也发生了变化，特别是在“文化大革命”期间，我国还出现了“反城市化现象”——城镇化长期背离经济发展步伐，呈现出停止增长，甚至是负增长的态势。改革开放以来，城镇化又重新回归发展状态，城镇化率在持续提高，城镇化水平与经济社会发展水平又开始了某种程度上的比翼齐飞。但是，由于经济管理体制在不断改革，计划经济的份额不断缩减，市场经济的份额不断增加，因此，城镇化领域也不可避免地出现了计划与市场的冲突，其现实表现就是城镇化滞后与城镇化超前现象同时存在。

追根溯源，政府主导型城镇化发展模式之所以引发上述缺憾，主要原因不在于该模式本身，而在于它的运行背景及运行机制上的偏差。

由于我国源远流长的集权政治特征和计划经济时期推行的全能政府体制影响深远，又由于改革开放以来启动的政治体制改革的滞后性特点和城乡二元格局的特殊制度设置背景，实践中的政府主导型城镇化模式运行轨迹呈现出一边倒的发展态势，即政府的主导作用常常异化为无限责任角色的作用，城市与政府合二为一，成为城镇化的唯一行为主体，市场也被吸纳进政府工作体系，并以政府为盈利杠杆，纠合城市，一起推行单向度的、以城市利益为旨归的旧式城镇化发展模式。因此，政府主导变为政府主宰和政府包办，政府主导型城镇化的原初设计和本质内蕴流失，也因此，我国的城镇化进程呈现出继续以牺牲农民利益为代价的城乡二元体制特征。这是造成城乡发展差距进一步被拉大，农民各种利益特别是土地权益被不断侵占，农村消费能力持续低下，农民上访事件出现的根本原因。这也是有些学者、专家以及农民，特别是通过自身持续努力、克服种种困难、跨越重重障碍、取得村庄经济社会大发展的先进农村村民，将政府主导型城镇化称为被动城镇化的主要原因。在这种模式下，农民始终是事实上的从属者——既从属于政府，又从属于城市，还屈从于市场，不可能成为与城市并驾齐驱的新型城镇化行为主体，主体性缺失是政府主导型城镇化模式中农民的代名词。与之相对应，农民之于城镇化的行为方式常常是等、靠、要，思想上、行为上产生严重的依附心态与依附态势，主动性严重萎缩，更谈不上开拓进取与创新发展，呈现出一种创造性动力缺乏、被动适应的消极状态。

因此，反思政府主导型城镇化模式的性质和特点，克服不利背景中的障碍性因素，纠正运行机制上的偏差，进而走出因该模式被异化而形成的发展困境，充分发挥城市与农村两个主体的作用，用好市场这个工具，消弭旧式城镇化弊病，促进真正意义上的城乡一体化发展，是现在需要直面的现实问题，也是本书对以J村主动城镇化经验为代表的城镇化先发社区实践经验进行研究的又一价值所在。

其四，发达农村主动城镇化的成功实践和现实困境，彰显出研究以J村主动城镇化为代表的新型城镇化社区经验的必要性。从实践层面上看，新型城镇化模式的不同创新尝试已经在许多地方、不同层次悄然展开，例如，中新天津生态城项目的建设是在中观层次上，以建设新城的方式尝试探索我国城镇化发展新路径；全国十大名村①，以及北京郑各庄村等发达村，则是在微观层次上，以“三农”非农化的方式，创造性探索自下而上的城镇化模式。如果说前者是政府指导作用与主体作用的合体，是政府主导型城镇化模式的继续的话，后者则是农民创造性的探索尝试，是其基于对农村村情及发展困境深刻理解基础上的自觉，J村人将这种探索尝试称为“主动城镇化”。无独有偶，北京郑各庄村村民也将他们的城镇化创新经验称为“主动城镇化”。对于什么是主动城镇化，两个村的领导和村民有着自己的理解，J村人是这样理解的：主动城镇化就是自己想办法、自己找出路。该村前任党委书记吴××将之归结为“我们自己搞市场，自己当管理者，自己管理自己的市场，这才是当家人”②。“当家人”的说法，体现的是J村人在新型城镇化实践探索进程中自觉的主体意识和主动作为的行动理念，也是J村主动城镇化的实践逻辑，从政治意义上说，体现的则是“人民当家做主”的社会主义民主政治信念。

从根本上讲，J村人、郑各庄人，以及其他样本村百姓探索的新型城镇化，与政府主导型城镇化模式的目标追求是一致的，都是希望通过不断的努力，推进城镇化的健康快速发展，实现共享共有型的社会发展模式。这些村的农民通过自己的努力，找到了一条成功的发展道路，不仅解决了自身问题，实现了自己所在村域的经济社会发展，而且，能够顾及“大家”，通过“结对帮扶”、投资、捐款等形式，带动周边村和全国其他经济落后、受灾严重地区的村集体和个人发展，力所能及地践行共同富裕责任；同时，还能够通过示范效应，间接帮助落后乡村的发展，显示了这一城镇化模式相当高的经济社会价值。因此，这样的新型城镇化路径，应该得到社会各方的支持和赞扬，更应该得到政府的首肯与支持。

奇怪的是，在实地调研中我们发现，各村农民特别是上海J村人虽然有了“被动城镇化只能解决农民的温饱问题，不能带来小康；主

① 我国十大名村是指：江苏华西村、山西大寨村、北京韩村河村等10个行政村。

② 《吴××：J村官造就上海亿元村榜首》，http://news.163.com/05/0428/19/1IERRUMT-0001124T.html。

动城镇化可以达到小康水平”的思考，但是，却始终不肯承认自己探索的城镇化模式与政府主导型城镇化模式之间存在的差异，想方设法将这些差异人为消除，并通过尽可能多的途径，力争得到政府的支持和认可，正统化自己的改革之路。换句话说，J村人将政府主导型城镇化比喻为被动城镇化，目的并不是反对这一模式，不是将主动城镇化和被动城镇化对立起来，而是通过一种对比性强调，阐述自己所开拓的城镇化发展模式的巨大社会效益。这是一个非常有意思的现象，它反映的是农民本身固有的两重矛盾属性：胆小怕事和开拓创新。因此，剖析以J村主动城镇化为代表的新型城镇化社区经验，寻找其合乎规律性的东西，肯定和保护应该肯定与保护的创新性成果和创造性探索，弥补其中的不足，进而提炼出具有普适意义的新型城镇化模式，建构适应不同地域特色要求的个性化城镇化模式，对J村人，对我国新型城镇化创造性发展、开拓式进取，都具有较大的现实意义，也具有开拓理论研究领域的价值。

另外，J村在探索、实践主动城镇化发展模式过程中，在为城镇化模式转型积累基本经验与创新发展路径的同时，也制造出与旧式城镇化政策相冲突的种种社会事实，“硬发展也是道理”就是他们在历经波折、多次碰壁、巧妙成功之后，对自己发展道路之经验教训的总结。从字面上看，它是对邓小平同志“发展是硬道理”思想的“篡改”，但是，从根本上讲，却是冲破旧有制度之窠臼，在实践中探索发展邓小平思想的内蕴，只是J村农民行为的草根本质招致了大量的非议和责难，他们不敢理直气壮地沿着主动城镇化的道路往前发展。更具有严重影响意义的是，因为上海市人民政府2016年2月15日印发的《关于同意〈上海市M区国美北社区S11－0501单元、振兴社区MHP0－0105单元控制性详细规划（J地区）局部调整〉的批复》（沪府规〔2016〕20号）文件，改变了J村发展的空间格局，甚至迫使J村变更既有的产业发展模式，因之，许多人对主动城镇化提出非议和责难，甚至有人断言主动城镇化的失败。因此，从理论上总结以J村主动城镇化为代表的社区新型城镇化实践经验，升华其经验性思考和内在的合理性因素，探索新型城镇化和谐发展途径，寻找城乡一体化的最佳模式，就显得尤为迫切。

正是基于上述四个方面问题的思考，我们决定以上海市J村主动城镇化为主要研究对象，辅之以对另外样本村实践经验的研究，尝试探索一条适合我国国情的，既能够弥补旧式城镇化发展模式之不足，又能够促进城乡一体化和谐发展的新型城镇化发展模式。

三 资料收集方法

（1）文献法

在本书中，我们主要从两个方面应用文献法，以强化对社会事实的理论透视和深入分析，提升本研究成果的理论档次和学术品位，在更高的研究层次上实现对现实问题的实证研究，并力争在实证研究过程中实现新型城镇化相关理论的突破与创新。

这里所谓的“两个方面”，一是指集中运用文献法行文的文献回顾及评论这部分内容，另一个是指贯穿于全文的，体现为重视理论、运用理论及创新理论观点的研究努力，以及对学术界已有成果的吸收、借鉴和对话的各种努力。如果说第一个方面是实证研究论文的一种格式化要求的话，第二个方面则是我们有意为之，并力图有所建树的学术努力。自奥古斯特·孔德将实证主义研究方法引入社会学研究领域以来，社会学界内部就存在方法论上的讨论与争辩，这种论争的结果不是方法论的兼容并蓄和合理运用，而是“分庭抗礼”“各执一词”。自社会学引入我国以来，这种论争也被一起引进，时至今日，有关实证主义方法论和人文主义方法论的分歧与争执依然存在，在某种程度上可以说，它已经成为阻碍社会学健康发展的痼疾——两种方法论的不同支持者和拥趸者，更多的不是相互学习、取长补短，而是“文人相轻”。其中，实证主义方法论占统治地位和人文主义方法论居边缘地位，已经成为社会学的常态。实际上，从一门学科可持续发展的角度思考，方法论只是物质性工具，学科本身才是目的。正如习近平总书记所强调的“解决中国的问题，提出解决人类问题的中国方案，要坚持中国人的世界观、方法论。如果不加分析把国外学术思想和学术方法奉为圭臬，一切以此为准绳，那就没有独创性可言了。如果用国外的方法得出与国外同样的结论，那也就没有独创性可言了。要推出具有独创性的研究成果，就要从我国实际出发，坚持实践的观点、历史的观点、辩证的观点、发展的观点，在实践中认识真理、检验真理、发展真理”[1]。基于上述考虑，我们认为，应该发挥社会学既可以采用实证研究，又可以采用人文主义研究的优势，融两种方法论之长，促进学科本身的不断发展和不断完善。

因此，本书将以文献法为工具，研究中外文献，分析各种城镇化模式，在这个过程中，在同等重视实证主义研究成果和人文主义研究成果的基础上，重点对后者进行学习与反思，从而使自己能够站在巨人的肩上，实现对我国新型城镇化的理论思考和发展路径创新。

（2）问卷调查与访谈

对以J村为代表的样本村城镇化模式与经验进行调研时，我们主要采用问卷调查、入户访谈、召开各类座谈会和专家咨询会等手段，获取大量、翔实的第一手材料，在此基础上，利用SPSS等统计手段，进行数据整理与分析，获取对样本社区的感性认识和初步的理性思考。

第一，我们利用参与“M区J村主动城市化发展研究”课题的机会，获得了大量村集体经济组织的发展资料，对该村40余人进行了深度访谈，完成了11个调查问卷，为全面了解和深入研究该村城镇化发展过程奠定了良好基础。选取调查对象时，既充分尊重J村领导的意见和推荐，也据理力争，在样本的代表性和覆盖面方面也予以充分考虑。

第二，在访谈方式上，我们采用了两种方法，其一是入户访谈，这一工作主要是在做横向课题期间进行的，访谈对象来自该村领导的指定和安排；其二是随机访谈，这一工作贯穿于本研究的始终，在研究的不同阶段，访谈的对象也随时变化，在对象选取方面，则是根据研究所涉及的人群，采取随机抽样的方式予以确定。

第三，召开各类座谈会是各样本村领导比较认可和欢迎的调研方式，在他们的积极配合和参与下，我们举行了有各类人员参加的十数次座谈会。有时，我们采取谈完一个送走一个的方式，和访谈对象一对一或者多对一的轮流对话方式；有时，我们则采取多对多的方式集体交流。座谈一般选择在村办公室或者村会议室里进行，从效果上看，既有便利的、好的一面，也有不便利的、不好的一面。好的一面是，被访谈对象十分配合，能够做到有问必答，百问不厌，有时还会因为

① 习近平：《在哲学社会科学工作座谈会上的讲话》，新华社，2016年5月18日。

笔者是外乡人，不了解他们村详情而做极为详细的解释。不好的一面是，气氛较为严肃，特别是当村两委（指村党委和村民委员会）领导在场时，大多数访谈对象往往表现得十分谨慎和被动，好在我们的访谈内容得到村领导的认可和赞赏，所以，经过调查者的努力，座谈会还是能够收到预期效果的。

第四，有选择地参加样本村举办的各类集体活动，包括领导层的决策会议和各类公开活动。参加前一类会议，主要是为了了解村上层的政治生态及村庄运行机制和发展动态；参加后一类活动，主要是为了了解样本村的社会生态、社会结构和动力机制等相关问题。这一调研方法在上海J村取得了特别大的成功，原因是该村每年都有常规化和季节性的众多公开活动，所以，可以通过这些活动窥探到该村主动城镇化的方方面面。

但是，由于存在诸多顾虑，样本村领导大多不支持我们在村民中间做广泛而全面的社会调研，虽然表面上也在积极配合，但却多次表达对调研活动的不解和不满，这既在一定程度上为本研究的进行增添了诸多不便，但同时也为本研究的进行提供了意想不到的素材。

第五，通过专家咨询会等形式，向学术界内外的专家、学者、政府官员等求教，参考他们的建议，凝练自己的观点，这也是本书的重要研究方法。这一方法的实施，既得益于各样本村在新型城镇化建设领域走在了全国前列的平台优势，也得益于笔者读博士时的导师纪晓岚教授集思广益的研究习惯和她为我们搭建的宽广的学术平台，得益于笔者在中国人民大学做访问学者时的导师郑杭生教授创建的研究基地和学术高地。同时，我们充分利用参加各种学术会议的机会，将本研究的前期成果大胆示人，抛砖引玉，从而得到不同领域专家学者的良好建议，这是本研究得以顺利展开的一大诀窍。

四　资料分析方法

根据样本村的特点和本研究的目的，本书主要采用了拓展个案法、功能分析法和比较分析法三种具体研究方法。

拓展个案法“将反思性科学应用到民族志当中，目的是从‘特殊’中抽取出‘一般’、从‘微观’移动到‘宏观’，并将‘现在’和‘过去’连接起来以预测‘未来’”①。借用布洛维的拓展个案法研究技巧，以批判结构主义和社会互构论为主要理论工具，综合运用社会学、政治学、经济学以及管理学理论，对各样本村进行深入研究。首先将样本村嵌入改革开放以来我国城镇化发展的大背景之中，从全局的高度，研究、思考样本村新型城镇化实践经验，从而用“宏观”框定“微观”，用“一般”理解“特殊”；然后，通过对J村等样本村的个案研究，深入剖析它们具有自己特色的发展路径，发现其独特个性，在此基础上，挖掘出具有一般性和规律性的东西来，从而实现从抽取共性，移动到宏观的目的，进而实现为我国新型城镇化健康快速发展提供智力支持的研究初衷，同时，也为样本村未来的和谐发展探索道路。

功能分析法是社会学实证研究中经常运用的资料分析方法之一，它是通过分析社会因素对社会系统承担的功能来研究社会问题。利用功能分析方法，本书将从正功能、反功能、非功能，以及隐性功能和显性功能等各个角度，研究样本村新型城镇化各行为主体承担的功能和样本村特殊城镇化模式的经济社会功能。

比较分析法“是通过对各种事物或现象的比较，来确定它们的共同点和相异点，并揭示它们相互区别的本质特征，是区分事物、认识事物的基本方法”②。为了更为全面地分析和理解J村等样本村新型城镇化实践经验，我们运用比较研究的方法，实地调研了经由分层抽样产生的诸如上海市杨王村、江苏省华西村、浙江省滕头村、北京市郑各庄村等村新型城镇化个性经验，实地调研了我们长期跟踪研究的浙江省临安区近郊农村——平山村、马溪村、东湖村和回龙村等地城镇化实践，剖析它们的经验、教训，在此基础上，寻找其共享的经验以及各自面临的特殊困境，以之为背景材料，深入思考主要研究对象J村新型城镇化实践的过去、现在和未来，然后，在比较城镇化不同发展路径的过程中，寻找促进我国新型城镇化健康快速发展的新模式。

---

① 麦克·布洛维：《拓展个案法》，载罗卫东主编《社会学基础文献选读》，浙江大学出版社，2008，第544页。

② 袁方：《社会调查原理与方法》，高等教育出版社，1990，第381页。

五　必要的说明

为了保护被调查者的利益，也应部分被调查者的要求，本书对接受访谈的村民和各类访谈对象的个人信息进行了编码处理，具体方法是采用第一个汉语拼音字母来显示被调查者的个人主要特征，基本格式采用“Z－jln^{n}t”的方式，大写“Z”代表姓氏，小写“j”代表的是J村，小写“l”代表的是老年人，小写“z”代表的是中年人，小写“q”代表的是青年人，小写“n^{1}”代表的是男性，小写“n^{2}”代表的是女性，小写“t”代表的是退休人员，小写“z”代表的是在职在岗人员，如果存在重复现象，则另外具体说明。

与英文字母相比较，用汉语拼音字母对被访谈者进行编码，有自身的不足，例如，同一个汉语拼音字母可以代表截然不同的两个姓氏。但是，由于本书涉及许多不懂英语的调查样本，为了回访的需要，只能舍弃英文字母的便利，使用汉语拼音字母编码。同时，为了弥补利用汉语拼音编码的缺陷，我们在行文中，将对可能引起歧义的编码内容予以简单的说明。

第二章　来自基层的城镇化经验

第一节　主要样本村介绍

本书依照学术惯例为研究的主要对象村取了一个学名：J村，在文章的各处，我们都是以这样的学名指代主要样本村；当研究牵扯到具体个人时，我们也按照传统的研究惯例，对访谈对象的个人基本信息进行了必要的技术处理。至于那些因特殊原因而需要进行技术处理的样本村，我们则会在行文中加以说明。

本书的主要样本村J村坐落于上海市M区Z镇，这是一个经过数次合并之后形成的行政村，该村地处上海市西南部，村域面积1.1平方公里，村庄的主体紧贴上海市外环高速公路西线内侧，村东以SHX路为边界，村北与SCB路之间有海上新村阻隔，通过SHX路将二者勾连在一起，村南与SGD路相邻。村庄西北部分位于外环高速公路西线外侧。

在我们进入该村开启研究的时刻，正在执行中的上海市城区规划规定，J村的主体部分，即外环高速公路西线内侧部分，属于上海城区，而外侧部分，乃属于城市近郊区，这种“一村两制”的格局，正是上海市城镇化快速推进的现实结果。严格来说，主动城镇化起步时期的J村，是一个名副其实的远郊村，距离上海市主城区有10公里左右的路程，再加上当时J村身陷周围村庄包围之中，交通条件不好，与外界沟通不畅。在这样的区位条件下，该村却成功探索出一种具有较高综合效益的城镇化实践模式，其内蕴的成功秘诀和发展规律值得深入研究。上海市摊大饼式的城镇化推进方式，不断提升着J村的区位优势，在这个过程中，J村人不断调整自己的发展思路，等到“一村两制”的区位特点形成后，其区位优势得到了进一步优化，这是彼时和其后的一段时间内，J村探索和推进城镇化发展所必须依托和思考的基础条件。

实际上，上海市城镇化摊大饼式的迅速推进，改变的不仅仅是J村的区域位置条件，也改变了该村的人口结构、土地存量、谋生方式、生态环境以及思维方式等多个领域、多个方面的内容和性质，并且还引起了该村发展机遇的嬗变和压力性质的突变。

在人口结构方面，我们可以通过比较新中国成立后的几年和2010年两个时段村民人口结构的差异，来认识J村现有村民结构的特点和内蕴的话题。由于统计口径存在差异，也由于一些难以控制的干扰因素存在，现在见到的、J村土改前后的材料并不十分精确，存在一定程度的偏差。为了能够更好地反映当时的人口结构状况，我们把1949年、1951年和土改后的资料结合在一起，组成包括三个年份的综合资料，加以合并利用、分析。J村这三个时间段的人口结构特点详情，请参见表2－1。

表2－1　新中国成立初期J村人口结构状况统计

时间	户数	人口数	性别		成分								
			男	女									
1949年	398	1850	836	1014	—								
1951年	412	1924	—	—	—								
土改后	413	1931	—	—	地主	半地主	富农	中农	贫农	雇农	小土地出租	小业主	不明
					5	5	13	241	126	6	2	1	14

在表2－1中，“—”表示的是缺失的资料，尽管资料不全，但也能够推算出J村那个时间段的人口结构主体特征：户均人口在4.65人以上，总人口小幅增长；男女比例在100∶121以上；谋生手段与土地紧密相连，是一个较为典型的传统农业村落。

与新中国成立初期相比较，2010年J村的人口结构已经有了较大变化，详细情况请参见表2－2（1）和表2－2（2）。

表2－2　2010年J村人口结构状况统计（1）

时间	户数	人数	性别		职业					受教育状况			
			男	女	村干部		男	女	村干部		男	女	村干部
2010年	968	4443	2129	2314	13	4443	2129	2314	13	4443	2129	2314	13

表 2－2 2010 年 J 村人口结构状况统计（2）

单位：人

年龄				
18 岁以下	18～35 岁	36～50 岁	51～60 岁	61 岁以上
609	1237	1002	805	790

表 2－2 的资料显示，2010 年时的 J 村，户均人口在 4.59 人以上，男女比例约为 100∶109。比较这两项数据，可以发现，该村的户均人口数呈现出递减的趋势，人口的性别比例则呈现出均衡化趋势。与之形成对照的是该村户籍人口的大幅增长，与土改后相比较，净增人口 2512 人，增长率在 130% 以上。之所以出现这样的变化，是由下面几种原因造成的：其一，严格的计划生育政策是一种具有外在强制力的并持续发挥作用的重要因素之一，它一方面导致户均人口数的下降，同时也对人口的性别比例发挥着导向性作用（例如，"生男生女都一样""男孩、女孩都是传后人"等的人口政策宣传效应）。其二，日益城镇化的生活方式和生活理念，使人们特别是中青年一代，越来越重视自身的发展和生活的享受，越来越畏惧和不愿意承担多个子女的生养责任；同时，核心家庭与城市生活的契合，以及代沟的存在和潜在的矛盾冲突，也让人们更多地选择核心家庭，而不是传统的几代同堂。于是，在对生男孩还是生女孩越来越宽容的同时，核心家庭成为普通模式。其三，经济的不断发展和医疗水平的不断进步，使得人口死亡率大幅下降，在人口出生率不变或逐步下降的同时，总人口特别是老年人口逐渐增多。从表 2－2 中可以看出，该村 61 岁以上老年人口的比重已高达 17.8%，已经进入人口老龄化社会阶段。

所以，通过这两项数据的比较，可以得出这样的基本结论，即 J 村人口结构具有明显的现代城市社会的特点，这一特点在一定程度上直观地反映了该村城镇化发展的程度和水平。

更能显示 J 村城镇化发展水平的是人们职业结构的变化，直观地看，该村劳动年龄阶段村民的工作类型主要有四类，分别是村干部、管理人员、服务人员和村外就业者。由于该村的唯一产业是第三产业中的市场业，所以村内就业者，无论是村干部，还是其他村民，职业类型已经完全非农化。另外，所谓的村外就业者，是指在上海市区工作的 J 村人，是已经完全融入城市社会的J村人，所以，截至2010年，J村村民的工作类型已经全部非农化，这与新中国成立初期主要依赖土地的传统农村谋生方式相比较，已经发生了本质性的变化，显示出J村现今发生的历史性巨变。

另外，J村还有外来经商务工人员23000余人，他们作为"新J村人"，无论是工作性质，还是生活方式，还是其他方面，都在向城市社会靠拢，成为促使J村转变的重要力量，是J村主动城镇化的重要依靠。

在土地存量方面，土改以前（1951年前），拥有私有土地2932.215亩，人均1.524亩；土改以后（1951年后），耕地面积上升为4077.259亩，人均2.111亩；到1984年时，J村耕地面积下降为2097.5亩；1996年11月25日，原J村与原东风村合并，新J村集体耕地达到3518.7亩；而到2005年时，新J村村域土地总量下降到1785.3亩，其中，宅基地占地226.77亩，实际可用土地面积是1558.53亩，按现有人口计算，人均土地面积是0.35亩。J村土地存量不断下降的唯一原因，就是以政府为主体和主导的土地征用，具体情况可参见附录一。

分析附录一，可以很容易发现，从1980年到2008年不足30年的时间内，J村土地经过市区两级政府的审批后，大量被征用。按现有人口4443名村民计算，人均被征土地约为0.84亩，对比人均还拥有的0.35亩土地数据，就能够感受到该村土地存量下降之剧烈。该村的发展就是在这样一种土地流失背景下进行的，该村以后的发展，也只能是在这样一个既定背景下展开，研究该村主动城镇化实践经验，也必须基于这样一个基本前提。

在生态环境方面，城镇化带给J村的变化是巨大的，最为突出的变化是水域面积的减少和陆路面积的增加。20世纪80年代中期，上海市开始了改革开放的步伐，与之相对应，该市的城镇化也开始加速推进，以城市空间面积扩张为代表的政府主导型城镇化，与农民自下而上谋求发展出路的主动城镇化在J村不期而遇，按照J村村民的说法就是："城镇化向农村推进，农民也在找出路。"双方为了各自的发展目标，在城市建筑垃圾的投放地点选择上面一拍即合——快速的城市建设产生了大量的建筑垃圾，它的出路成为制约城市发展的一个重要因素；而此时的J

村为了发展工业，“把好好的土地围起来，开始花钱买建筑垃圾”①，用来填路和造房。这样，在同样一件物品上，一个希望放弃，另一个急切需求，于是，双方愉快地达成合作协议。到20世纪90年代初期以后，双方的合作关系发生了微妙的变化，J村由刚开始的花钱买建筑垃圾，到此时的利用河流空间，收取垃圾倾倒费。这一变化，既体现了J村人市场观念的增强，也体现了他们资源意识、环境意识的成长。大约又过了一年半的时间，垃圾填河的负面影响逐渐上升为生态环境不断被破坏，该村原有的120条河流，绝大多数被填埋，仅有横星岗河与沈厂浜河得以幸免，于是，“水没地方流”的困境迫使J村人停止垃圾填河行为，但因之造成的生态破坏事实，让该村与“江南水乡”的美丽风光永远告别了。

另外，J村所走的“以市兴村”的城镇化发展道路，也付出了巨大的环境代价，例如，植被贫乏、交通拥堵、热岛效应，等等，所有这些生态环境问题，成为研究该村主动城镇化发展历程绕不过的基本话题。

除了J村以外，本研究还涉及按照分层抽样方法产生的另外29个村，以及我们长期跟踪研究的浙江省临安区近郊农村——平山村、马溪村、东湖村和回龙村，为了节省叙述空间，我们将不在此处一一介绍，在接下来的行文中，根据文章的结构和逻辑，将在适当的时机予以呈现。实际上，J村发展历程中的机遇和条件、困境与挑战，在另外其他村中也能够发现，J村人的奋斗历程，可以作为我国农村新型城镇化的一个缩影，我们可以从这大海之一滴中，窥见整个海洋。

基于对大量实证调研材料的认真总结和深入分析，本书认为，来自多个样本村的新型城镇化实践活动已经取得了不菲的成就，并形成了各具特色且基本稳定的发展格局，从不同方面为推动我国新型城镇化健康快速发展提供了丰富的基层经验。如果从类型学角度分析的话，我们发现，这些丰富多彩的社区经验基本可以归纳为同一种类型，就是不约而同地走上了“自下而上的城镇化”道路。但是，由于它们各自面临的微观社会环境和所依赖的发展要素存在差异，不同样本村在新型城镇化实践中创造出的具体社区经验也是各具特色的，它们对其自身经验的认识

① 资料来源于我们对J村村民（Z－jzn[1]t）的访谈记录。

和总结也存在很大的不同。其中，有些村有意识地将自己的创新经验上升为一种发展模式，并称之为“主动城镇化”，更多的村则是在默默地经营着自己的创新经验，当然，这里的区别主要说明了各创新主体在新型城镇化经营策略方面的不同，而不是证明创新经验间存在什么本质差异。总体上看，由于大的社会环境的同一性，由于相同的“自下而上城镇化”特点，通过梳理这些来自农村基层社区的城镇化实践经验，是能够寻找到特定历史时期我国城镇化的基本特征、内在本质与一般规律的，也是能够寻找到适合不同地域要求的新型城镇化特色模式的。

第二节　J村的主动城镇化

作为本书的主要样本村，上海市J村的城镇化经验是我们重点解读的对象，本书将通过对该村城镇化发展脉络的系统梳理，剖析其主动城镇化的基本结构，揭示其成就、代价及不足，在此基础上，探讨该路径的特殊价值和一般价值。

J村主动城镇化经验探索与形成的过程，就是该村由负债累累到主动求变最后成功实现村强民富目标的华丽转身过程。由于计划经济时代的制度性约束，改革开放之前的J村，其城镇化推进方式与全国其他农村的主流推进方式没有差异，都是在计划经济框定的框架内次第展开的，是最严格意义上政府主导的自上而下型城镇化模式，无论是其内容还是方式，抑或是速度，都是被严格规定和计划的，“三农”在这个过程中的地位和角色是被刚性界定的，农民只是被动的接受者和机械的执行者，既没有主体性，也没有主动性。改革开放初期，农民的主动性开始被一点点地释放出来，但是，其释放速度却因时、因地、因业和因人而不同，总体看来，还是处于一种试探性缓慢释放状态，而且，路径依赖现象非常严重。彼时的J村基本上沿着两个方向推进，其一是回归到农民熟悉的“兼业”模式，即农民在从事农业之外，从事家庭手工业和商业活动，具有典型的小农经济自给自足特征；其二是跟着主流发展模式跑，走工业化兴村道路，兴建村办工业，与周边村庄一起，上马一些低端、低附加值的工业项目。前一种主要见于个人的城镇化行动，后一种则是J村人的集体行动。实事求是地讲，这两种路径的选择，主要体现的是农民自己的意愿，是农民的一种自主选择，但也仅止于此。囿于农村工业人才的缺失和农民科技知识的匮乏，这种自主选择不过是模仿发展，甚至是跟风抄袭，没有能够依据自身的资源禀赋和能力要素谋划适合自身的城镇化推进模式，因此，事与愿违，不但没能够依靠工业促进村经济实力的壮大发展，反而因此欠下巨债。而个体化的“兼业”模式也举步维艰，难见成效，更谈不上以此促进整个村集体经济的发展。所以，我们认为，这个阶段是农民从最严格意义上政府主导的自上而下型城镇化模式走向实现主体性、发挥主动性、自主经营城镇化的序曲阶段。

J 村的主动城镇化探索的真正起点是 1994 年底，自此时间点开始，经过 15 年的艰难探索和不懈努力，至 2009 年底，实现了村集体经济由负债 1780 万元到农方收益 6.4 亿元的历史性转变，实现这个转变使用的时间之短、取得的成绩之大、发展态势之平稳以及发展趋势之强劲，都可以归为奇迹之列。奇迹之所以能够在该村而不是在其他村发生，必定有其特殊的原因，按照 J 村人自己的理解，就是因为他们找到了不同于其他地方的城镇化发展方向和实践路径——主动城镇化。

一　J 村城镇化的基本模式

J 村初步构建起具有自己特色的城镇化发展模式的时间，可以粗略地界定为 1998 年，其标志性事件是“上海 J 村综合贸易市场”被上海市 M 区工商分局正式批准成立。1998 年以前的探索经历，包括“三场一路”的成功实践，是主动城镇化的试错时期和准备阶段，此后取得的一个又一个重大突破，是主动城镇化发展模式雏形的成形阶段，时至今日，这个阶段仍在不断延伸，J 村人正在凭借自己的聪明才智、创造能力和实干精神，不断推进与完善着自己的主动城镇化发展模式。

当然，关于 J 村主动城镇化发展模式问题，目前还存在许多不同的看法，有人质疑：J 村有没有确立起自己的城镇化模式？J 村人能不能提主动城镇化模式？什么是 J 村的主动城镇化模式？等等。从根本上讲，这些发生于政界、学界和 J 村内部的不同意见，对 J 村及诸如此类的城镇化先发村来说不是一件坏事，因为意见分歧本身就已经说明主动城镇化发展道路与大家习以为常的传统模式的差异和人们对这一模式本身的深入思考。因此，我们认为，各种意见正在从不同的角度揭示着主动城镇化模式的各个侧面，并从不同角度，为主动城镇化模式的完善提供好的意见和建议。

在各种反对意见中，有一种意见具有代表性，它从爱护、保护和促进的角度，为J村城镇化的健康发展出谋划策，他们建议J村，不要将自己所探索的城镇化实现方式界定为“模式”，而应该用“经验”一词加以表述，认为一旦表述为模式，就容易走向僵化。我们认为，这是一个非常好的提醒，它在告诫J村人，也在告诫我们和关心J村发展的相关研究者，该村的主动城镇化道路还很漫长，所取得的成就只能说明近十几年的发展事实，以后的路怎么走，特别是农村集体经济所属土地面积锐减或不存在的情况下，如何不断完善主动城镇化路径，还任重道远。

但是，我们认为，用什么名词归纳该村主动城镇化探索成果，是一个可以讨论的技术性问题。剖析J村已经走过的城镇化历程，可以发现，它提供给人们借鉴的经验已经涉及农村城镇化的方方面面，它向人们展示的成果也非常多样化，通过梳理这些丰富经验和多样化成果，可以发现，其本身的结构关系已经非常明晰，结构内部各要素的互构关系及互动轨迹也较为定型化和常规化，系统性、结构性、常规性及未来发展的内生逻辑关系也初见端倪，所以，它已经不是一些散乱的经验事实，而是一个初具规模的系统化经验整体。基于此，我们认为，可以用“模式”一词，来归纳该村在主动城镇化探索过程中取得的经验性成就。

作为J村人的创造性成果，主动城镇化模式是一个开放系统，分别由以下五个方面所构成，分别是：主动城镇化的动力、主体、实现机制、基本经验和内在价值。其中，动力因素因为来源的差异，又可以区分为内在动力和外在动力两个方面，内在动力是来自J村集体内部的推动因素，包括还债的压力、求富的愿望、创造潜力、村民之间以及村民对村领导的信任和寄托，等等；外在动力则包括改革开放政策的激发效应、城镇化的推动、市场经济的挤压、先进典型的示范效应，等等。另外，构成该模式的其他四方面内容，也包含着自己的构成因子，同时，五个方面之间还有着密切的互动和互构关系。详细情况可参见图2－1。

图2－1粗线条地勾勒出J村主动城镇化的基本结构及各要素之间的互动关系，它既蕴含了批判结构主义有关“结构对个人、社会和文化所产生的影响”的结构主义思想，将J村的主动城镇化模式置于改革开放

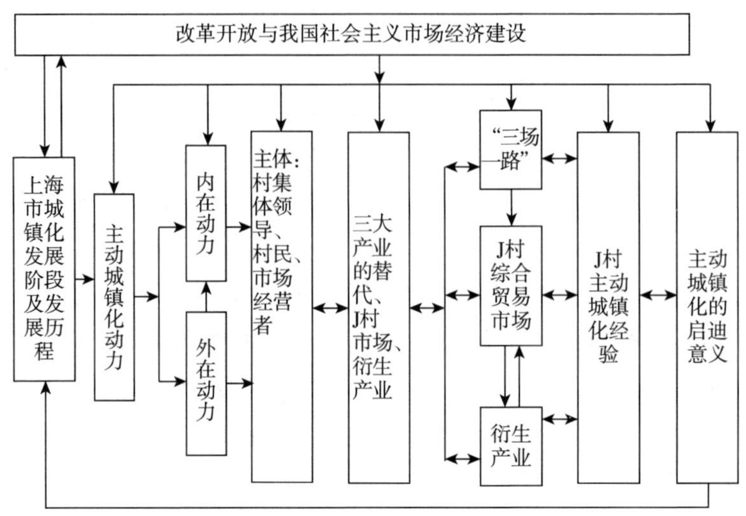

图 2－1　J 村主动城镇化基本模式示意图

以来我国及上海的宏观发展背景之中去思考、定位和诠释；同时，也蕴含了结构功能主义有关“考察各种社会安排在多大程度上能够满足由一个至高共享的规范体系所限定的各项功能要求”的思想，在这里，可以从宏观、中观和微观三个层面来认识此处所谓的“至高共享的规范体系”。从宏观层面思考，这个规范体系就是社会主义市场经济，以及改革开放以来的城镇化。J 村的主动城镇化从我国行政系统中最小单位的层次，为这个宏观层次的良性运转发挥着正功能。从中观层面思考，这个规范体系则是上海市经济社会发展总体要求，是自 20 世纪 80 年代中期以来的改革开放和城镇化。J 村在探索具有自己特色的城镇化发展路径的同时，一方面，成为上海市整体发展格局中的一个积极因子，发挥了力所能及的正功能；另一方面，作为一个次级极点，通过极化与扩散效应，与辐射圈内的各因子之间形成了良性互动。从微观层面思考，这个规范体系应该是包含社会、经济、文化等诸要素的村级层面的愿望综合体，构成该村主动城镇化模式的每一个因素，在与其他因素发生互动的同时，释放出积极因素，相互促进，形成了村集体经济的迅速发展；而经济发展的成果，则为社会、文化事业发展提供了强有力的物质支撑，形成了经济发展带动村庄整体进步的和谐局面。

J 村主动城镇化模式还蕴含了建构主义关于“个人的和主体间的意

义和动机”的理论探索。实事求是地讲，J村之所以能够走出负债困境，实现集体经济的腾飞，原子化个体的努力，以及作为一个整体发挥作用的村民的努力，也是至关重要的。换句话说，J村的发展，以及J村主动城镇化发展模式，不是被外来力量制造出来的，而是村民，包括村集体经济组织领导，依靠他们自己的努力打拼出来的，村集体的每一次进步，都是他们泪水、汗水与智慧的凝结，他们通过自己的努力，诠释着个体的价值，诠释着凝聚成一个整体的村民的价值。因此，我们认为，J村的主动城镇化，是以集体层面的主动城镇化为主线，以个体层面的主动城镇化为辅线的整合和兼容过程。

二　J村城镇化的结构性要素

自1998年7月成立上海J村综合贸易市场开始，J村主动城镇化发展模式就初步成形，在此后的十几年内，该模式本身不断丰富和发展，到2008年时，形成了以“上海J村控股（集团）有限公司”为主要标志的较为成熟的主动城镇化模式。在该模式中，新的产业形态、共享式股份制产权形式、新型的居住模式、独具特色的土地经营方式和人的现代化是基本的结构因素，它们之间呈现的是密切的依存性关系。

（1）市场选择式产业形态

J村主动城镇化的产业形态具有流变性特点，其流变规模与流变方向决定于市场力量，也就是说，J村人根据自己对市场的认识和把握，及时调整产业结构，形成适合市场发展要求、具有极强活力的产业形态，我们称之为“一业为主”的产业形态，其基石是“一业为主”中的“一业”，即第三产业，主要指J村市场业。“一业为主”产业形态的初始样式是“三场一路”，更确切地说，是J村人从“三场一路”中总结出来的市场理念和市场行为；其成形样式则是J村市场。迟至1998年成立综合贸易市场之前，J村人扬弃掉原先存在于该村的其他产业模式，单独经营一个市场，直到第一个市场衍生行业——“上海J村广告公司”于2002年出现之时，该村才走出单一的市场模式，形成以市场业为主、多个衍生行业并存的产业形态。到目前为止，J村主动城镇化的产业模式被定格为：以J村市场为核心，以小额贷款公司、物流公司、旅游公司、广告公司、财务公司和电子商务公司六大服务公司为辅的“一主六辅”

产业格局。

截至2016年4月27日，J村市场的经营面积已达80余万平方米，入驻了来自全国各地的各类商家8000多户，外来经商务工人员23000余人。它既为J村人带来了巨额财富，成为J村集体经济的主要收入来源，又为外来务工人员和本村村民提供了两万多个就业岗位。作为J村市场业的衍生行业，除旅游公司外，其他五大服务公司的主体功能是市场的配套功能，承接的是J村市场释放出来的商业机会，即利用市场发展带来的人流、物流、车流、资金流和信息流所形成的商机，开发相关服务产业，一方面，为村集体经济和村民带来不菲的收入，另一方面，丰富和完善了J村市场功能，为市场的进一步发展提供了有利条件。

旅游公司的成立，非常直观地反映了J村产业结构变更的内在理路，即根据市场的变动，调整产业结构：J村村民将之形象地称为“肥水不流外人田”。实际上，这一理路在上述五大衍生行业的举办过程中也得到某种程度的彰显。旅游公司的成立与J村实施的一项福利政策直接相关，按照村民的解释，J村每一年都组织村民外出旅游，“年轻的一年两次，年老的一年一次，党员每年会多加一次”①。开始时，村里委托上海市相关旅游公司来运作该项活动，由于这是一个常规化的、动辄上千人的集体活动，所以，村集体每一次的支出都是一个不小的数目，精明的J村人看到了这样的赚钱机会，于是，在与其让外人来赚钱，不如自己办公司，自己赚自己的钱的思路启示下，他们成立了旅游公司，从为自己服务开始，拓展出旅游服务的衍生行业。

从目前的运转情况看，六大衍生行业不仅很好地配合了J村主业——J村市场的运转，而且，各个行业本身也收益颇多。以2009年为例，六大衍生公司年总收入达到5000多万元，利润收益达2000多万元，成为该村经济领域的新生长点。实际上，J村人开拓衍生行业的努力还在继续，在该村的“十二五”计划中，会展、餐饮、住宿、娱乐等服务行业又是他们的瞄准对象，这是他们把握J村市场释放出的众多商机，进一步调整“一业为主”产业形态的开拓性努力。

总之，开拓衍生行业，一方面，诠释了J村人善于寻找商机、把握

① 资料来源于我们对J村村民（$H-jzn^{1}z$）的访谈笔录。

商机和创新发展的经营理念和经营行为；另一方面，也诠释了该村产业结构内部的组成要素及互构关系，体现出“一业为主、一业特强、抗风险能力强、步步为营、循序渐进、稳扎稳打”的产业发展构思。

J村的这种产业形态，具有较强的极化效应，它让这个村域面积仅有1.1平方公里，人口只有4443名村民的小村落，集聚了8000多户商家，23000多名外来经商务工人员，与同期发生在浙江省的“温州模式”相比较，具有更好的城镇化效应，显示出J村主动城镇化模式的实践意义。“温州模式”是“以家庭工业为主体的农村个体经济体系，在生产领域发展家庭工业，在流通领域开辟市场，并通过个人外出经商，使生产与销售结为一体……但由于个体经济的规模较小，规模经济效益难以发挥，技术构成难以提高，这种方式的城市化也面临一定的困难”①。实际上，影响“温州模式”充分发挥规模经济效益的因素，除了较小的个体经济规模外，其“扩散型”的发展方式也是重要原因：地少人多、交通不便的先天资源禀赋劣势，让温州人难以在自己的村域范围内找到大市场，他们只能远走他乡，寻找商品销售市场，所以“温州模式”虽然富裕了一大批温州人，也直接带动了全国许多地方城镇化的发展，但却在推动当地城镇化发展方面没有达到其经济上的成绩。与之相比较，J村的发展模式就有着人口的蓄水池功能，不但留住了本村人，而且将大批外来人口源源不断地吸引过来，在成就本村经济奇迹的同时，发挥了城镇的极化效应，将自己塑造成为推进周边区域城镇化的小极点，这就是他们选择的产业形态能够成为其城镇化结构性要素之一的原因。

（2）共享式股份制产权形式

通过股份制改革实现村民对集体资产存量与增量的共有共享，是J村主动城镇化的鲜明特点，也是该村实现民富村强、共同富裕的制度基础。截至2010年，J村已经先后进行了两次股份制改革，并于2008年10月，成立了上海J村控股（集团）有限公司，基本完成了共有共享式股份制改革，从而以制度化的形式，保证了全体村民对集体资产的所有权、财产权、共享权、管理权和处分权等法定权益。

---

① 顾朝林、于涛方、李王鸣等：《中国城市化：格局·过程·机理》，科学出版社，2008，第67页。

J 村股份制改革的初衷是切实维护农民的根本利益，使其共享集体经济的发展成果。它是 J 村人对全国大多数被征地农民失地、失业、失保障境遇反思的结果，也是对自己村被征地农民“高高兴兴地当上了征地工，灰溜溜地成了下岗工”[①] 遭遇反思的结果，希望通过以农民“带股入城”的方式，保证他们在失去土地这一传统的保障资源之后，获得一份永久性的财产收入，实现由土地保障向股份保障的转变。基于这样的初衷，J 村股份制改革采取了“切块改制、分步实施”的改革策略，这也是该村股改分两次进行的内在原因。同时，该村股份制改革之所以能够顺利进行，并能在以后的实践中得到大多数村民的支持，从而形成不断发展的良好局面，重要原因是共享集体经济发展成果的初衷迎合与满足了该村农民“均贫富”的传统意愿。正是基于此，我们将他们的股份制改革成果称为共有共享式股份制产权形式。

第一次股份制改革的完成时间是 2005 年 10 月，范围是 J 村下辖的原牛头浜管理区土地以外的所有集体资产，共计人民币 7829.87 万元。以全村 1956 年 1 月 1 日至 2004 年 12 月 31 日的农龄为量化依据，以 1022 元/年为标准，将该块资产量化到每一个村民，以现金的方式兑现到村民手里。这是该次股改的第一步，通过这一量化过程，村民真正成为该块集体资产的共享、共有者。第二步是成立上海 J 村物流股份有限公司，通过强制与自愿相结合的方式，吸纳村民投资入股，将村民转化为股民，从而实现村民“带股进城”的目标。这样，J 村村民就整体转化为股份公司股民，开始以双重身份参与集体经济的整体运作。

由于对参股对象、参股种类和参股比例有严格的规定，所以，进入股份公司的村民身份也相应发生分化。另外，由于农龄长短不同，人头股的参股数量也有明确的分类，因此，村民之间在股份占有量及股息分配量上也存在明显的类别差异，这是造成部分村民对股改政策不满的主要原因。但是，总体上看，J 村第一次股份制改革是成功的，通过改革，明晰了村集体经济的产权归属和村民的权利义务。同时，使农民以股民的身份“带股进城”，让他们在失地之后有了一份永久性的财产性收入和生活保障，既解除了他们的后顾之忧，又化解了因被征地产生的社会

① 资料来源于我们对 J 村前党委书记吴 ×× 的访谈录音。

矛盾，从而引导J村经济社会诸方面逐步进入良性发展状态。

第二次股份制改革的完成时间是2006年12月，范围扩大到第一次股改范围以外的所有经营性资产，包括J村通过对外投资而形成的资产，共计人民币34600万元，是第一次股改资产的4.4倍多。这次股改仍以全村1956年1月1日至2004年12月31日的农龄为量化依据，不同的是，由于量化分配的净资产高达2.4亿多元，农龄年分配标准提高至3178元/年。另外，与第一次股改相比较，第二次股改在下述四个方面发生了变化，分别是：①入股份额发生了变化，主要指原农学院、市建四公司的征地人员在第一次股份制改革时持有半股的，改为1/4股；②集体股比例提高，由原来的占总股本10%，改为28%；③兑现原则也由一次性现金兑现到村民手里，改为分三年兑现到位；④入股对象发生变化，第一次股改时可以入股的“农龄在县属以上单位的人员、顶替进入县属以上单位的人员、下放工人进入县属以上单位的人员”[①] 不再允许入股。

从根本上说，前三个变化是股份制本身结构因子之间比例关系的微调，对J村集体和村民利益来说，不具有根本的意义，但是，第四个变化却是一个带有根本意义的改变，因为这一改变进一步厘清了J村村民内涵与外延的边界，从而明确了在共有共享式股份制范围内，应该享受权利与必须履行义务的群体成员资格，从而使改制后J村集体经济，更少具有利益均沾的特点，更多的是参照现代企业制度的运行方式发展自己。

经过两次股份制改革以后，共有共享式股份制产权形式主体架构得以确立，其具体内容包括以下五个方面。

第一，村建制保持不变，不分配正在使用的集体土地和公益性资产，成立股份有限公司。

第二，股份有限公司股东分别由村民委员会、公司经营层和J村全体村民组成。

第三，股份类型主要包括三种形式，分别是集体股、岗位股和村民股，其所占比例分别是28%、52%和20%；集体股以集体资产入股，岗

① 资料来自J村副书记赵××在2006年9月2日所做的《关于第二次村级资产改制筹备工作情况汇报》。

位股和村民股以现金入股；在公司政策允许范围内，股份可以依法转让。

第四，坚持同股同权、同股同利的分配原则。

第五，村企分开，股份公司为独立的市场竞争主体，依据国家的有关法律、法规和相应政策，管理和运行股份公司，股东大会是最高的权力机构，董事会是执行机构，监事会承担监管职能。

时至今日，这个共有共享式股份制产权形式的主体架构得到了实践的不断检验，J村人也与时俱进地对其基本因素进行不断的完善与改革，使之成为J村集体经济不断发展的可信赖载体。当然，由于存在以下两个方面的特殊原因，J村的股份制经济与真正意义上的现代企业制度还有所区别，这两个原因分别是：①村股份公司的主要策划者、发起人和决策者是J村“村两委”领导，主要是当时担任村党支部书记的吴××；②股份公司是由村集体经济转制而来的。正是因为这两个原因的存在，J村的股份制经济还难以完全按照现代企业制度的方式管理和运转，再加上村领导人本身拥有超群的能力和崇高威信，并且村庄管理人才又相对缺乏，村庄熟人社会影响深远，致使党、政、企领导班子人员相互兼职现象严重，政企不分、党政企不分既成为当时J村企业有效运转的保证，又成为未来发展的制约因素。

（3）相对集中的分散居住模式

J村村民居住模式的最大特点就是相对集中地分散居住，所谓相对集中，就是指村民在近村的某几个楼盘集中购买商品房；所谓分散，就是指村民按照自己的喜好选择购买不同区域的商品房居住。这一居住特点形成的关键原因是村集体经济组织不建城中村、鼓励村民进城购房，这是时任村领导基于J村已有的产业特点和对未来发展需要的判断提出、执行和推动的。

J村是靠综合贸易市场来发展村级经济的，因此，市场的规模和质量就是该村经济社会发展的生命线。但是，区域位置的特殊性，给J村市场发展带来了种种限制，其中，影响最大的，当属建筑物空间高度的限高规定——在该村南北两端，正在建设和已建成的地铁9号线和12号线出口站点，以及两个卫星接收站都对J村建筑高度提出了限制性要求，这是J村市场建设无法回避和无法选择的刚性制约。因此，向空间发展，通过楼宇经济扩大市场规模、提升市场质量是不可能的；向地下发展又受到经济实力、技术条件等各方面的约束。所以，在没有开发地下市场的条件下，对J村来说，在面积不大的村属集体土地上做文章，尽可能地挖掘现有土地存量潜力以扩大市场规模，就是一个成本低、见效快的现实选择。基于这样的现实，不实施旧村改造、不兴建其他发达农村体现农民福利的别墅区，引导村民到上海市城区购买商品房，让民居向上海市区发展，一方面，通过融入城市居住环境，实现“农民社会关系网络与关系资源”[①] 重组，促进该村农民加快向市民转化的步伐；另一方面，腾空旧民居用于市场发展，就成为J村领导理性思考后的村域城镇化政策选择。

但是，由于牵扯到老宅基地动迁、新居选址，以及老宅出租的巨额利益等问题，该居住模式在推行过程中遇到重重阻力，其中，阻力最大的是旧民居惊人的出租利润。据村民反映，截止到我们进村时，未搬迁的村民，房屋出租租金很高，年租金收入在80万元到100万元以上的家庭很多，占到J村所有家庭户的1/4。而且，这些家庭全部在村外买了商品房，村内老宅只用来出租，最多就是留守一两个老人，一方面管理房屋，另一方面收取租金。这样，他们就既可以充分享受新居的舒适，又可以获得巨额的旧房租金收益，因此，在搬迁问题上，态度强硬。截至2010年底，仍有近1/3的老宅没能动迁，新的市场与旧的村落交互重叠的现象较为严重，因房屋出租带来的经济社会问题也较为严重。

为了解决老宅基地动迁难问题，J村开始时通过新房换旧房，后来通过现金购买的方式，鼓励村民外迁。但是，由于受房地产市场畸形发展、商品房价格飞涨的影响，村集体用于购买老宅的现金也水涨船高：第一批动迁的村民，每户在J村苑等小区得到了几套中小户型的新房（与旧房面积相对应，各得到1、2、3套不等的新房），除了自己家庭居住外，一般都有一套住房出租，年租金可高达3万元左右。另外，村集体每年给予物业补贴，由过去的人均四五百元，逐步提升到2009年的人均1880元。以后的动迁户，可以直接从村集体支取现金，人民币数额由480万元增加到600多万元。但是，随着补偿的现金数额增加，有意愿动

---

① 郑杭生：《农民市民化：当代中国社会学的重要研究主题》，《甘肃社会科学》2005年第4期，第4~8页。

迁的村民越来越少，有的村民甚至要价 2000 万元也不愿搬迁。更有甚者，少数村民从村集体手里拿到动迁款后，重返旧宅，既不肯搬迁，也不肯退款，从而加大了旧村动迁难度。

J 村希望通过新的居住模式来置换村民原有的居住空间的设计是适合村集体经济发展实际的，对于加快农民的城镇化进程也大有助益。已经实现搬迁的旧宅区域被纳入市场建设范围，促进了 J 村市场量的提升和质的进步。但是，由于这一动迁举措的设计与推进发生在村级集体经济组织内部，既缺乏法律支持，也缺乏党和政府的政策支持，因此，当村民出于个人眼前利益而讨价还价、不肯搬迁时，村集体办法不多，唯一可采取的，就是不断提高动迁费用，其结果，一方面，引起了不同批次动迁村民之间的矛盾，引起村民对村集体的不满；另一方面，也刺激了所谓“钉子户”的胃口，漫天要价，既滞缓了动迁的推进步伐，也增大了动迁成本，进而遏制了村集体经济进一步发展的动力。这一困难充分显示，发生于村级水平的主动城镇化是一个非常艰难的过程。

尽管艰难，在村领导和村民的努力下，新的居住模式得到大多数村民的认可，老宅基地动迁继续得到推进，新市场建设也有序展开，以此为契机，J 村主动城镇化模式得到不断完善与发展，但是，动迁过程到底需要多长时间？对主动城镇化的推进与完善到底产生怎样的影响？现在还难以预判。

（4）“种砖头”的土地经营方式

由于 J 村坚持不撤村的策略，所以，尽管在当时上海市的城市规划中，其村域面积大多数被规划为城市区域，但其土地的集体性质还是得以维持和延续。另外，由于规划刚出台不久，还有一个历史事实的认定和新旧规划的衔接与并轨问题，因此，该村还可以凭借已经形成的市场发展格局，继续经营属于集体性质的土地。换句话说，J 村自 1995 年以来逐渐形成的土地利用模式还在新规出台后继续推行。作为主动城镇化模式的重要因素，其土地用途和收益方式成为该模式的重要支撑。2016 年 4 月 27 日实施的政府新规定，虽然大面积缩减了归属该村所有的集体土地面积，但还是给他们保留了部分土地空间，其既有的土地用途和收益方式仍在顽强延续，随着时间的推移，是否会发生产业模式的变更，其创新的主动城镇化模式会发生怎样的变化，将是我们在后续研究中进一步关注的问题。

在被划归城区之前，J 村人在村集体所有性质的土地上，创立了属于自己的土地经营方式，也形成了独特的土地收益方式，这就是 J 村前党委书记吴 × ×所形容的"种砖头"。

"种砖头"这个概念是从"种粮食"套用过来的，意指 J 村农民不再依靠"种粮食"的传统耕作方式讨生活，而是通过建造市场用房、以市兴村的发展模式，实现村集体经济的腾飞；同时，"种砖头"这个概念还暗含着村级集体经济组织兴办市场所拥有的独特优越性，它告诉人们，J 村兴办市场的主要发展要素是集体土地，通过转变土地的经营模式，变"种粮食"为"种砖头"，在产权归集体所有的土地上兴建房屋，形成租赁市场，然后靠租赁厂房、店面、仓库等方式，实现商品批发、零售、储存和货运的集群格局，从而发展与壮大市场，最终实现以市兴村的发展目的。

在集体所有的土地上"种砖头"，这既是 J 村举办市场的优势所在，是该村探索出的主动城镇化模式最突出的结构性要素，也是该模式迅速取得重大成就的重要原因；同时也是以村为单位，走主动城镇化道路可能性与现实性的关键支撑要素。简单地说，J 村在开始兴办市场和经营市场的过程中，可以方便和低投入地利用集体土地，从而在事实上最大限度地减少投入成本，并且使经营所得不仅包括纯粹的经营利润收益，还包括各种地租收益，因为"农村集体部门作为一个整体在乡村集体企业的土地使用上不向任何其它部门付地租。所以，私人企业的生产成本总是包括地租，而乡村集体企业的生产成本则不包括。但这绝不意味着地租在乡村集体企业中不存在。事实上，它直接转化成了企业利润的一部分"①。这就是他们所凭借的独特优势，因此，"种砖头"的土地使用与收益方式是 J 村主动城镇化最突出，也是最关键的结构性要素，并对其他各要素的运转起着基础性决定作用。

当然，这种"种砖头"式的集体土地经营模式，与我国既存的、正在发生效力的相应土地法规是存在冲突的，其中，最大的冲突来自 J 村

---

① 裴小林：《集体土地所有制对中国经济转轨和农村工业化的贡献：一个资源配置模型的解说》，载黄宗智主编《中国乡村研究》第一辑，商务印书馆，2003，第 242 ~ 243 页。

对村集体所有土地性质与用途的擅自变更，特别是对村集体非建设性用地的性质和用途的违规转变与利用，这是该村主动城镇化模式被相关各方诟病的重要原因。实事求是地讲，如果说在“摸着石头过河”的社会主义初级阶段的初始时段，这种村级集体层面的违规操作还有存在可能的话，在进入“社会主义初级阶段的新时代”时段后，不论发生在何种层面上的违规、违法操作都是不被允许也是不可能的。因此，我们认为，对于J村来说，村属集体土地面积被大面积缩减，不应该是一件坏事，而应该是他们再次创新发展的好时机，“种砖头”式土地经营方式的本质内蕴，仍然是他们主动探索城镇化进一步发展的支撑要素。

（5）人的现代化嬗变

美国学者阿历克斯·英格尔斯在《人的现代化》一书中，从12个方面勾画出了现代人应具备的基本特征，分别是：①接受新的生活经验、思想观念和行为方式；②接受社会的改革与变化；③尊重并愿意思考不同意见和看法；④守时惜时；⑤强烈的个人效率感；⑥计划；⑦知识；⑧可依赖和信任；⑨重视专门技术，愿意根据技术水平高低来领取不同报酬；⑩乐于让自己和后代选择离开传统所尊敬的职业，敢于对教育内容和传统智慧提出挑战；⑪自尊与相互尊重；⑫了解生产及过程。英格尔斯对现代人基本特征的描述，尽管有着强烈的工业主义色彩，并且不太全面，也可能不太适合我国的国情，但是，它为我们研究人的现代化提供了一种思考视角。对照这个描述，研究J村人自1995年以来所发生的各种变化，我们认为，有几个方面体现了他们已经开始从传统意义上的农民向现代意义上的城市市民转化。

第一，以创新的态度接纳新思想、新观念是J村人的标志性特点，是他们已经实现“人的现代化”的一个显证，也是他们从负债困境中胜利突围的根本原因。在这里，从某种程度上可以说，他们的这一标志性特点既是社会环境的作用结果，也是自身困境的压迫使然。所谓社会环境，乃指社会主义市场经济指向的改革开放，是我国从整体到局部所发生的从封闭保守向改革开放转变的发展趋势。在这样的氛围中，作为村集体、作为个体，顺应形势发展要求，接纳以市场经济为代表的新思想体系和观念形态，就是水到渠成的事情了。因此，从这个侧面讲，J村人的“人的现代化”转变，是积极主动顺应了时代的客观要求的，也符合批判结构主义的理论观点，或曰成为这些理论成果的现实注脚。所谓自身困境的压迫，就是指穷则思变、穷则思改；就是在不改革就没有出路的状态下，希望通过践行新的思想观念、摆脱自身困境的一种被迫抉择。正是来自这两个方面的作用力，促使J村人亲近、接纳改革开放、市场经济等新思想、新观念，并在接纳的同时，将自己的创新能力与其对接与融合，从而形成了创新性结合，主动城镇化模式就在这种接纳与创新过程中逐步形成。

第二，计划性是J村人“人的现代化”显见的群体特征之一，主要有两个方面的表现。

一是计划性在村整体工作宏观层面上的表现。例如，他们编制实施了村级经济社会发展五年规划、创建全国文明村工作规划等中长远发展规划，而且，这些规划都有相对应的实施方案，最为典型的是将总体任务分解，采取分阶段、分步骤、重点突破的实施策略。其常规做法是制订年度工作计划、季度工作计划和月工作计划，然后，通过月小结、季度总结和年度总结的固定程序，一方面，检查工作进度、促进工作及时完成；另一方面，总结工作经验，查找不足，弥补和修正工作方案。

二是计划性在村中观和微观工作层面上的表现。例如，召开年度与半年度经济工作会议、年度村民代表大会、股东代表大会、一事一议的具体工作会议以及各种常规化的具体工作安排等。其中，比较典型的是《规范管理工作手册》的制定，该手册于2009年3月结集出版，共计222项工作、行为规范，包括该村各项工作的制度安排、目标、具体要求、工作流程、注意事项等。

总之，计划性已经渗透到该村各项具体工作当中，正是计划性的存在，才使得该村经济社会等诸项工作有条不紊地展开，这是其经济发展水平不断提高的重要保证，每个村民也在这种计划性中得到锻炼和熏陶。这种“是现代的，不是乡土社会中所熟悉的”[①] 计划性，成为J村人“现代化”的重要衡量指标。

第三，对知识的尊重与追求是J村“人的现代化”显见的又一集体特征，主要表现在三个方面。

---

① 费孝通：《乡土中国》，凤凰出版传媒集团、江苏文艺出版社，2007，第89页。

一是对各类人才的引进与奖励。该村有的放矢地引进了自己需要的各类人才，包括大中专毕业生、有一技之长的专门人才和有作为的退休人员。人才进入该村后，能够得到善待和重用，到目前为止，各相关重要岗位上都有引进的外来者，例如，村董事长助理、财务科长、党委成员，等等。J村在人才奖励方面投入也很大，例如，他们每年都拿出五个“新J村民”名额，用来奖励对村庄做出重大贡献的外来者。获得这项奖励的人，具有完全的J村村民资格，享受与其他村民同样的待遇，包括村股份公司的配套股份等。采访中，我们了解到，村董事长助理就于2009年度获得了这项殊荣，从而拥有了一份永久性的财产性收入。

二是常规化的培训机制。该村的培训内容涉及各个领域，所培训人员既包括村领导，也包括村民和市场经营人员，所采取的形式有“请进来”与“走出去”两种，从而能够从整体上提升J村域范围内各类从业人员的素质，进而提升市场经营的质量与水平。

三是对教育的关注与支持。该村先后出台了《关于J村在校学生奖学金鼓励实施办法》、《关于J村（市场）鼓励村民、经营户及浦江镇结对村子女出国留学的实施办法》和《J村成才青年学生奖励实施办法》等相关文件、措施，鼓励村民子女，包括外来经营户子女和结对村子女，求学上进、学有所成。据统计，仅2009年，该村资助国内在校学生和留学生的经费就高达47.1万元，从而营造出积极向上的教育氛围。

第四，具有特色的时间意识与时间安排。与J村人聊天，随时都可以听到这样的介绍：我们J村人“周六保证不休息、周日休息不保证”。这句具有调侃意味的话，反映出该村村民独具特色的工作时间安排和工作与休息之间的事实关系。与传统农民日出而作、日落而息的工作周期不同，J村人的工作周期是按照周来安排的，就我国来说，这种“周而复始”的工作节奏是现代城市人特有的时间节奏，所以，从这一点上看，J村人在时间环节上，已经与传统农民有了质的区别，是他们向“人的现代化”迈进的重要评价指标。同时，他们的工作时间节奏又是具有弹性的，在一周七天的框架内，他们根据工作要求最大限度地压缩休息时间，放大工作时间，从而形成了工作第一、休息第二的工作生活观。这种观念和事实上的工作、休息关系，保证了村集体经济组织各项工作的成效和进度，从而为村经济社会的迅速发展奠定了基础，从这个角度讲，这是他们强烈的集体效率感的体现。

另外，在访谈中，我们也注意到，当J村村民以半是调侃、半是自豪的语气介绍完他们具有特色的时间安排后，往往附带上这样的解释："休息时间太少，休息时间多一点就更好了。"从J村人这一附加的解释性语句中可以体味到他们身上矛盾的时间理念：一方面，是效率第一，为了完成工作，完全可以牺牲自己的休息时间，在这一点上，现代人的效率意识整合了传统农民的劳作观念——"在农民劳动心理习惯中，是没有白天黑夜，没有星期六、星期天的意识的"①；另一方面，休息权的现代概念也进入他们的思想体系，他们不再像传统农民那样，只知劳作，不知休息，也开始展现出"双休日工作制"等所谓的工业劳动理性建构的"现代性"。② 所以，从J村人颇具特色的时间意识与时间安排上，我们看到了展现在他们身上的"人的现代化"集体特征。

第五，市民化的休闲方式。J村人的休闲时间可以分为工作日的晚上和双休日两个时间段（需要加班的周六、周日除外），在这两个时段集中被村民采用的休闲方式，是显现他们有别于传统农民生活方式的重要指标。我们在进村实施实地调研期间，就这个问题做过一次问卷调查，具体结果可参见表2－3。

表2－3 J村村民闲暇时间活动安排

单位：%

活动内容	频率	百分比	有效百分比	累计百分比
看书、学习	25	25.0	25.0	25.0
随便找个人下棋、打牌等	37	37.0	37.0	62.0
集体娱乐活动	7	7.0	7.0	69.0
上网	10	10.0	10.0	79.0
看电视	20	20.0	20.0	99.0
其他	1	1.0	1.0	100.0
合计	100	100.0	100.0	

① 徐勇：《农民理性的扩张："中国奇迹"的创造主体分析》，《中国社会科学》2010年第1期，第103～118页。

② 资料来源于我们对J村村民（H－jzn^{1}z）的访谈笔录。

表 2－3 的调查对象是该村在职在岗的户籍村民，主要是处于工作年龄阶段的成年人，也有两个退休返聘的老年人。从问卷调查的结果判断，J 村村民闲暇时间的活动安排已经很难让人想起传统农民的身影，与现代化的城市人难有区别。另外，该村的退休老人，除了返聘者在工作日依然过着职业者的生活以外，所有老人的时间安排基本相同，即儿女上班时，他们要么到村文化活动中心听书、打牌、搓麻将，要么在家看电视、照顾小孩，直到下午 4 点钟左右，才纷纷停止手中的活动，忙着为儿女做饭。

概言之，由于 J 村处于工作年龄阶段的成年人皆为股份公司员工，工作环境与现代化的“八小时工作制”的客观约束，决定了全体村民只能将自己的日常生活方式与常规工作对接；在工作外的时间，也不像传统农民那样，去经营各种副业；再加上城镇化使他们被纳入或已经融入城市生活，所以，他们除了享受城市人的生活方式以外，难有其他选择；又由于城镇化的休闲方式的内在魅力，驱使村民逐渐与传统方式告别，并在市民化的休闲中“乐不思蜀”，从而加快了自己成为“现代人”的过程，实际上，J 村不建城中村，动员村民到市区购房的初衷也正在于此。

总之，虽然与阿历克斯·英格尔斯“人的现代化”标准难以一一对应，但是，我们认为，J 村村民“人的现代化”进程已经取得很大成就，他们不再是传统意义上的农民，而是具有城市人特点的农村村民，这是该村主动城镇化的重要内容，也是主动城镇化模式的又一积极成果。

第三节　J 村主动城镇化形成的原因与条件

从最粗放的角度分析，内外因的共同作用是 J 村走上主动城镇化发展道路的根本原因，这是我们理解该村新型城镇化探索经验的基本框架，但是，这种粗放性解释很难揭示具有个性化特点的 J 村经验。因此，必须在此分析框架下做进一步深入、细致的调查与研究，才能揭示 J 村主动城镇化的最具体的真实原因和基本条件。

一　J村城镇化的内驱力

J村主动城镇化的内驱力既有正向的积极因素，也有负向的消极因素，得益于J村人的特质，这两种方向不同的影响因素变为促进该村主动城镇化的推动力量。

（1）债务驱动：村集体债务来源及负债性质

负债1780万元是J村1994年时的集体财政状况，这是J村主动城镇化起步时期的一个标志性事件，也是该村走向主动城镇化道路的主要刺激因素，这个携带着无数负面信息的数字后面，隐藏了推动J村走上致富之路的性质不同的其他方面信息。因此，通过这个事件，全面探讨该村主动城镇化起步状态时的方方面面，就能够为真正把握问题的实质提供通道。

作为一个较为典型的传统农业村落，新中国成立初期的J村村民以务农为主，种植三季农作物：两熟水稻（早稻和后季稻）和一熟小麦，农民的主要收入来源于农业，这种状况一直延续到20世纪80年代中期。从1985年开始，该村尝试进行种植业改革，主要目的是减少粮食作物种植面积，扩大经济作物种植面积，以期实现村民经济收入的提高。1985年的种植结构由“三季农作物”改变为粮棉菜夹种；得益于中央农业政策的调整，1986年，J村种植结构进一步调整，村民不再种植棉花，经济效益不高的油菜和早稻也被取消，开始大面积种植蔬菜和单季稻。

J村自1985年开始的农业种植结构调整，充分反映了市场经济条件下农民的经济理性和生存理性。通过调整种植结构，增加了高效农业的比重，单位土地面积的经济产出大大提升，农民的可支配收入也增加了；同时，通过调整种植结构，取消劳动投入大、劳动强度高的棉花种植，缩减同样是劳动投入大、劳动强度高、经济效益差的水稻种植面积，从而在提高经济收入的同时，提高了生活舒适程度。这是一种经济理性，在这个调整过程中，舒尔茨笔下的“微调的企业家”形象得到很好的诠释。但是，农民的生存理性从来不会缺位，在追求经济收益的同时，他们更注重坚守生存所需的底线——民以食为天，所以，尽管经济收益不高，彼时的J村村民也始终坚持种植水稻，从而保证做到进可以种植经济作物，获取经济收益，退可以保证粮食生产，获得生存所需之本。

这两种理性的存在和发挥作用，就预定了该村以后的发展进路：既埋下了村集体经济负债累累的伏笔，也埋下了村经济迅猛发展的伏笔。前一个伏笔，在紧接着的发展历程中得到显现——J村盲目引进资金、举办工业企业，结果负债累累，举步维艰。

该村举办工业企业的热情也始自20世纪80年代中期，随着上海市改革开放大幕的拉开，J村也开始了兴办村办工业的步伐，按照该村村民的说法，就是“民心所向、必须动脑筋”，“当时只要有关系，拼命去靠，拉关系，让人来投资”①。经过不断努力，在接下来的10年左右时间内，该村共兴办了大大小小近50家企业，企业性质有三种类型，分别是村、队办企业，联营企业和中外合作企业。企业的性质虽然不同，但是与J村集体的合作关系却非常形似，即村集体既要承担提供土地、提供劳动力的责任，又要担当贷款担保者的角色；而对方则负责经营企业、运行财物和分配利润。所以，村集体成为各类企业的附庸及经营风险的替罪羊，企业运转良好时，村集体和村民还能够受益，一旦经营状况不好，则会陷入债务缠身的深渊。

令人遗憾的是，J村举办的各类企业，因在资金、技术、人才等方面毫无比较优势，所以，在市场竞争中渐渐沉沦，宝星电线电缆厂是其中比较典型的代表：这是一个村办企业，总投资620多万元，年终账面利润只有2万元，呆滞资金多达几十万元，成品堆积在仓库里卖不出去。但是，为了履行合同，只能继续生产，最终结果是恶性循环，亏损600多万元。

众多企业亏损，银行贷款难还，J村集体背上了沉重的债务负担，1780万元的负债由此产生。从负债来源看，J村的负债可以说是发展中的挫折，奋斗中交的学费，也不全是坏事。从这一思路出发，我们认为，主动城镇化起步时期的J村，对于发展基础可以从两个方面予以探讨：一是消极的方面：村集体负债累累；二是积极的方面：村集体拥有丰富的发展财富——求富愿望与创业品质。

从消极的一方面看，彼时的J村，正处于低谷时期，外有日趋激烈的市场竞争、迅猛推进的城镇化压力、纷至沓来的各色债主；内有渴盼

① 资料来源于我们对J村村民（Z - jln[1]t）的访谈笔录。

富裕、致富无门而不断流失的青壮年劳动力，1780 万元的沉重债务，靠农业不能致富、靠工业没有前途的发展困局，还有难以预期的迷茫前景，等等。可以说，这是一个令人绝望的、让“硬汉子出眼泪”[①] 的、除了债务一无所有的严峻局面。从常规角度分析，这实际上已经是一个毫无希望的、破产了的社会包袱。

从积极的一方面看，J 村之所以债台高筑、陷入困境，并不是无所作为的结果，恰恰相反，它是 J 村人在既无技术又无资金，更没有人才的基础上，为改变贫困面貌而大胆追求、艰辛求索的结果。从根本上说，这是一个既没有认清客观环境，也没有认清自身实力，更没有做好发展决策，还没起步就注定要失败的结局。因此，如果能够汲取失败的教训，利用好客观环境，弘扬自身优势，纠正错误决策，此前的失败就是成功之母，再加上 J 村人在发展工业的 10 年间所表现出的求索胆识、奋斗精神和刻苦品质，J 村的发展乃至腾飞，完全是有基础的。从 J 村以后的发展历程看，恰好是上述这些优势因素，推动该村积极探索新型城镇化道路，并最终推动该村跃升为上海市首富村，正是从这个意义上说，J 村具有时代特色的负债道路和债务性质，成为该村探索主动城镇化的内在驱动力。

（2）创新驱动：改革开放后的探索性实践

40 年来的实践证明，改革开放政策具有巨大的经济效应，它在解放与发展生产力方面作用突出。换句话说，正是得益于改革开放政策，我们才能够告别贫穷，走到经济总量居世界第二位的发展高度。从根本上说，改革开放政策的经济效应源于它的解放效应和由此激发、释放出的创新活力，当计划经济体制严重束缚人们的发展手脚，日益成为发展桎梏的时候，社会主义市场经济体制改革激励人们解放思想、打破枷锁、摆脱束缚、大胆创新、走出困境，并逐步走向小康社会。上海市 J 村正是得益于具有上海特色的改革开放解放效应，抓住体制与机制改革释放出的机会，经过自己的创新性实践，探索出了主动城镇化发展模式。

第一，由村集体的自然隶属者转变为市场经济条件下的股民劳动者。改革开放以前的 J 村村民，其社会地位和社会角色与我国其他地方的农

① 资料来源于我们对振兴镇税务所张所长的访谈录音。

民没有多少差别，从身份地位看，按照时间顺序的不同，分别隶属于名称不同的、由国家统一设置的各类社会经济组织，这些组织可以包括初级社、高级社、人民公社，等等。在各种各样的“社”中，作为“社员”的农民以群体身份取得了名义上的所有者地位，扮演着实际的劳动者角色，这种集所有者和劳动者于一身的社会安排，将农民与村集体经济组织牢牢地捆绑在一起。再加上二元制户籍制度的约束、意识形态的褒扬，以及彼时的“三农”与土地难以分割的天然关系，农民自然而然就成为村集体的隶属者，其社会地位、经济收入、人际关系、生老病死等，只有置身于集体组织里面才会发生意义，离开集体组织，就会陷入皮之不存、毛将焉附的窘境。

对农民来说，改革开放也是一次身份的大解放，突出的表现是在经济上存在与村集体脱钩的可能，例如，家庭联产承包责任制将土地的承包权、经营权、收益权等逐渐授予农民，后来，又进一步将土地的转让权、租赁权等也授予农民。得到土地权的农民，在经济领域完全可以不与村集体发生关系，单纯依靠自己家庭的努力，就可以轻松达到温饱目标；然后，借助政策的允许、鼓励和扶助，也完全可以广开财路，实现家庭的小康目标。因此，在全国许多地方，改革开放之后的村集体经济组织逐渐被村民冷淡和忽视，村级组织的经济社会功能逐渐萎缩，有些地方更处于没之不少、有之嫌多的尴尬状态。虽然这种格局并不是农村良性发展的状态，也不是改革开放政策的目标追求，但是，它从极端的角度诠释着改革开放的解放效应。

相对来说，J村农民没有陷入这种极端的尴尬境地，而是走上了股民劳动者的发展道路，但是，走上这一道路的初始原因，或者说根本原因，也是改革开放所带来的身份大解放效应。例如，彰显J村农民经济理性的种植业结构调整，之所以能够在1985年和1986年时出现，其基本的前提条件是上海于1982年12月开始倡导执行的家庭联产承包责任制和随后出现的、允许农民可以不种植棉花的国家政策。家庭联产承包责任制类似于一种合同经济，它将国家与农民的关系调整为一种合同关系，国家按照合同规定将土地的各种权益赋予农民，农民则按照合同规定，保证履行国家计划规定的粮棉油等的相应上交任务和其他职责。按照当时流行的说法，农民与国家的这种关系被清晰化为“交足国家的、留够集体的、剩多剩少是自己的”。在这种关系模式中，农民之于国家、集体来说，不再是人身依附者，而是合同订立者与执行者，只要完成合同规定的上交任务，至于农民种植什么、种植多少、怎么种植，全由农民自己做主；任务完成之后，留下什么、留下多少、怎样处置，也完全是农民自己的事情。所以，此时的农民，拥有了对自身的高度决定权。J村农民正是利用好了这个决定权，适时做出种植业结构调整的决策，并在以后的实践中，通过异地低价购买粮食等方式，一方面，完成了国家规定的上交任务；另一方面，实现了自身经济结构的彻底转型。

允许农民可以不种植棉花的国家政策，更为彻底地解放了农民手脚，给J村以后的产业结构调整提供了政策保障，它给了农民更大的创造性发挥空间，启发和引导农民根据自身的发展资源和客观环境，通过自身的努力，实现村域经济社会的发展。

J村村民正是得益于上述这种新型的国家与农民关系模式，在实践中逐渐探索出主动城镇化发展路径，通过创建和经营“上海J村控股（集团）有限公司”，一方面实现了村集体经济的整体腾飞，同时也让村民能够依托集体经济的发展，由拥有不菲的工资收入，到拥有永久性的财产收入——集体企业股份，从而实现了由村集体的自然隶属者转变为市场经济条件下的股民劳动者的身份变革。

第二，发展理念的创新性成果。理念创新应该归属于思想解放的范畴，众所周知，思想正确是行动正确的先导，J村人在探索城镇化创新发展模式过程中，理念创新始终处于先导地位，起着引领行动的重要作用。来源于改革开放解放效应的理念创新，引领J村走上发展之路。关于这一点可以从三个方面加以说明。

首先，种植结构调整得益于宏观政治环境对“文化大革命”错误发展理论否定基础上的理念创新。正如上文所示，J村调整种植结构的目的在于提高经济效益，在农民群体中，特别是在刚刚开始从计划经济向市场经济迈进的农民群体中，效益意识的生发并不是一件寻常事，敢于言富、敢于求富，更不是一件寻常事，因为，“文化大革命”才结束不久，计划经济的惯性也依然强烈，在这一背景下，如果没有发展理念的创新，效益意识、求富观念是不可想象的。J村人之所以能够调整种植结构，改革开放形成的良好政治氛围和上海市取消“三不”① 政策催生的创新发展理念，是决定性先决条件，而由此生发的理念创新，成为J村创新发展的重要动力源泉。

其次，两次产业结构调整是J村人理念创新的成果。J村先后进行了两次大的产业结构调整，第一次以“外三产，内工业”为标志，产业结构实现了由以农业为主，到以工业和商业为主的转变；第二次以“退一、退二、进三”为标志，实现了“以市强村”的战略转变。

在种植结构调整基础上，J村人的创新潜力得到进一步挖掘，新一波创新肇始于村办工厂的外在压力，当时，搞工业成为“民心所向”，因此，客观环境逼迫人们“必须动脑筋”。但是，在动了脑筋、办了工厂以后，J村不但没能走向富裕，反而跌入低谷。痛定思痛，J村人特别是当时的村支部书记吴××，开始反思自己的发展道路、直面客观环境、分析自身条件，从“无工不富”的传统发展套路中跳出，开始举办“三场一路”，通过发展各种类型的服务业，求得村集体经济的发展，因而提出了“外三产，内工业”的发展理念。

“三场一路”的实践探索，让J村人尝到了甜头，认识到第三产业对推动J村发展的巨大能量，在“大势所趋、非变不可”理念的驱动下，他们毅然决然地与过去兴办的各种工业企业脱钩，全力经营第三产业，提出“退一、退二、进三”的发展策略，举办全国第一家村办市场，形成了“以市兴村”的发展理念，J村第二波创新理念逐步成熟。

最后，生活方式的变更是第三波理念的创新成果。这波创新，起源于J村人对富了之后如何生活、如何更好生活的思考。在居住模式方面，摆在他们面前的现成模式是兴建城中村。这种模式，既符合新农村建设“三集中”的要求，也符合J村大部分村民的居住意愿；同时，也可以成为J村领导的政绩工程，为他们带来巨大的政治荣耀。但是，这种居住模式却与J村未来的发展形成严重的潜在冲突——在被多次征地之后，J村当时的村域面积仅有1.1平方公里，实际可用土地面积是1558.53亩，在不改变“以市兴村”这条已经显示出巨大发展潜力，给J村集体和村

① “三不”政策，特指上海市在1980年提出的不搞分田单干、不搞包产到户、不搞口粮田的农村发展政策，该政策于1982年12月被取消。

民带来巨大经济、社会利益发展路径的前提下，如果再兴建城中村，势必出现住宅与市场争地的冲突，使已经非常紧张的市场用地矛盾进一步激化，其结果，只能是住宅吃掉市场。因此，如果兴建城中村，J村只有两个选择：要么另寻发展出路，要么一蹶不振。J村领导提前认识到这个发展困局，提出“工作在村、居住在城”的居住理念，通过提供优厚的住房政策，动员村民迁出老宅，到上海市区买房，“让村民融入现代化大都市的居住环境中去，提高村民的居住生活质量”①，从而逐步形成了生活方式方面的主动城镇化模式，既突破了未来发展的瓶颈，也加速了村民与市民融合的步伐，促成了村民生活方式结构要素的重构和优化。

（3）产业驱动：产业选择自主权及三大产业的替代与转换

可以说，产业选择自主权是改革开放政策解放效应以及由此释放与激发出的创新活力的衍生“产品”，当淡化甚至是割断了与国家、集体的人身依附关系后，农民也就成为市场的行为主体，当这个主体因为政策的授权和鼓励，因为理念的创新而能够根据客观环境的走势选择自己发展道路的时候，产业选择自主权也就成为题中应有之义。J村产业选择自主权在“三场一路”和“退一、退二、进三”的确立过程中得到充分的体现。

“三场一路”是J村在1995年兴办的大型停车场、农贸市场、养鸭场和SHX路商业街的简称，它是该村走出工业发展困境，走上致富道路的重要一步，是该村主动城镇化的初始模式。“三场一路”的主要设计者和执行者是该村的前任书记吴××，他在1995年元月走马上任时，接手的是除了债务外，一无所有的烂摊子，而且，“既不移交，情况又不讲，前任书记走的时候很不高兴”②。在这种情况下，摆在新的领导班子面前的首要任务就是赚钱还债，当工业不但不能够给村集体带来财富，反而成了村财政黑洞的时候，他们只能另辟蹊径，在新的领域另寻发展之道。因此，这个时期，他们进行产业选择时的目标指向是相对明确的，那就是要在短时间内，通过立竿见影的项目，赚钱、还债、致富。可是，到底选择什么，怎么去做，在市场经济大潮中，没有人给他们包办代替。

---

① 资料来源于我们对J村原党委书记吴××的访谈录音。

② 资料来源于我们对镇兴镇税务所张所长的访谈录音。

换句话说，他们拥有充分的产业选择自主权，然而，对当时的J村人来说，这个自主权是痛苦的。但是，从另一个角度讲，这毕竟是一个自主选择的权利，在没有外在力量强势控制的形势下，只要拥有聪明才智，拥有创造力，并敢于创造、善于创造，就能够产生壮丽的创造之花。J村人，特别是时任村领导，恰好是富有创造力并善于创造的一个群体，因此，就有了通过“三场一路”走出负债困境，振兴村集体经济，并最终崛起的产业选择。

“三场一路”是J村产业更替与升级的关键一步，自此以后，农业特别是种植业开始退出该村的产业结构，随着村集体经济的进一步发展，养殖业、工业等也先后退出，第三产业成为J村的主打产业，这就是在该村其后发展过程中出现的“退一、退二、进三”产业选择。

“退一、退二、进三”是“三场一路”的升级版，是J村人目前阶段所认可的最优的产业发展选择，它的主要含义就是不再从事经济效益低下的第一产业，也不再经营没有比较优势的第二产业，集中全部力量发展第三产业。吴××将之归结为“一业为主、一业特强、抗风险能力强、步步为营、循序渐进、稳扎稳打”。

他们之所以从第一、二产业中退出，全力经营第三产业，其意愿与追求和举办“三场一路”同出一辙，那就是根据经济产出选择产业；不同的是，他们已没有沉重的债务负担，赚钱的目的不再是还债，而是壮大村集体经济实力，提高村民收入，实现可持续发展。从实际效果看，上述目的基本达到，并且，通过市场衍生产业，村集体实力不断增强。但是，在与J村领导、村民的交谈中我们发现，他们对自己的产业选择存在两个疑惑，其一，虽然他们也认为农民可以不种田，只要能够发展经济，只要不违法，经营其他产业亦无不可，但是内心却总是有一个摆脱不掉的困惑：“农民不种田了，那还是农民吗”？其二，他们认为，“退二”无可非议，但是，从第一产业中完全退出，是否会违背上级领导的意图？即便现在不违背，将来会不会违背？会不会因为这样的原因，而使J村陷入万劫不复的境地？等等。因为有许多担心，所以，他们对“退一、退二、进三”的提法非常敏感，私底下，他们这样提、这样宣传，但是，在公开场合，特别是当有一定级别的领导在场时，他们往往会为这个提法做出许多解释，并坚称自己不能够从第一产业中完全退出。

J村人上述两个疑惑，反映出两个问题。其一，“退一、退二、进三”完全是他们自己的选择，唯其是自己的选择，而又是非常有成效的选择，才导致他们如此紧张和敏感。这又进一步说明，对农民来说，在如产业选择这样重大的、和自己命运密切相关的问题上，还存在信息严重不对称的现象；在政策制定、执行和监督过程中，农民缺乏必要的参与权和知情权。让利益攸关者有权参与相关决策的形成、发挥作用的全过程，应该是消除紧张和误解、充分解放生产力、发展生产力的重要方法。

其二，从制度层面保护农民的创造性和积极性，特别是从法律层面充分授权给农民，是经济体制改革更深层次的议题，也是经济体制改革对政治体制改革的呼唤。换句话说，只有让农民真正放心，才能让他们成为自己的主人，才能保护和发挥来自该群体的创造潜力，进而通过他们自身的努力和创造，一方面，替政府分忧、解难，为政府减压、解负；另一方面，为农民松绑，消弭潜在的社会危害，形成蓬勃向上的创造局面，促进我国城乡一体化的顺利发展。

总之，剖析J村主动城镇化的诸种内在驱动力，可以发现，障碍性因素与积极性因素交互存在，J村人能够充分发挥自身的创造潜力，利用客观环境提供的有利条件，积极应对不利因素，逆势而上，化被动为主动，从而成功地从困境中突围而出，最终探索出适合自身特点的、具有启迪意义的新型城镇化宝贵经验。

二　J村城镇化的外在机遇

正如那句众所周知的名言所说的：机遇总是垂青有准备的头脑，J村人之所以能够从困境中成功突围，善于发现发展机遇，并能够利用好发展机遇，是问题的关键所在。

在J村陷入债务危机的同时，发展机遇也如期而至，当然，这些机遇，归根到底就是一些稍纵即逝的商机，对一般人来说，只是一些普通的和不太普通的社会事件而已。需要说明的是，在J村所凭借的发展机遇中，上海市在“三农”领域中真正实施家庭联产承包责任制的政策选择，既是基本背景，又是重大战略机遇。但是，由于这种宏观的、政策性的东西超出了当时农民的可选择范围，是他们难以驾驭和难以整体拒绝的东西，所以，在本书中，我们更愿意把它们归类为发展基础或发展背景，而不是作为发展机遇来理解和处理。此处所谓的发展机遇，是从农民可以自主选择的、市场化的角度来权衡的各种商机。按照这一理解，我们认为，J村人抓住的发展商机有如下三个。

其一，农贸市场的建立。建设农贸市场，是J村人寻找到的发展村集体经济的第一个商机。当时，在J村域内建有上海市少教所，为了服务于前来探监的少年犯家属和相关人员，在少教所附近，自发地汇聚了一些小商贩，经营相关日用商品。后来，又有J村村民和周边村村民到此兜售蔬菜、水果等生鲜农副产品，渐渐地，此地就形成了一个小型市场。但是，由于J村仅有的那条SHX路“破破烂烂”，在下雨天等恶劣天气里，小商贩们很辛苦，顾客也不方便，所以，这个小型市场始终没有什么发展，因之它也满足不了周围群众的生活需要，人们只能到更远的地方去购买生活日用品。这个被大家熟视无睹的社会现象，引起J村刚刚上任的新一届村领导的重视和行动，建立J村第一个农贸市场成为他们赚钱还债的首要发展目标。

但是，上马农贸市场，对彼时的J村来说，不是一件简单的事情。因为那时的村民，手中没有多少储蓄，而村集体经济组织不仅没有资金，还欠有巨额债务。所以，靠该村自己的实力，根本不可能上马该项目，因此，能够选择的道路只剩下一条——引进外来资金。然而，一个只有一条“破破烂烂”的道路，又负有巨额债务的村集体是没有什么吸引力的，于是，到银行贷款就成为他们唯一的筹款途径。但是，作为营利性企业，各类银行也因为贷款给欠债如此之多的村集体风险太大，都纷纷拒绝发放贷款。走投无路的吴××只好利用私人关系，去筹措村集体经济发展所需的第一笔启动资金，“硬汉子出眼泪”就是在此时发生的。诚心感动上帝，个人品质和实干精神说服了出资人，在“我绝对有信心，两年改变面貌”的承诺下，吴××终于从友人的女儿单位，筹借到了100万元人民币。利用这笔钱，借助于市场提供的商机，通过兴办第一个农贸市场，J村集体赚得了促进经济发展的第一桶金，并利用这笔收入，兴办了第二个农贸市场，从而为后来“以市兴村”的发展路径提供了实践机会和宝贵经验。

其二，宜山路停车场的拆除。从上海市城区现有的面积看，宜山路是典型的城区主干道路，但是，1995年以前的上海市，空间范围还远没有现在这么广大，宜山路就是一条勾连城区与郊区的亦城亦乡的主干道，是自西向东进入上海城区的咽喉要道。利用地利之便，宜山路停车场发展成为南方来的大货车集结之所。但是，随着上海城区交通量的激增，外来大货车制造出越来越多的交通不便，因此，中心城区开始对之限行，外来大货车难以进入城区，只能滞留在城市郊区，宜山路停车场因此失去客户来源，被迫拆除。

此时，J村领导正在苦寻发展机会，宜山路停车场被迫拆除这个偶发事件，给予他们发展的灵感，新任书记吴××认识到，这是一个难得的发展机遇，借此或许可以走出困境，实现村集体经济的发展。但是，建停车场不仅需要土地，更需要资金，如果说可以凭借土地归集体所有的优势，暗自改变部分土地用途，顺利提供停车场所需土地面积的话，筹建所需资金，仍然是一件困难的事情。在友人穿针引线的帮助下，终于从建设银行借到500万元，然后在100亩村集体所有的土地上，建起了停车场，通过出租的方式，又赚取了促进村集体经济发展的第二桶金。

停车场成功运转之后，J村人又建起九龙大厦，作为延伸业务，为往来人员提供住宿、娱乐等配套服务，虽然因为黄赌毒的渗入，配套服务被取消；虽然停车场在随后的发展过程中被新的业务所取代，但是，对当时身陷困境的J村人和村集体来说，这种经营策略和土地利用模式，既为他们带来了意想不到的巨额财富，奠定了发展基础，也打开了他们的思路。

其三，快速推进的城镇化。作为一个国际性大都市，上海市的城镇化进程由来已久，上述介绍的J村的两个发展商机，实际上也与城镇化推进相关联，但是，始于20世纪末的快速城镇化进程，为J村人带来了不一样的发展机遇，促使该村最终走上“以市兴村”的发展道路。

20世纪90年代末，上海的城镇化也以“摊大饼”的方式快速推进，城区面积也因之迅速扩张，并逐渐逼近J村。事实上，今天J村的主体部分已被外环高速公路所环绕，按照新的城市规划，外环高速公路以内的区域，皆为城市区域，因此，今天意义上的J村，已经不再是郊区农村的概念了，有些人也已开始将该村称为城中村。当时的城镇化虽然还没有“吃掉”J村，新的城市规划也没有出台，但是，快速城镇化带来的发展机遇已经被J村人所感知。一方面，城区面积的急剧扩大带来了建筑面积的迅速增长；另一方面，城镇化的快速扩张吸纳了大量外来人员流入上海，住房的新生需求和旧城区改造制造出的住房需求，加上城区土地紧张，促使房地产开发业务转向J村附近区域。最后，购房热、装修热以及急剧增长的上海人口的各色需求，联合上述两个因素，共同在郊区农村塑造出了一个庞大的潜在市场。J村人感知到了快速城镇化带来的上述发展机遇，结合过去经营“三场一路”的经验和思考，他们开始村集体经济结构的又一次调整，以迎接城镇化快速推进形成的巨大商机。1998年7月，上海J村综合贸易市场正式成立，此后，逐渐筹建起适合市场需求的各类批发市场，大批适销对路的产品逐渐进入，截至2010年，经过十几年的调整，已经建成以建材、装潢为主的综合性、大型批发市场，拥有五金、灯具、板材、陶瓷和家具等23个大类商品交易区。“退一、退二、进三”的产业调整基本完成，第三产业成为该村的主打产业。

总结J村集体经济的发展历程，可以发现，该村之所以能够走出债台高筑困境，除了政策性因素的保障和激发之外，重要的是依靠自身力量，抢抓机遇勇于并善于应对现实困境，用好用活内外两重发展动力，最终实现了历史性嬗变。设想一下，假如他们在沉重的债务负担面前不是创新理念、勇于开拓、负重前行，假如他们在机遇到来之时不善于发现机会、利用机会、创造条件、迎难而上，而是一味抱怨、等待、赖账，乃至乞求救助和施舍，怎么可能在短时间内还清巨额债务、积聚巨额财富、创新出一个生机盎然的“全国市场第一村”？从这个角度，我们认为，在城镇化快速推进的今天，在城乡差距依然巨大，甚至在某些方面和某些领域越拉越大的情况下，在农民以土地权益为代表的各种权益被不断侵害，城乡矛盾、干群矛盾和其他涉农矛盾不断爆发乃至被激化的背景下，调动和保护农民的创造性和实干精神，赋予农民发展经济的各种自主权，引导他们通过自身努力，解决发展中的问题，进而达到缩小城乡差距，实现城乡一体化的目标，是一条可行之策。实际上，J村人的奋斗历程和辉煌成果已经告诉我们，孕育在农民群体内部的力量是巨大的，只要善加利用、培育和引导，他们完全有能力承担起促进城镇化发展主体的重任。实现城乡一体化发展的目标，不仅是城市的使命，也应该是农村的使命。

第四节 主动城镇化的共富机制

J村主动城镇化的一个重要成就是建立起了村域内外的共富机制，并在村域内部实现了居民间的共同富裕，J村与帮扶村间形成了先富带后富的协同机制。概言之，J村人实现共同富裕的努力包括两个方面内容，其一是在村域范围内，实现村民之间、村民与市场从业人员之间的共同富裕；其二是带动周边地区，特别是结对村的共同富裕。其运行机制，总体上也可以划分为两种形式，其一是村内的共享主动城镇化发展成果机制；其二是村外指向的先富带后富机制。

一 村内的共享机制

村域内共享机制的主要形式有两种，其一是股份制，其二是社会保障体系，其中股份制是J村共同富裕运行机制的主要载体，社会保障体系具有完善与修复作用。

J村施行股份制的初衷，有别于我国大多数股份制改革的农村，它不是以融资为主要目的，而是以共享集体经济组织的发展成果为主要目的，是在寻找“建立一种什么样的产权制度使村民能够真正拥有这笔财富，能够持久稳定地分享到这块寸土寸金的土地上产出的收益”① 的途径。因此，在股份制改革初期，J村首先将集体资产量化到个人，然后通过“现金出、现金进”② 的方式，在村民没有花费自己一分钱的前提下，整体实现了由村民向股东的转变，进而凭借手中持有的股权，长期、

① 参考蒋波等纪实文学作品，该作品由上海人民出版社于2007年出版。

② “现金出、现金进”是J村股份制改革的具体操作方式，其操作流程是：村集体经济组织首先将村级集体土地之外的集体经营性资产量化，然后按照农龄结算、量化到个人，再用现金的方式将量化到个人的资产分三年兑现给每一个村民；拿到现金后的村民，再根据集体经济组织设置和分配的股份形式和股份额度，以现金购买的方式入股村集体经济，实现由村民向股东的转化。

稳定地分享集体经济的发展成果。

J村的股份制改革，不是“均贫富”式的绝对平均主义，也不再是吃集体的大锅饭，而是在考虑了贡献大小、岗位差异之后的有差别的股权配置。虽然也存在一些不尽如人意之处，但是，凭借股权个人所有的股份制形式，J村村民就能够拥有一份永久性财产收入，即便是失去土地、被迫进城，或者丢掉工作，或者发生其他意想不到的灾难变故，也能够凭借这份永久性收入而确保不被边缘化，确保生活质量不大幅下降。因此，股份制改革是J村共同富裕运行机制的主要载体。

另外，在J村，覆盖面很广的社会保障系统，也是确保村民实现共同富裕的一个重要制度安排。从发挥的实际社会功能分析，该村的保障系统可以包含三个方面的内容，其一就是J村人所谓的“人人有保障”：全村村民都被纳入了城保或镇保，对老年人分别给予不同程度的退休金补贴；其二就是村民福利成倍增长；其三就是保证“人人有工作”。这样，在J村，村民依靠保障性收入、工资性收入和股份制改造获得的财产性收入，真正实现了“人人有保障”的目标，通过这个目标的实现，确保村民在任何情况下都能够共享集体经济的发展成果，从而在村域范围内真正实现了共同富裕。

不仅如此，J村还将共同富裕的目标追求向村域范围内的外来人口——市场从业人员延伸，其主要手段有两个，一是让利于市场从业人员，主要通过房租、税费、市场管理等多个途径，优化其经营环境，降低经营成本，提高经营绩效；二是将J村村民享受的福利待遇向市场从业人员延伸，例如，无区别地向村民和市场经营人员子女提供奖学金鼓励；无区别地为村民、经营户及浦江镇结对村子女出国留学提供资金支持，等等。通过上述种种措施，J村致力于追求村域范围内所有相关人员的共同富裕。

二　先富带后富机制

J村面向村外实践先富带后富运行机制，其带动对象，主要是结对帮困的M区P镇Y村、H村和Q村村民，另外还有以各种方式资助的其他援助对象。在带动方式上，对结对帮困的三个村既采用“输血”的方式，又采用“造血”的方式。“输血”是以送钱、送物为主，这是J村采用的主要帮助方式；“造血”以开发项目为主，“为三个村的3296名农民每人送上1600元的股金，投入近600万元，分别成立三个股份制公司，开发一些像建造外来人口聚居点等优质项目”[①]。对结对村之外的援助对象，主要采用援建、捐款的方式实施救济性帮助。

J村实施的这种先富带后富机制，是以最基本的方式实践邓小平同志共同富裕的战略规划思想，即“一部分地区、一部分人可以先富起来，带动和帮助其他地区、其他人，逐步达到共同富裕”[②]。在具体的实践过程中，该村经历了一个由被动到主动的过程：开始是以贯彻上级意图、配合上级政府行动的方式展开自己先富然后带动其他人后富的行动；到后来，先富带后富逐渐成为他们的一种自觉行动。我们可以从村民的话语中体会到这种自觉。

> 有钱后，到外面建学校，不要只给钱，要派人去，看看他们是不是建了学校，培养学生，多好！那钱真是用在刀刃上，这多积德！

但是，对于带有政府强制色彩的帮困行动，老百姓还是有自己看法的。

> 我们J村帮了很多了，他们浦东有三个村，我们小朋友考上大学什么样，他们也是什么待遇。浦东有三个村是我们村无偿资助的。其实，浦东这些村他们根本不需要我们帮助的，你说山区里的好多学生，赤脚走那么多路去上学，你拿出500万给他们多盖几所学校，不就好了?！可你却在自己家门口搞，那是区里的意见，不是村里的。[③]

---

① 资料来源于J村前党委书记吴××2009年初讲话摘录。

② 《邓小平文选》（第三卷），人民出版社，1993，第149页。

③ 资料来源于我们对J村村民（L－jzn^{1}t、Z－jzn^{1}t、X－jzn^{1}t）等的访谈录音。

所以，在老百姓的意愿里，富裕之后，还是很愿意带动后富者的。也就是说，在我国，走共同富裕道路是有着深厚群众基础的，关键之处在于，如何更好地展开共同富裕之路，如何构建起既满足社会需求，又符合民众意愿的共富式运行机制。

三 延伸性思考

分析J村为谋求共同富裕所做的两方面努力及其结果，可以发现，在村域范围内的努力，成果是显著的，已经建立起良性循环的共同富裕机制，基本实现了共同富裕目标；在村域范围外的努力，其成果并不十分显著，运行机制还是局限于援助和帮扶领域。而且，空间距离的存在以及不同村庄之间泾渭分明的村行政、经济、文化等边界约束，使得J村的努力被意想不到的因素所干扰，从而在很大程度上影响着村际共同富裕目标的实现，也影响着J村内部干部和村民带动后富村致富的积极性。

J村在致力于共同富裕道路上所出现的这两种差异性较大的结果，具有一定的启迪意义。从表面上看，它似乎在告诉人们，空间距离和既存的制度安排，只允许在相对独立、封闭和狭小范围内实现共同富裕，不支持在大的空间范围内、不同的村庄之间，推行先富者带动和帮助后富者，实现村域之间的共同富裕。这种表面上的结论，有悖于邓小平同志共同富裕的战略设计，也难以与我们的社会性质和城乡一体化发展要求相符合。

之所以能够推出这样一种表面性结论，是与J村发展案例的特殊性相联系的。但是，不管怎样，该村共同富裕努力所提示的问题还是很有价值的，我们可以从这个特殊案例给予的启示出发，通过对更多具有典型意义的案例的研究，探讨在我国实现共同富裕的障碍性因素和可行性方法。从目前的认识出发，结合对J村的研究发现，我们认为，现存的村一级制度安排和共同富裕的运行机制，是影响在大的空间范围内实现共同富裕目标的关键障碍。与之相对应，村级制度安排和共同富裕运行机制创新，是未来我国实现共同富裕的关键之所在，也为研究创新新型城镇化模式结构提供了一种思路。

第五节　J村主动城镇化的经验启迪

J村主动城镇化发展模式是来自我国农村社区层面的新型城镇化探索努力的一个代表性缩影，这些发端于基层的城镇化实践探索，以其显见的经济社会成就向我们展现出在城镇化发展领域模式创新的可能性与价值，以及多元社会主体在新型城镇化推进过程中的应然角色和社会功能。总体上看，我们可以从中发现具有理论与现实意义的下述经验启迪。

一　主动城镇化具有现实必然性

基于对J村主动城镇化发展脉络的基本梳理，我们认为，可以结合其他村城镇化的社区经验对本书的前两个主要理论追问，即“主动城镇化不仅有存在的可能，更有存在的必要”和“农民不仅具有主动城镇化的资格，而且是主动城镇化的主体力量”进行初步讨论，并认为主动城镇化是农村社区新型城镇化的一种实践形式，它不仅有存在的可能，还有存在的必要。

（1）J村主动城镇化的现实必然性

在我们与学界及政府官员进行讨论的时候，参与各方争论最激烈、分歧最大的问题就是主动城镇化的可能性与现实性问题。正如前文所说，部分中下层政府官员认为，政府主导型城镇化本身就蕴含着主动城镇化的内容，完全可以作为实现城乡一体化发展目标的载体，村集体经济组织不能提主动城镇化；也有许多政府官员并不同意上述说法，其代表性意见有以下三种。

第一，农村的城镇化是一个大趋势，可以有不同做法，主动城镇化是有价值的，但是，不要把主动城镇化和被动城镇化对立起来，应把二者对接起来。主动城镇化发展到一定程度后，要被纳入整个城镇化潮流。

第二，J村还是要自强不息，发挥主观能动性，无论是什么模式，不是叫出来的，而是做出来的。

第三，从双轮驱动角度看，J村的发展，符合新型城镇化发展路径；从产业、就业和公共服务上看，该村是比较全面的。它提出的主动城镇化是有推广价值的；在城镇化过程中，也要发挥农民的主体性。

分析来自政府官员的观点与建议，可以发现，虽然在主动城镇化道路问题上还存在争论，但是，肯定J村主动城镇化发展路径的意见是主要的，即便是不提倡搞主动城镇化的政府官员，也对J村主动城镇化的成就予以充分肯定。所以说，今天的J村，在探索和实践具有自己特色的新型城镇化发展路径方面没有太大阻力。换句话说，尽管存在争议，但是，政府官员对主动城镇化的实践价值没有太大异议，这就为J村人探索主动城镇化模式的存在和发展提供了宽松氛围，这是它有条件并能够存在与发展的重要基础。

来自学界的声音也可以粗略地划分为肯定和质疑两种意见类型，前者与政府官员的第二种态度类型较为相似，认为作为实践中的一种探索尝试，J村主动城镇化发展路径具有很大的实践价值和推广价值，可以成为我国新型城镇化建设的一种探索模式。后一种意见类型的内部观点也是不统一的，有的从根本上质疑主动城镇化的存在事实，认为在现在这个时期，根本不存在主动城镇化的问题——主动城镇化是一个伪命题；有的则从主动城镇化的价值、前途等各方面提出自己的担心。总之，学界对J村主动城镇化的了解还不是很深入，围绕这个问题的讨论也还刚刚展开，尽管如此，我们认为，学术界的争鸣与讨论，可以为实践中的主动城镇化模式大造声势——无论是正面的肯定，还是负面的评价。J村的实践探索缺少的就是关注，只要这个问题成为大家的关注焦点，或者退一步说，只要这个问题被大多数人所了解和关注，那么，J村本身的发展成就就是一个很好的说明，它会告诉大家，主动城镇化是什么，为什么可以将之作为新型城镇化的实践载体，它的生命力及发展前景怎样，等等。因此，来自学界的百家争鸣也是主动城镇化存在与发展的重要基础。

实际上，主动城镇化存在的可能性和必要性的最有力证明和支撑，既不是来自政界的评价，也不是来自学术界的争鸣，而是实践中主动城镇化模式的生命力和它带来的巨大社会经济价值和辐射效应。我们可以从如下三个角度观察J村主动城镇化的生命力和价值，其一是J村集体经济状况在两个时点上的比较结果，以及J村与我国其他农村地区农民和农民工收入情况的比较；其二是对1998～2009

年村集体经济发展态势的考量；其三是J村市场的辐射范围和社会价值。

首先，我们将对J村1994年和2009年的集体经济状况做简单描述，通过有代表性的两个时点的客观数据，部分地揭示和证明主动城镇化的生命力与经济价值，具体情况参见表2－4。

表2－4 J村1994年和2009年的集体经济状况比较

单位：元

	负债情况	农方收益	上缴利税
1994年	1994万	—	—
2009年	—	6.4亿	2.2亿

表2－4的数据量虽然不大，但是，两两比较，还是可以明显看出J村在短短16年内的明显变化的：1994年负债累累，既没有农方的绝对正收益，也没有上缴国家的利税；2009年，没有债务负担，农方纯收益6.4亿元，上缴国家利税2.2亿元，村集体经济实力由原先的镇内倒数第一，跃升为全上海市域农村正数第一。这是该村主动城镇化发展模式生命力和经济价值的重要体现，可以证明该模式对J村摆脱贫困、走向富裕所发挥的作用及重要性。

其次，我们截取1998～2009年这一时段J村的发展数据，通过对其发展态势的观察，分析该村主动城镇化模式的生命力，具体情况可参见表2－5。

表2－5 1998～2009年J村经济发展态势

年份	1998	1999	2000	2001	2002	2003	2004	2005	2006	2007	2008	2009
年总收入（万元）	2884	3300	4826	8400	10280	16200	24680	33132	42040	52768	56586	64100
增长率（%）		14.4	46.2	74.1	22.4	57.6	52.3	34.2	26.9	25.5	7.2	13.3
平均增长率（%）			34									

我们之所以截取这一时段的经济数据来分析J村的发展态势，是因为1998年该村初步构建起了主动城镇化发展模式，而2008年则是全

球金融危机的爆发年，利用这一时段的数据，能很好地观察该村主动城镇化的生命力。需要进一步说明的是，本书在从样本村众多的实证材料中选取数据时，往往将截止的时间点划定为2009年，其主要原因就是把2008年发生的全球金融危机的影响考虑在内，并认为金融危机前后的表现，是衡量一个村经济实力及经济社会是否可持续发展的重要依据，因之也是某一特定村城镇化具体操作模式是否健康快速发展的试金石。

分析表2－5的数据资料可以发现，除了遭遇全球金融危机的2008年外，J村集体经济年度增长速度均在13%以上，增长最快的2001年，高达74.1%。即便是2008年，当全球经济陷入低谷时，该村经济仍以7.2%的速度快速发展。数字的力量是客观的，说服力是强大的，当一个在1994年还负有高额债务、深陷危机的村，经过几年的努力，在接下来的12年中，以年均34%的速率高速增长时，它所依托和凭借的发展模式的生命活力，是不言而喻的。

另外，我们通过比较相同时段J村村民与我国农民以及与我国农民工的平均收入水平情况，进一步阐释J村主动城镇化模式的生命力，具体情况可参见表2－6。

表2－6　2008～2009年J村村民与我国农民、农民工收入情况比较

单位：万元

	我国农民平均纯收入	我国农民工平均收入	J村村民劳均收入	J村村民福利总收入
2008年	0.48	1.61	4.3	1701
2009年	0.51	1.70	4.65	1860

注：2008～2009年我国农民与农民工收入数据，是基于国家统计局发表的相关数据换算产生的。

表2－6的数据告诉人们，J村村民依托主动城镇化所获得的工资性收入，不仅远远高于同时段我国农民的平均收入，也比进城务工的农民工收入高出2.7倍多；而且，除了工资性收入之外，J村村民还有数量不菲的巨大福利性收入。因此，综合上述所列三个数据表的情况，可以非常直观地看到J村主动城镇化发展模式的价值和必要性。

最后，我们接下来描述的是J村市场的辐射范围和主动城镇化发展模式的社会价值，这两个方面说明，该村城镇化发展路径的价值绝不仅仅止步于J村村域范围内的经济价值，也绝不仅仅局限于经济价值。

作为一个综合批发市场，J村市场的辐射范围既包括上游企业和产品，也包括下游企业和消费者，但是，最典型的是与上游企业和产品的关联。

J村市场的辐射范围，不仅超越了上海市，更是遍及全国20多个省市，从中可以推知，该市场对所辐射地区经济发展的拉动效应。

另外，J村主动城镇化发展模式不仅具有很高的经济价值，其社会价值也不容小觑，我们可以从该村先后获得的各种荣誉中窥其全豹。关于这一方面，J村时任党委书记吴××[①]在他的《十二五J村发展展望》一文中做了如下总结：先后获得了"中国十大名村""中国特色村""中国十佳小康村""全国创建文明村镇工作先进村镇""全国民主法治示范村""中国最具影响力品牌村""中国经济十强村第五名""中国名村影响力排行榜第四名"等称号；近年来，J村市场先后获得"全国文明诚信市场""AAAA级全国名牌市场""改革开放30周年全国著名品牌市场""上海市示范市场"等称号；2009年被中国商业企业管理协会命名为"中国市场第一村"。从他所罗列的上述各种称号中，我们可以较为直观地了解J村主动城镇化发展模式的社会价值及超越经济、社会价值之上的各种贡献。

比较一下J村主动城镇化和"温州模式"在辐射范围和影响方式上的差异，我们可以发现，二者之间存在明显的不同，"温州模式"以"有中国人的地方就有温州人"的方式，通过外出经商以及"遍布全国各大中小城市的浙江人聚落"[②]推动着所在地的城镇化发展，这是一种直接参与式的推动类型。而J村主动城镇化却是通过物质帮助、资金支持，主要是通过产业影响和价值链共建的途径，间接推动影响力所及区

---

① 2011年6月13日，振兴镇J村党委换届选举，吴××卸任村党委书记，成为J村集团董事长，现任书记是原村党委副书记。

② 顾朝林、于涛方、李王鸣等：《中国城市化：格局·过程·机理》，科学出版社，2008，第67页。

域内的城镇化发展与优化。“温州模式”发生作用的前提是人口的跨区域流动：首先有人口流动，然后才有城镇化推动作用。而人口流入的地方往往是充满商机的地方，不是城镇化需求大的地方，所以，很大程度上这是一种锦上添花式的推动作用，而不是雪中送炭式的拉动作用。J村主动城镇化以产品链和价值链共建的方式，拉动“两链”涉及的每一个企事业单位和每一个社会个体，是一种无选择的全方位拉动，既能够“锦上添花”，又能够“雪中送炭”，因此，是一种更具价值的城镇化推动方式。

总之，J村人探索的主动城镇化模式的存在价值，已经得到越来越多的人的认可，更得到村集体经济发展事实的有力证明，同时也被它的溢出价值——超越经济的、村域的诸多价值所证实。基于此，我们认为，本书的第一个主要理论追问：主动城镇化不仅有存在的可能，还有存在的必要，可以得到初步证实。

（2）主动城镇化的现实必然性源自其因地制宜品质

如果我们将研究视野投射到全国其他的发达农村，可以较为容易地寻找到具有相同价值的发端于农村基层社区的新型城镇化探索实践，也能够从其所取得的经济社会价值的成就上为J村主动城镇化的巨大价值提供进一步的事实证据；当然，我们也能够较为容易地寻找到与之相反的典型案例，即主动性、主体性缺失的农村在被动城镇化中逐渐走向凋敝的基层社区。前者的典型案例可以包括知名的全国十大名村，也可以包括不怎么知名的城镇化先发农村，其中，本研究样本村之一的北京市郑各庄的新型城镇化实践经验，能为我们带来更为深入的思考。后者的典型案例可以说是比比皆是，只要你任意地走进一个“空心村”，就能够从对凋敝农村的荒凉，甚至是凄凉的震惊中感悟到类似于J村主动城镇化式的新型城镇化的价值与作用。

与J村主动城镇化探索经验具有比较意义的是，郑各庄人也将他们的城镇化探索实践称为主动城镇化，但是，由于两者之间在资源禀赋、区位优势等方面存在全方位的差异，所以，其新型城镇化的具体推进路径也有很大的不同。概言之，地处北京天安门正北22公里处的郑各庄，“在其开始城镇化努力的1995年，区位优势并不明显，其成功的关键并不在于对既有城市摊大饼式扩张的依赖，而在于旧村改造和多元化的产业选择”[①]。与J村相对集中的分散居住模式不同，郑各庄旧村改造采取的是“就地上楼”的“造城”[②]模式；与J村“一业为主”的产业选择不同，郑各庄村支柱产业覆盖科技产业、房地产业、旅游文化产业、物业管理和医疗养老产业等多个方面，采取的是多元化发展的模式。

J村与郑各庄在新型城镇化探索过程中的上述不同，彰显的只是操作路径上的因地制宜，而不是两种模式间的本质差异，如果我们能够通过这些可操作性发展策略的表象，深入研究其内蕴的本质，则不难发现二者间质的同一性。最能说明这种同一性的当属其客观效果的一致性，即远远超过全国平均水平的经济数据，详细情况参见表2－7。

表2－7　2009年J村村民、郑各庄村民与我国农民、农民工收入情况比较

单位：万元

	我国农民平均收入	我国农民工平均收入	J村村民劳均收入	J村村民福利总收入	郑各庄村民人均收入	郑各庄村民人均福利收入
2009年	0.51	1.70	4.65	1860	3.50	0.5

表2－7的数据不仅说明J村与郑各庄村在经济领域都取得了巨大成就，而且也暗示着两个村经济发展方式在应对全球金融危机冲击方面具有的优势：J村的优势在于“一业为主”的主动城镇化模式，而郑各庄村的优势在于旧村改造时的“造城”行动和多元化发展的产业模式——也就是在新型城镇化探索过程中采取了因地制宜的城镇化推动方式：主动城镇化。分处我国南北两地的两个村，都起步于20世纪90年代中期，都不约而同地走上了依靠本村资源和自身努力，因地制宜地发展农村经济的主动城镇化道路，而且都能够依靠这种新型城镇化模式实现本村经济社会迅速发展，成功应对全球金融危机的挑战，继续沿着既定的方向健康发展。它们用各自的实践成就，从不同角度诠释着主动城镇化的必要性和必然性。

与J村及郑各庄村兴旺繁荣局面相对应的日趋凋敝之“空心村”，其

① 张本效：《就地上楼：新型城镇化社区的实现形式》，《甘肃社会科学》2014年第5期，第1～5页。

② 卞华舵：《主动城市化》，中国经济出版社，2011，第101页。

严酷现实可以成为主动城镇化具有现实必然性的反面例证。不同地域“空心村”形成的具体原因可能存在差异，但是，根本性原因应该是大同小异的，从其最显见的表现形态看，支柱产业缺乏和劳动年龄阶段人口外流是其根本性原因。但是，如果我们能够深入空心村做认真细致的实地调研，就会发现，在这两个原因之上，存在真正意义上的根本原因，质言之，旧型城镇化主导下的农村村民，不能够因地制宜地创建自己的城镇化方式才是形成“空心村”的根本原因。在调研中我们发现，无论区域位置如何、资源禀赋怎样，只要没有能够积极主动地探寻属于自己的城镇化道路的村庄，就极易演变为“空心村”，浙江省顺溪村和山东省 A 庄①可以成为这方面的两个典型代表。

顺溪村有自己的主导产业和丰富的财政来源：主导产业是山核桃，依靠采摘自家承包山上的山核桃，村民户均年收入“小年”② 为 5 万元以上，“大年”为 10 万元以上；丰富的财政来源特指市（县级市）、镇两级政府下拨的财政专项资金，得益于该村支部书记丰富的政治人脉关系，使得该村每年都有大量的财政专项收入。由于具有这两方面的优势，该村的公共服务设施齐全、人员到位，村民房屋也皆为亮眼的村庄别墅。但是，除了山核桃收获季节的 3 个月外，劳动年龄阶段人口全部外流，该村年均 3/4 的时间为“空心村”，村党支部书记争取来的大量财政专项资金，因为没有劳动力可以从事相对应的专项事业，因此，要么被闲置，要么被敷衍了事。与之相对应，该村空有丰富的自然资源和财政资金，村民充其量只能凭借外出打工的方式实现个体或单个家庭的城镇化，而不能实现整个村域的城镇化，农村病和城市病依然与这个资源、财源充裕村结下了“不解之缘”。

A 庄位于沂蒙山区边缘，是一个户籍人口近 3000 人，人均土地 3.65 亩，同时还有大面积山林的行政村，在计划经济年代，该村曾因其丰富的土地与山林资源而为周围众多村庄所羡慕，也正是因为拥有丰富的农业发展资源，在普遍贫困的年代，该村内生发展动力不强，从事工商业

① 这是一个与笔者有着千丝万缕联系的村庄，书中的内容可能会引发不必要的纠纷，因此，笔者将该村庄改名为 A 庄。

② 当地人根据山核桃的丰歉情况不同，将山核桃丰收年称为“大年”，将歉收年称为“小年”。

的意愿不强，除了响应国家号召，短暂地搞了点手工业作坊——铁铺和染坊外，没有任何现代化工商业。20 世纪 90 年代中期，曾有新中国成立初期移居青岛的本村籍商人回村投资兴办生猪屠宰加工厂，希望开发该村源远流长的生猪养殖传统优势、利用丰富的生猪散养资源和廉价的土地租金，一方面，扩大经营范围，增加企业实力，获取企业新的生长点；另一方面，带动家乡村民共同致富。但是，因为时任“村两委”主要领导热衷于追逐个人私利，村民缺乏合作意识与行动，不仅没有抓住这一调整该村产业结构、发展第三产业的机会，反而因为“村两委”主要领导过分要求个人待遇和私利、村民大肆偷盗企业建设资材，而令投资者望而却步，最终撤资走人。此后，随着进城打工路途的畅通，该村劳动年龄阶段人口纷纷进城务工，整个村庄日益空心化。

实事求是地讲，顺溪村和 A 庄并不是基础条件很差的村，它们拥有或曾经拥有创新城镇化发展路径的大好机会，也有机会经由新型城镇化实现民富村强的目标，可是，因为各自特殊的原因而与新型城镇化失之交臂。梳理这些看似特殊的原因，我们发现，其背后起决定作用的本质因素实际上是相同的，那就是村领导和村民缺乏开拓与进取意识，不能积极主动地捕捉和利用发展良机、创新城镇化发展模式、实现村域经济社会质的提升。这两个村的空心化过程说明，等、靠、要式的被动城镇化不是农村的出路，它们从特定角度诠释了因地制宜的主动城镇化方式之于我国农村新型城镇化推进的价值和必要性。

二 农民具有主动城镇化资格

本研究第二个主要理论追问关注农民是否具有主动城镇化资格，以及农民在城镇化进程中的地位、角色问题。该问题缘起于某位退休镇级领导在一次座谈会上的讲话，在有关农民的城镇化地位与角色问题上，她的态度是非常明朗和直接的，她认为，农民不具有主动城镇化的资格，农民只能在政府的领导下，按照既定的政策安排，实现农村城镇化的目标。实际上，抱持此种态度的人不在少数，他们主要从农民的经历、学识、能力等方面入手，否定农民在城镇化过程中以主体身份进而主动作为的可能性和现实性。那么，这种观点是否真实？城镇化中农民的实践经历能否给这个问题一个令人信服的回答呢？我们认为，解答这个问题，必须首先对城镇化资格予以恰当的界定，然后才能按图索骥式地解释农民的主动城镇化资格问题。

在研究城镇化资格之前，我们首先了解一下资格的含义，现代汉语词典的解释是，所谓资格，就是“①从事某种活动所应具备的条件、身份等；②由从事某种工作或活动的时间长短所形成的身份”[①]。这一概念本身告诉我们两条重要信息，其一，资格是一个附带具体条件的社会身份，只有拥有了满足某项活动所要求的具体身份，才能够从事该项活动。在这里，条件可以被看成是技术性要求，身份则往往被理解为政治性要求。其二，资格是一种自致地位，是进入某个过程的结果，是一种社会经历，当人们开始从事某种活动的时候，他就开始获得了某种资格，他从事这项活动的时间越长，获得的资格就越多。简言之，现代汉语词典上的这个概念，从运动方向的两个极点给予资格一个解释，其中的一极是起点解释，另一极则是结果解释，起点重视的是已有的身份地位，结果重视的是过程和贡献。

套用这个概念，城镇化资格也可以从运动的两极予以界定和理解，在起点这一极，可以界定为法律赋予的和法律不禁止的某一组织、群体或个体从事城镇化的条件与身份。在结果这一极，可以理解为是某一组织、群体或个体在城镇化大潮中的一种经历。我们认为，在这个套用过来的解释中，结果一极应该是没有什么异议的，可能存在异议的，是起点这一极的解释。有些人可能认为，“所应具备的条件、身份”，要求的是根据不同的活动来对应相关的条件和身份。我们也同意这种观点，在套用过来的解释中，也注意到了城镇化领域的特殊性，并认为，在法治中国，在市场经济条件下，通过法律的杠杆规范城镇化资格是合适的。同时，由于法律制定具有滞后性特点，因此，对于彼时和当下法律没有禁止的行为，也应该认可其合法性和合理性：法无规定即可为，只有这样，才可能在“不争论”的过程中赋予各主体以创新的空间和创新的权利。所以，我们认为，从“资格”概念套用过来的有关对城镇化资格的界定和理解，是合适的。

---

① 中国社会科学院语言研究所词典编辑室：《现代汉语词典》，商务印书馆，1978，第1529页。

那么，农民有没有主动城镇化的资格？如果有，应该如何界定这个资格呢？

首先，从起点这一极分析，我们认为，农民应该具有主动城镇化的资格，因为就目前的法律法规体系而言，并没有明确禁止农民依靠自己的力量，探索具有自己特色的城镇化道路。不仅如此，我国宪法第 2 条第 1 款明确规定：中华人民共和国的一切权力属于人民；同时，我国的国体也决定了人民当家做主是社会主义民主的本质和核心这一事实。所以，按照宪法的规定和国体的要求，可以合乎逻辑地导出这样的结论：农民有权遵照客观规律来选择属于自己的发展道路。另外，从政策角度分析，正如 2014 年中央一号文件所强调的“尊重农民首创精神，鼓励各地积极探索、勇于改革、大胆创新，做好农村改革试验区工作，及时总结推广各地成功经验”①。农民的主动城镇化探索是得到党中央和国务院的鼓励、认可和肯定的，因此，我们认为，城镇化资格概念的起点蕴含着农民具有主动城镇化的资格。

其次，从结果这一极看，农民的主动城镇化资格就更为明显，在这一方面，J 村人的实践经历就是很好的说明。如前文所述，J 村人自 1995 年开始，就进行着主动城镇化的探索，到目前为止，他们已经在这条道路上行进了 22 年之久，因此，他们通过自己的实践，自动获得了主动城镇化的资历，并且，由于他们是较早的先行者，因此，他们不仅拥有这个资格，而且拥有较老的主动城镇化资格。至于许多在被动城镇化过程中不断空心化的村，它们的经历并不能否定农民的主动城镇化资格，相反，它们从一个特定的角度提醒我们，肯定并倡导农民主动城镇化资格的重要意义。

至于概念意义上农民的主动城镇化资格，我们认为，基于 J 村人的实践经验和探索成就，基于对其他样本村类型不同城镇化经历的分析，可以做这样简单的界定，即它是指在城镇化进程中，农民依法享受的，履行当家做主义务的，为促进城乡一体化发展目标的顺利实现，根据客观形势的要求，在充分贯彻主体性、发挥主动性基础上，因时顺势，探

① 中共中央、国务院《关于全面深化农村改革和加快推进农业现代化的若干意见》，http://miit.ccidnet.com/art/32559/20140120/5332035_3.html。

索与创新城镇化发展模式的权利和义务。

总结以上论述，我们认为，J村、郑各庄村等城镇化的探索实践已经证明，农民不仅仅拥有主动城镇化的资格，而且，他们还是主动城镇化的重要主体力量。

三 主动城镇化具有特殊价值

纵览J村主动城镇化的发展历程，可以看出，J村人通过这一发展路径，不仅在经济领域取得巨大成就，实现村集体经济的腾飞，而且，在社会、文化以及人的全面发展等领域，也取得了令人振奋的成就。当然，我们也应该看到，该村在发展过程中也存在诸多问题，而且，有些问题还是根本性问题，该村经济社会的进一步发展，取决于这些问题的解决程度和解决方式，稍有疏忽，就可能给村集体经济带来难以估量的损失，因此，需要他们在未来的发展过程中正视问题，并勇于解决问题，只有这样，才能继续发展和不断完善。但是，从总体上看，该村所取得的成就远远超出了存在的问题，换句话说，它的成就是主要的，存在的不足只是发展中的不足，有些还是在目前发展阶段所无法解决的，随着时间的推进，完全可以通过进一步的发展很好地解决。因此，从总体上看，J村主动城镇化发展模式是成功的，它不仅解决了自身的发展问题，还为我国城乡一体化建设提供了有价值的经验与思路。剖析这一发展模式，提炼它的发展经验，我们认为，该村主动城镇化发展模式拥有自己独特的价值。

研究J村主动城镇化的特殊价值，需要将它的经验与成就嵌入改革开放的大背景中去思考，需要在同政府主导型城镇化发展模式的比较中去寻求。正是基于这样的思考，我们在梳理该村主动城镇化发展脉络时，才借用结构批判主义作为研究的理论视角，也正是得益于这样的理论指导，我们才发现该村城镇化发展模式的独特价值。总之，在与政府主导、农民被动适应的城镇化模式相比较的过程中，J村主动城镇化的独特价值得到彰显，概括起来有如下几点。

第一，探索出一条自主发展、自我服务、责任自担的小康社会建设道路。这是主动城镇化模式之于J村的第一个独特价值，是该村在未来的发展进程中可以不断创新发展的动力源，也是其可以管控各种风险、克服各类困难、保证长期发展而不是昙花一现的根本点。它一方面充分展示了新时代的J村农民在关系自身命运的大事件中主动求变、勇于创新的主人翁精神，也展示了他们对自己命运把握的能力和水平，为党和政府制定农村政策提供了很好的社会素材；另一方面，通过自我消化城镇化的发展成本，在减轻政府和社会负担的同时，也为后富者提供了可资借鉴的成功模式。

第二，探索出一条去弱势化的自强道路。被征地农民的“三失”问题——失地、失业、失保障，一直是城镇化过程中挥之不去的社会难题，也是涉农上访事件发生的主要原因。J村坚持农民带股入城的主动城镇化模式，不但解决了村民当下的生活问题，也解决了村民的就业难题，同时为该村村民未来提供了一份稳定的、高水平的财产性收入保障，既解决了他们因被征地而可能被弱势化的问题，也解决了过去一段时间内存在的、该村村民与上海市民收入差距不断被拉大的城乡差别问题，进而从全局的意义上创新出一条破解城乡二元结构坚冰的可靠路径。

第三，优化了基层民众同党和政府的关系，促进了基层社会的和谐与稳定。“三失”问题不仅诱发了被征地农民弱势化倾向，也引发了基层社会与地方政府的矛盾。J村村民在被征地过程中，在失地、失业、下岗的过程中，虽然没有过激的举动，但是，生活的压力和下岗、失业的困扰，以及分散经营的艰辛依然存在，是主动城镇化将他们重新凝聚在一起，他们也因为主动城镇化给予他们的经济社会效益而扬眉吐气。所以，该村村民倍加珍惜当下生活，倍加期求社会和谐与稳定，进而坚定了对党的农村政策和改革开放大业的理解与支持，造就了市场经济时期的新型党群关系和鱼水情结。

第四，培育起农民社会责任意识。责任缺失是转型时期我国面临的一个严峻社会挑战，这已是一个共识性结论，是市场经济对我们发起的严峻挑战，如何破解这个转型期问题，还是一个亟待研究的难题。J村主动城镇化的一个意外收获是培育起他们的社会责任意识，激发了其相关行动，主要体现在他们对浦江镇三个村（Q村、Y村、H村）开展的帮困结对活动，以及村民对各种各样的救助、捐款活动的积极响应等方面。这些活动一方面是他们对“先富带后富”政策的践行，同时也激发并培育起他们全社会的责任意识，促进了他们本身“人的现代化”嬗变。在责任缺失成为转型期问题的背景下，J村主动城镇化的这一收获，意义重大。

四 主动城镇化具有普适价值

J村主动城镇化发展模式，不仅具有推动自身发展的特殊价值，还蕴含着值得大力推广的普适性价值。从严格意义上说，J村主动城镇化可复制、可推广的地方，以及它自身以后能够快速发展的核心凭仗，是这些普适价值，至于其具体的做法和创新之处，只能是促其成功的个案化因素，而不是放之四海而皆准的“绝对真理”。总结、提炼其经验与心得，我们认为，可以用十个字来概括它的这类价值，即主体、主动、求实、创新与经营。

所谓主体，即指农民在城镇化进程中居于主体地位、发挥主体性作用，这是农民能够适应城镇化发展要求，把握自己命运，进而改变命运、创造奇迹的基本前提，是主动城镇化的基石。J村人的成功实践说明，城镇化不仅是政府倡导的城镇化，也不仅是城市的城镇化，更是“三农”的城镇化，当农民把自己视为城镇化的主体，并以主体身份经营城镇化时，他们才能够彻底摆脱单纯推行政府主导型城镇化发展模式时的被动适应地位，才能够利用政府、城市提供的各种有价值的条件、机会，实现自身的发展。

从根本上说，政府主导型城镇化和发挥农民主体性作用的主动城镇化并不是两个对立的矛盾体，而是同一个事物的两个方面，或者说是同一个结构体中的两个最为重要的因子，彼此之间应该是一种互构关系，只是观察的视角不同，强调的重点不同而产生了两个概念。因此，无论怎么界定这两个概念，它们的目的边界应该是重合的，换句话讲，并不是说只有主动城镇化才能促进农村积极健康地推进与完成城镇化进程，政府主导型城镇化也可以完成这一任务。关键在于，前者要善于利用后者提供的各种有利条件与机会；后者要善于汲取前者的优点与长处。各取对方之长，以之补自己之短，形成既能发挥政府与城市的主体性作用，又能发挥农民主体性作用的新型城镇化模式，才是实现我国城乡一体化发展目标的“高速通衢”。

所谓主动，即指农民在城镇化进程中能够把握机会、直面挑战、勇于出击，这是他们能够适应新型城镇化发展要求、把握命运、改变命运、创造奇迹的关键。政府主导型城镇化模式下的农民，之所以难于作为，不是他们没有作为的能力，而是缺乏主动作为的想法，因为这一制度设计的出发点是带领农民从事城镇化，“要”“三农”城镇化、逼迫他们城镇化，而不是给予他们从事城镇化的机会和权力，所以，农民是一种等、靠、要的城镇化思维。因此，从根本上说，无论是农民的主动城镇化，还是政府主导型城镇化，只要能够调动起农民从事城镇化的积极性和主动性，使农民由被动适应变为主动作为，城镇化模式本身就不会存在制度性障碍，城乡一体化发展目标，在上述两种城镇化模式主导下就能够成功实现。

求实、创新是J村人实践主动城镇化的主要心得，他们将之凝练为“创新是J村发展的关键，求实是J村腾飞的根本”的口号，并在村域各显要位置张挂；同时，他们也将其与J村人的主动城镇化经历及主要价值理念相结合，归纳出“坚忍不拔、勤奋好学、自主创新、求强务实”的J村精神。实际上，对于上述口号和所谓的J村精神，我们可以在全国各地发现各种大同小异的版本，不同的是，在许多地方，只是流于口头表达和轰轰烈烈地宣传，而看不到物化的、实实在在的、富有成效的具体行动。J村人不仅在口头上、字面上，更从富有成效的主动城镇化实践中诠释了求实、创新的社会经济价值，并从操作路径上为后发者提供了宝贵经验，指出了实现我国城乡一体化目标的必然道路选择，这是该村通过实践活动所表达出的又一具有普适性的成功经验。

经营，是指J村人将市场机制引入城镇化的实践过程，从而保证农村城镇化过程更趋于理性、更远离感性，进而为城镇化的健康发展提供可靠保障的发展方式。具有主体地位、发挥主动作用的农民，在城镇化实践中，已经取得了发展的主动权，但是，只有像理性经济人那样学会经营、善于经营，在市场竞争中学会驾驭市场，不断采取各种措施，降低经营成本、提高利润产出，才能够使自身不断发展，促使城镇化步入良性发展轨道，这是J村人为新型城镇化后发村提供的具有普适价值的又一成功借鉴。

J村主动城镇化给出的这十个字，具有很强的可操作性和普适性，它为我国农村城镇化建设提供了重要启示，它是农村摆脱被动、系统解决经济社会发展中诸多问题的根本，从这个意义上说，J村经验具有本体论的价值。另外，这些价值还蕴含着一个重要的实用价值，即它不断证明着这样一个命题：主动城镇化不仅具有存在的可能，还有存在的必要——本书的第一个理论追问在这里得到进一步的证实。

第三章　城镇化创新模式的乡土性

分析J村主动城镇化实践历程可以发现，无论是在内容上，还是在形式上；无论是其发展的纵向过程，还是横向截面，其模式创新都具有浓郁的乡土性特征，这种乡土性，在模式初创时期，主要是费孝通意义上的乡土性："从基层上看，中国社会是乡土性的"①，即体现传统乡村社会基本特征的乡土性。后来，随着主动城镇化实践探索的不断推进和渐趋成熟，其所体现出的乡土性，就渐渐增加了一些"后乡土性特征"②。这种变化中的乡土性，既是城镇化模式创新的基本载体与活水源头，也是其存在价值得以彰显的重要所在，皮之不存毛将焉附，应该是对城镇化模式创新与乡土性关系较为恰当的比拟。我们将按照空间顺序，从研究J村内外两个层面的主动城镇化动力方面，诠释城镇化模式创新的乡土性特征。

从宏观的体制角度入手，国内外学者将城镇化动力大体归纳为两种类型，分别是市场体制化的城镇化动力类型和集体主义化的城镇化动力类型。近年来，随着城镇化实践的不断展开和人们对城镇化实践认识的不断深化，城镇化动力理论本身也不断发展完善，研究者开始关注上述两种城镇化动力类型的交叉与融合，因而，在城镇化动力研究领域，一种更为整体性的视角和系统化观点开始出现。与之相对应，有关城镇化的部门动力因素研究也不断取得进步，所有这一切成就，成为我们研究与解读社区层面新型城镇化动力系统的重要理论指导。但是，由于J村的主动城镇化实践与以往的城镇化模式有较大区别，其内蕴的动力机制也必定有自己的特色，因此，在已有的城镇化动力理论指导下，研究以J村为代表的城镇化动力因素和动力机制，解释其乡土性特征，就是一项创造性的工作。

---

① 费孝通：《乡土中国　生育制度》，北京大学出版社，1998，第6页。

② 陆益龙：《乡土中国的转型与后乡土性特征的形成》，《人文杂志》2010年第5期，第161～168页。

整理分析田野调查中所获得的实证资料、研究收集于J村及各样本村的纸质材料，同时梳理自己的观察心得，我们认为，发生于我国社区层面的城镇化动力体系经历了由外部环境和内部环境共同与交互建构的形成与发展过程，在这个过程中，新旧力量、内外部力量及各种力量内部及相互间的震荡冲击与整合优化，成就了适合各个村自己特色的城镇化发展道路，这是新型城镇化先发村在经济社会诸方面取得优异成绩的关键因素。当然，由于各样本村新型城镇化实践起步于改革开放之后，处于我国经济社会进入转型期的特殊历史阶段，所以，改革开放逐步深化形成的各种制度框架，社会主义市场经济体制塑造的宏观经济环境，成为样本村各种城镇化动力因素结构性互动的刚性化环境，正是考虑到这样的客观事实，所以，我们称在这种环境中建构新型城镇化动力体系的机制与过程为嵌入式重构。剖析各样本村在城镇化快速推进的大背景下的发展轨迹和客观结果，我们认为，能否成功实现城镇化动力体系的嵌入式重构，决定着相对应村城镇化运行的基本轨迹：或健康快速发展，或逐渐陷入空心化，基本的规律是，成功实现动力体系嵌入式重构的村，新型城镇化引领着该村走上健康快速发展的通道；而没能实现这一重构的村，挣扎于被动城镇化的等、靠、要泥淖，并形成一种强大推力，将该村劳动年龄阶段人口推出农村，推入城镇打工。一方面，造成了推离村的空心化，另一方面，造成进城农民工的半城镇化，同时还造成接纳城镇的城市病。

剖析以J村为代表的新型城镇化先发村实践模式可以发现，成功实现嵌入式重构的城镇化动力体系包含内外两大动力类型，其中，来自外部环境的动力类型又可以包括外部制度环境的结构化重构动力和外部拉力环境的重构动力两大因素；来自内部环境的动力类型也可以区分为内部结构性压力的重构和嵌入式自主重构两大因素。分析促进J村主动城镇化发展的内外两类动力类型，可以进一步发现以该村为代表的农村新型城镇化的强烈嵌入式特点——它的产生、成长与完善，它的挫折、失败和最后的成功，它与外部社会的互动样式，它处理村内经济社会关系的思路与手段，无不与我国经济社会发展的整体走向息息相关，甚至与经济全球化的脉动息息相关。概言之，J村的主动城镇化，只是我国经济社会发展到一个特定阶段所形成的网络结构中的一个节点，它既脱离不开整个网络体系，也脱离不开其他网络节点，而是在整个网络体系和其他节点的约束、控制、牵制和互动中存在与发展；同时，它也通过自己独特的存在方式，与网络中的其他节点相勾连，并进而为整个网络体系的存在与发展做出自己的贡献。因此，它既是被整体结构所建构的，又是建构整体结构的一个因子，正是这种结构与建构的交叉与重合，规定了J村主动城镇化动力因素的类型与特点；也规定了各动力因素的作用方向和作用形式；同时也规定了各动力因素之间的结构性关系，并最终建构起具有乡土性特征的主动城镇化动力运行机制。

第一节 内化外部制度规范的动力重构

对于创新者来说，外在的制度性规范有时是一柄悬在头顶上的达摩克利斯宝剑，有时又是保护创新的激励性因素，是前者还是后者，在很多时候不是由制度来规定的，而是由创新者决定的：能够因地制宜、因时顺势、创新发展，就能够化规范为激励、化阻力为推力、化压力为动力；反之，则会受制于制度而百战不胜。对于城镇化模式的创新者来说，这里所谓的因地制宜、因时顺势、创新发展，就是依托制度性资源、利用制度性资源、推动自身城镇化发展的过程。在这个过程中，依据自身特点和需求，将外在规范性制度内化为可资利用的发展资源，是一个外在制度规范与内在乡土特征对接的过程，也是二者融合的过程，对接得是否顺畅，融合得是否到位，决定了城镇化模式创新发展得成功与否。J村的主动城镇化之所以能够取得不错的成就，皆归因于这个对接与融合的顺畅与完美。

从宏观上观察，20世纪80年代和90年代初期的我国，改革开放顶层设计建构的外部制度环境对整个城镇化的走向具有决定性的意义，因之而产生的政策体系之于城镇化实践的推动效应也是非常显著的，作为一系列典型的实践案例，1980年5月设立经济特区后的深圳、珠海、汕头和厦门发展历程辉煌，用神话般的发展奇迹从一个特定角度诠释了好的政策与实践领域辉煌成果紧密的正相关关系。经济社会实践成果同党和政府的路线方针政策之间的这种紧密型正相关关系，与我国基层社会对宏观制度环境以及对各层级政府部门主导的政策环境具有很强的依赖性息息相关，基层社会、民间领域的创造性成果，往往是制度与政策设计的附属产品。这种高度依附性客观关系事实存在的主要原因，或者说根本原因，来自两种性质不同的集权主义统治模式，其一是源起于我国封建社会初期的源远流长的中央集权统治传统，其二则是计划经济时期形成的集权主义治理模式。尽管这两种集权主义分属于不同时代，统治理念、发展水平、社会基础及目标追求等存在全方位的差异，但是，其建构的整体主义经济社会结构及其产生的实际效果却存在相同之处，其最大的相同点表现为国家与社会、个人之间的依附性不平衡、不对等的权利义务关系，即前者对社会与个人的主宰性特点和压倒性优势，以及社会与个人对前者的依附与被动状态，以及文化传统上的中庸文化特色。与之形成呼应的是全能型政府模式的建构和依附性民间社会的形成，以及缺乏创造冲动之芸芸众生的密集、流行与传承。因之，在改革开放初期的20世纪八九十年代，制度环境、政策推动之于我国城镇化的推进，之于重构适应新型城镇化发展的动力因素和动力机制具有举足轻重的作用。小平同志在“视察上海时的谈话”中，通过反思上海的发展过程，非常有针对性地谈到这个问题，他说：“上海人聪明，素质好，如果当时就确定在上海也设经济特区，现在就不是这个样子。”①

小平同志这句话，既点出了深圳、珠海、汕头和厦门四个经济特区得益于政策而迅速发展的事实，也点出了上海在1991年之前连续10年落后于全国平均发展水平的客观原因。正是基于这样一种判断，小平同志在“谈话”最后寄语上海人民：“希望上海人民思想更解放一点，胆子更大一点，步子更快一点。”② 从上海以后的发展历程来看，小平同志的这次谈话，具有巨大的促进作用，“1992年至1997年，上海GDP的增长速度在13-14%，大大高于全国的平均增长速度”③。

四个经济特区的发展奇迹和上海以1991年为分水岭的前低后高的发展事实，生动形象地诠释出制度环境及政策环境之于经济社会实践活动的规范、推动作用和动力再造功能。J村主动城镇化的崛起与推进，就

① 《邓小平文选》（第三卷），人民出版社，1993，第366页。

② 《邓小平文选》（第三卷），人民出版社，1993，第367页。

③ 吴祥华等：《试析上海经济13年发展与动因》，《上海党史与党建》2003年3月号，第16页。

是从村域城镇化的微观层面对制度环境及政策环境解放、规范、激励效应与动力再造能力的进一步诠释。换句话说，正是因为内化了良好的制度激励，才激活并重构了J村城镇化动力，改变了该村被动城镇化模式下的艰难困苦局面，开启了其主动城镇化进程，并在这一新型城镇化发展路径的推动下，实现了村域经济社会的迅猛发展。

具体来说，推动J村主动城镇化形成与发展的制度性规范因素，主要是指以改革开放为总特征的一系列富民、惠民规范和政策及具有政策性价值的讲话和许可。从各类规范、政策的来源看，既包括来自中央层面的，也包括来自上海市及M区和振兴镇层面的；从形态上看，既有正式的各种政府文件、法律法规，也有领导人在不同场合的谈话和指示，甚至可以包括相关领导机构和领导人的默许与沉默。所有这些制度性环境因素经由内化的过程，作用于J村领导与村民，共同建构起该村城镇化的新型动力，推动着该村主动城镇化路径的探索与创新。

一　改革开放的动力重构效应

纵览J村改革开放以来的发展实际，可以发现，改革开放政策对该村城镇化推动力的重构和持续推动，是一个作用效力和作用方式因时而异的持续过程。在20世纪70年代末和80年代初中期，改革开放的城镇化动力重构作用主要体现为解放与激励效应，当计划经济体制严重束缚农民的发展手脚，日益成为农村城镇化发展桎梏的时候，改革开放政策激励人们解放思想、打破枷锁、摆脱束缚，通过土地经营方式的变更，实现农村生产力的大解放。在这种氛围里，J村传统的农业种植结构不断得以调整，由传统的“三季农作物”调整为粮棉菜夹种模式；1986年以后，种植结构进一步调整，J村村民不再种植棉花，经济效益不高的油菜和早稻也被取消，蔬菜和单季稻成为主要经营对象，与之相对应，该村成为上海市“菜篮子工程”的重要参与力量和实际受益者。

J村主动实施种植结构调整的内在动因有两个：一是提高经济效益，二是降低劳动强度。按照该村村民的解释，就是种地“苦也么苦死、收入又不高”。因此，当外在环境，特别是政策环境允许农民自主选择种植对象的时候，市场意识、理性经济人角色便迅速进入，成为农民博弈市场的重要手段，也因之成为该村经济社会各项事业逐步崛起，并持续发展的重要支撑。从中我们可以直观地感觉到，制度环境之于农村经济社会发展的规范、导引与推动作用，通过农民这个中介体而传递到农村经济、社会及文化等各个领域，这是制度环境这一外在规范性因素在重构J村主动城镇化动力、推动村域城镇化发展时呈现出的基本作用方式。

在“工业下乡、农民进城”时期，即从20世纪80年代中期开始，至20世纪90年代中期为止的10年左右时间内，改革开放这一外来的制度性因素重构J村城镇化动力、推动该村沿着新型城镇化方向深入发展的作用，主要表现在产业选择权的赋予上，J村人可以根据自己的意愿和市场行情，进行产业结构调整。在这段时间，他们主动实施了“调一进二”的产业调整策略，在继续调整第一产业结构的同时，重点发展第二产业，在10年左右时间内，共兴办了大大小小近50家企业。不管其产业结构调整的即时经济收益如何，农民办企业本身就是一件有违传统农村发展“常理”的、符合农村城镇化一般发展样式的大事件，虽然J村人在这个过程中提出过这样的疑问：“农民不种地了，还是农民吗?”但对J村来说，改革开放这一制度性环境因素对其城镇化的推动与改造效应，还是在村民的思想领域、行为方式上表现出来，突出表现为给他们带来的具有颠覆性的巨大冲击方面，这为该村后来探索成功的主动城镇化成形模式奠定了良好的社会基础。

20世纪90年代中期以后，J村进一步进行产业结构调整，1995年开始推行“外三产、内工业”模式，后来则全力经营J村市场，形成“退一、退二、进三”的产业结构模式。J村的这一轮产业结构调整，既对应于中央给予上海市的一系列优惠政策和支持性政策，也对应着上海市彼时所进行的转变经济增长方式、大力发展第三产业的全局性产业结构调整。

总之，如果没有宏观政策的导引、推动与支持，J村以市场为核心的产业结构调整是不可想象的。从这个角度讲，我们认为，改革开放政策的持续推动是J村主动城镇化模式的重要动力性因素，它推动J村人，通过大胆创新，走出负债困境，形成村集体经济强劲的发展态势。

二 “上海谈话精神”的动力重构效应

邓小平同志有关“思想更解放一点，胆子更大一点，步子更快一点”的上海谈话精神，对J村城镇化动力的重构，进而对推动该村积极探索、实践主动城镇化模式具有巨大作用，对于这个问题，可以从如下几个方面予以解读。

首先，从上海市整体发展状况来看，改革开放初期，其经济发展的总体态势处于相对落后状态。例如，从1982年至1991年的10年间，上海GDP增长率为7.36%，比全国同期9.28%的GDP平均增长率落后1.92%，这样的发展格局与上海市在全国的整体地位严重不相称。造成这种相对落后发展状态的原因很多，主要客观原因可以归结为国家政策的关注重心南移，主观原因则是上海市本身在改革开放领域的谨小慎微；反映在农村经济社会发展领域，则是经济体制改革步子缓慢，直到1982年12月，上海市委才“宣布取消‘三不’（即不包产到户、不分田单干、不分口粮田）”政策，倡导在多数社队“总结推广‘统一经营、包干分配’的责任制形式”[①]。农村城镇化处于低水平缓慢增长状态，发展动力仍然来源于自上而下的政府推动。

邓小平同志的上海谈话，既揭示了上海市落后于全国平均水平的主要原因，也为上海市的发展指出了基本的努力方向。作为对这一谈话的积极响应，上海自此迈开了加速改革开放的步伐。与之相对应，农村经济体制改革也进入加速发展时期，在政府的引导下，其改革形式也因地制宜，以个体家庭为经营单位的家庭联产承包责任制，以规模经营为特点的专业户、专业组、专业队，以及以集体经济组织为主体的农业服务体系，联合成为推动上海市农村经济发展的主要力量和基本形式。也正是在这个时期，上海市域农村经济也进入较快发展时期，其发展成就可以从J村村民劳均收入的变化中得到部分说明，详细情况可参见图3-1。

从图3-1中可以明显看出，小平同志上海谈话后的第二年，也就是1992年，J村人均收入开始直线上升，从中我们可以体会到谈话前后的巨大变化，以及谈话内容对J村主动城镇化构建与完善的巨大推动作用。

其次，从J村村民自身角度分析，改革开放以后的他们具有强烈的求富心愿，并在想方设法致力于强村富民的行动，这从他们不断进行产业结构调整的行动中可以窥见端倪。

① 《上海市地方志》，http://www.shtong.gov.cn。

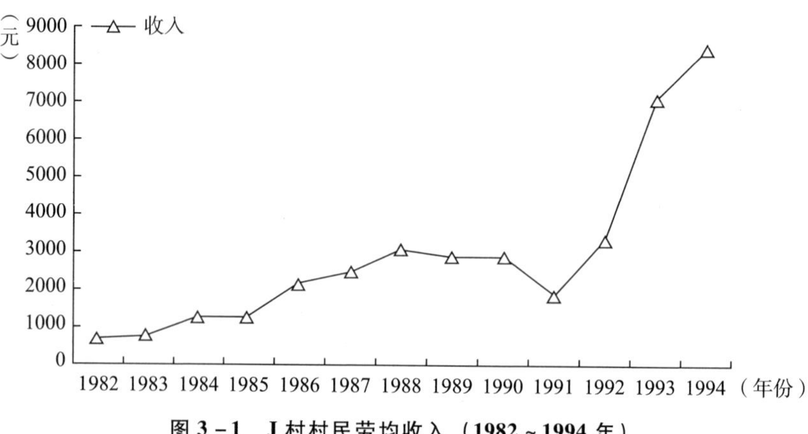

图 3-1 J村村民劳均收入（1982~1994年）

需要在此特别说明的是，在实地调查中，我们发现，时至今日，通过主动城镇化道路富裕起来的J村村民，包括"村两委"领导在内，仍然拥有挥之不去的、天然属于农民群体的保守思想和"唯上"与"畏上"心理。主要表现有如下几点，其一是守成意识较重，怯于涉足新的领域，例如，对企业上市存在强烈的提防心理，唯恐外资进入冲击村集体经济组织的控股权；其二是私密权泛滥，对外人，包括对我们这些被邀请进村的课题研究人员，严守村域内的信息，只是选择性地向大家展示他们认为可以展示的正面信息；其三是具有强烈的"正统化"意愿，把获得上级领导的认可当作村集体经济组织首要的运作目标，并力图将自己探索实践的主动城镇化道路纳入政府主导型城镇化正统模式，等等。虽然这些思想和行为有他们迫不得已之处，反映了农民的弱势者身份，但是，在这样的思想、行为主导之下，其创造性行为的产生和实现是相当艰难的。通过J村人富裕后的表现，我们可以合乎逻辑地推断其创业时期的基本状态，实际上，研究该村主动城镇化建构与完善的历程，一个很明显的体会就是，困境中的农民，是需要外力、强力推动的，这一事实，可以从其产业结构调整的动因上得到说明。

纵览该村产业结构调整的整体发展脉络，我们可以发现这样两个鲜明的特点，即1995年以前的产业结构调整，更多的是条件反射式的机械行动和从众行为，而在1995年以后，其产业结构调整凸显创造性特点。

所谓条件反射式的机械行动，是指J村人在第一产业内部所做的种植业结构的调整，他们选择种什么和不选择种什么的依据是经济效益，也就是说，是依据产品的市场结果所做的有针对性的选择，这种选择并不需要什么创造性智慧，只要能够把握来自市场的信息，并按照“刺激－反射”的简单进路予以正确反映即可。J 村人通过种植业结构的调整，有效降低了田间作业的劳动强度，同时，提高了经济收入。但是，这个提高的幅度是很小的，它没能让 J 村人实现村强民富的目标。

所谓从众行为，是指 J 村人所做的“调一进二”的产业结构调整，它发生于工业下乡的大背景中，是 J 村人在求富动机驱使下，在没有正确认识自身特点的前提下，盲目仿行周边村庄发展模式而产生的经济行为，J 村人的这一行动，不仅没能为他们带来预期的经济成效，反而种下了负债累累的现实恶果。

从根本上说，无论是条件反射式的机械行动，还是从众行为，都是改革开放大环境下的常识性行动模式，实践证明，通过这种行动模式，很难取得真正的成功，即便是侥幸成功，大多也是昙花一现。根本原因在于缺乏因地制宜的创新性，因而缺乏生命力。

J 村人创造性的产业结构调整行为，是发生于 1995 年以后的“退一、退二、进三”，是后来被凝练为“J 村市场”的村域内第三次产业结构调整。通过这次调整，J 村彻底走上主动城镇化发展道路，他们也通过这一发展路径，取得了迄今为止的丰硕成就。梳理这次调整的前因后果，可以发现，前村党委书记吴 × × 的贡献特别突出。换句话说，如果没有吴 × × 当时的选择和执着，就没有 J 村后来的新型城镇化道路，也更不可能有该村今天的突出成就。传统乡土社会中能人的作用及差序格局的信任与认同模式，在这里发挥了巨大的作用。

事实上，对吴 × × 选择的发展路径，当时的 J 村村民，包括当时“村两委”中的许多成员是不理解的。村民的疑问是：“造这么宽的路干什么?”以及“农民不种地了，还是农民吗?”村干部“意见也不统一，会上争论很激烈，会后私下里的沟通结果往往谁也说服不了谁”①。就是在这样的情况下，吴 × × 认定的发展准则是：“穷不可怕，怕的是没有志气、没有思路”，“要是再不转变观念，就会跟不上形势、就会被淘汰”，等等。正是吴 × × 在熟人社会中集聚的人脉关系和可信任的个人才干，

① 参考蒋波等的纪实文学作品，该作品由上海人民出版社于 2007 年出版。

才帮助他说服了村民，使之能够将自己的主张化为全村的集体行动。而吴××执着的这些准则，部分来自他自己的生活感悟，更多的则是对小平同志上海谈话内容的深层次理解。时至今日，我们在与他接触的不同场合里，还经常听到他用“思想更解放一点，胆子更大一点，步子更快一点”来总结J村经验，展望并设计该村未来发展道路。从中我们可以看到，小平同志上海谈话的这一思想，是与处于发展十字路口的农民对接与融合的，从而使之跳出传统的村域经济社会发展模式，创新城镇化发展路径，实践新型城镇化模式。正是在这个意义上，我们发现了“上海谈话精神”作用于J村城镇化的动力重构过程。

三 熟人社会中的“硬”发展

在熟人社会中存在各种各样的“非正式制度”，这些“非正式制度”有时能够发挥重大的推动作用。在J村主动城镇化模式创新过程中，也存在这种发挥重大推动作用的“非正式制度”，它主要是指J村在探索主动城镇化发展模式初期，层级不同的上级领导对他们的探索实践所给予的默许与不反对的策略性相配合，我们将之命名为“不说话就是默许的保护与推动效应”。

在J村人的发展理念中，“硬发展也是道理”居于重要位置，甚至可以说是居于首位的发展理念。从这一理念的思想来源分析，它是对邓小平同志“发展是硬道理”的套用和演绎；但从其本身所内蕴的主旨分析，则与后者有着天地悬隔般的差异。“发展是硬道理”的含义已是尽人皆知，它强调了发展之于当代中国的巨大意义。而“硬发展也是道理”的玄机却在一个“硬”字上，结合J村发展的实际，对这个“硬”的含义可以理解为：只要能够发展村集体经济，只要能够给村集体和村民带来好处，政策允许的则一定要发展，如果政策不允许也要想方设法谋求发展。吴××在兴办J村市场时为激励村干部所做的“杀头坐牢我顶着”的表态，较为形象地诠释出“硬”字的含义。

“硬发展也是道理”揭示了J村创新主动城镇化发展路径的艰难，但是，它同时也揭示出该村在探索与创新主动城镇化发展路径时的一个重要推动因素——熟人社会孕育产生的政府官员的默默支持与保护。可以这样说，通过“硬”发展而创立的J村主动城镇化模式，在其前行的关键点上，有着对既存政策的不断突破，因而与既存政策存在冲突，有时，这种冲突还带有严重的性质。可以想象，如果没有各层级政府及其工作人员的“策略性配合”，J村的主动城镇化会以一种怎样的结局收场。J村市场的上马与建设，比较典型地展现出“硬发展”的生命轨迹。2005年4月，央视国际在采访吴××时的一段对话，将这个案例的“硬”具体化了。

主持人：吴书记，刚开始建市场，建的是一个什么市场？

吴××：是农贸市场。农民建市场，上面有不同声音。

主持人：当时你是工商所的所长。

张志勤（时任振兴镇工商所所长）：是的。当时村一级不能办市场，当时他办了一个J村商行，以商行的名义办了一个农贸市场。

主持人：你明白他是挂羊头……

张志勤：他打了个擦边球。

主持人：你身为执法人员，很清楚他在打擦边球，你是什么态度？

张志勤：我认为政策将来会放开，农村办市场是个必然趋势，我全力支持他，没有去查处他。[①]

J村市场的“硬发展”体现在两个方面，其一是“硬上马”，其二是“硬建设”。所谓的“硬上马”，也包含着两个方面的内容：其一是指在没有政府建设规划支持和允许的情况下，J村人根据自己的调查与判断，自作主张，硬性上马J村市场；其二是在上级领导善意规劝和不批准的情况下，在责难之声不绝于耳的氛围里，他们在吴××“杀头坐牢我顶着”的表率下，毅然决然地走上办市场的发展道路。而所谓的“硬建设”，则是指J村在市场建设过程中，采用打政策的擦边球的办法，在市场用房建了被拆和被拆后又建的拉锯战中，逐步制造出一种既存事实，从而在政府能够容忍的极限范围内，J村发展成今天的模样。

① 央视国际：《吴××：J村官 造就上海亿元村榜首》，http://news.163.com，2005年4月28日。

J村市场之所以能够在“上马”与“建设”两个方面实现了“硬发展”，其操作策略是一个关键因素，但是，更为关键的因素应该是政府部门的默许和不坚决反对的态度。分析当事人事后的回忆材料可以发现，J村的“硬上马”是在与上级领导多次沟通后的选择。例如，在与上级领导沟通的过程中，当有领导劝吴××得到规划允许后再办市场时，他做出如下两种回答：其一是“可是我们等不起啊”；其二是“就让我们试一试吧”；当上级领导不松口、不表态时，吴××把它当成了一种默许，随之开始了“硬上马”。从当事人这些事后的回忆中可以推知，J村的“硬上马”，既没有瞒天过海，也没有暗度陈仓。而当有人指责、非议J村的发展路径，认为吴××“另搞一套”“不听话”时，政府部门也没有勒令他们下马或改弦更张，也“没有去查处他”，因之，J村的主动城镇化发展路径才得以生存并不断壮大。从中我们可以看出，政府采取的不说话的态度，对J村主动城镇化起到保护与推动效应。

在市场“建设”过程中，J村人采取了“做了再说”和“做了也不说”两种策略，以便造成既成事实，如果政府部门来强行拆除，则采取表面配合、暗中再建的态度；如果政府部门不管，则顺水推舟，逐步发展。实际情况是，J村的“违规建筑”，只有很少一部分被强制拆除，大部分成为J村市场今天的发展基础。所以，政府对其“硬发展”行为睁一只眼闭一只眼的态度尽人皆知，按照J村人的说法就是：“楼房就摆在那里，他们人天天来来往往，怎么可能看不到！”①

实际上，政府及有关部门对J村主动城镇化的态度与做法，并不是不作为或者是作为不到位，一方面，是在社会主义初级阶段这一特定的历史时期，实实在在地贯彻与执行邓小平同志“不争论”“允许试”等发展思想，是对一时还难以判断的新出现事物的一种谨慎性保护，这种保护，加之于亟待改变贫穷面貌的农民身上，其推动性作用是难以估量的。可以这样说，J村今天的发展成就，很大程度上得益于上级政府的这种保护性沉默。我们认为，借用这种大家心知肚明的“不说话就是默许”的文化传统，处理J村的“硬发展”问题，是当时政府相关领导者政治智慧和领导艺术的匠心独运，正是在这类非正式制度的保护与推动

① 资料来源于我们对J村村民（W－jln¹t）等的访谈笔录。

下，J村才能够成功地探索主动城镇化发展路径，才能够实现强村富民的发展目标。另一方面，则是熟人社会中固有的游戏规则特别是信任关系在新的历史时期发挥了积极的作用，在这里，我们可以感觉到存在于村民、政府与主动城镇化模式之间的这样一个发展逻辑圈：村民探索新型城镇化发展方式—政府做出制止性反应—村民策略性应对—政府官员默许—城镇化动力重构—主动城镇化发展模式巩固与发展。

第二节　内化外部拉力的动力重构

乡土社会的两个重要特点就是它的地方性以及由此衍生出的差序格局的社会关系结构特征，地方性使“村民在共同居住的基础上，产生一种认同的力量，并通过这些认同力量把大家维系在一个集体之中，让居民感受到村落就是他们共同的或共有的环境”[①]。而差序格局的社会关系则具有“一个人为了自己可以牺牲家，为了家可以牺牲党，为了党可以牺牲国，为了国可以牺牲天下”[②] 的自我主义特点。客观地讲，这两个特点具有很强的自私性、封闭性，甚至是落后性，不利于乡土社会的开放与发展，但是，在城市化语境中，特别是在以村庄为单位的主动城镇化创业环境中，这两个特点就产生出意想不到的效果，发挥着意外的积极效应：对外部拉力的强烈喜好和积极重构。

纵览J村城镇化历程，可以很容易地发现，其特殊的区域位置使之直接地和强烈地接受了来自上海这个国际性大都会的巨大吸引力；同时，也使之直接感知到政府主导型城镇化的成就，并将这种感知转变为主动城镇化的推动力。换言之，立足于乡土社会的J村主动城镇化，其启动和推进，既与上海市的强烈存在密切关联，也与政府主导型城镇化的强烈存在密切关联，它们从不同的方向和侧面，成为重构J村城镇化动力的强大拉动力，是该村成功探索出主动城镇化发展模式的重要外部动力。

---

① 陆益龙：《乡土中国的转型与后乡土性特征的形成》，《人文杂志》2010年第5期，第161～168页。

② 费孝通：《乡土中国　生育制度》，北京大学出版社，1998，第29页。

一　城市拉力的重构效应

从上海市的强大存在这个角度说，J村城镇化实践获得了包含两方面内容的城镇化发展拉动力，关于这方面问题，我们可以用极化效应和扩散效应并辅之以“推－拉理论”予以解释。

极化效应对于J村城镇化推进所发挥的推动作用，是一个无心插柳柳成荫的意外之喜。当上海市区因其不断地强大而吸引各种生产性、服务性乃至生活性要素迅速集聚的同时，其交通通信系统、城乡基础设施等也迅速发展与完善。与之相对应，庞大的人流、物流和技术流的沉淀与聚合分散所形成的庞大市场需求，为J村城镇化发展模式的探索与实践提供了千载难逢的新型动力，J村人正是抓住了这样的城镇化动力重构机遇，抢建J村市场，才逐步走上适合自身发展实际的主动城镇化发展之路。

扩散效应对于J村城镇化动力重构的推动，表现在两个方面，其一是不成功的工业化发展道路选择，其二是已经取得成功的市场建设模式。很明显，20世纪90年代前后的J村，之所以能够上马近50个工业项目，采取工业化的发展模式，其优越的地理位置所带来的承接大城市剩余和扩散的工业发展能力，是最为关键的因素，虽然结果不好，但是，来自大城市扩散效应的拉动作用，是非常明显的。关于其成功的市场建设模式，来自上海这个国际性大都市的拉力更加显而易见，例如，信息的畅通、市场经营经验与人才的获得等。特别重要的是上海市区散发出来的市场和商机，以及在这样的场域中自然生发的有利于第三产业发展的诸多刺激性因素，都是不可多得的、因区位优势而产生的天然发展优势，如果将之和我们下面将要谈到的政府主导型城镇化拉力相联系，则其实际价值就能够得到更好的诠释。

另外，J村主动城镇化所承接的城市拉力，也能够用“推－拉理论”做出一定程度的解释。虽然该理论更加注重乡城人口的流动，重点强调城镇化过程中农村人口的流动轨迹及内在机制，但是，下面两个原因的存在，使之能够在更为广泛的领域，解释我国农村，特别是在具有J村这种区位特点的农村，城镇化过程中所承接的城市拉力。原因之一在于，“推－拉理论”产生于市场机制是唯一重要的城镇化动力的西方社会，其关注重心虽然是人口的迁徙，但是，这种在人口身上起作用的市场因素，同样适合于市场经济条件下人口迁徙外的其他事项，例如，经济发展、社会变更，等等。因此，对市场经济条件下我国农村新型城镇化的研究具有普适价值。原因之二在于，直至20世纪90年代中期，我国还是非常顽固的、被户籍制度刚性化了的二元制社会，农村人与城市人所具有的不仅是地域差别，也不仅是工作性质和工作场域的差别，更主要的是一种身份上的差别，农民的身份既与其社会地位相联系，也与农村的生产方式、生活方式、价值观念等诸多因素相捆绑，在这些纠缠在一起的众多因素中，其标志性因素就是与其生存相联系的地域因素。时至今日，这种联系虽然被人数众多的农民工不断冲击，但是，出生在那里仍然还是一个决定性因素。这种特殊的制度安排和制度本身的惯性特点，使得农村人口的流动轨迹和流动机制，在城镇化进程中具有全局性意义。因此，“推－拉理论”能够对我国农村新型城镇化发展动力问题做出解释，至少是一定程度的解释，以之理解J村主动城镇化过程中经历的城市拉力重构过程，就具有较为方便的理论价值。

上海这个国际性大都市给予其郊区村——J村城镇化的拉动是全面的，既包括上文我们所分析的极化效应和扩散效应所发挥的影响作用，也包括其他方面的影响因素。例如，城市功能齐全的基础设施和便利的公共服务，城市工作岗位的轻松、稳定、高收入和多福利，城市生活方式的规律与体面，等等。它既包含生产方式方面的内容，也包含生活方式等方面的内容；既有物质性因素，也有精神性因素，可以说城市作用于J村经济社会发展的拉力是全面的和多维度的，再加上区域位置的毗邻，使得这种拉力效应被无限度放大，因之，对该村主动城镇化的形成和发展发挥着重大的推动作用。

用J村村民对主动城镇化前后两个时期的生活评价来描述城市拉力的话，就是：

过去“做煞死，但还是很穷”，现在“城里的上班下班生活不一定比J村好，还有人下岗，所以城市生活不一定好，那些做生意，炒股的可能过得还比较好一点。个人认为J村的生活也很好，钱也不少，用小沈阳的话说是，不差钱”。①

① 资料来源于我们对J村村民（Y－jzn^{1}z）等的访谈笔录。

概言之，我们认为，J村的主动城镇化吸纳了来自上海这个特大城市的巨大拉动力，这些拉力以不同的形式和内容，在不同的时期，发挥着自己显见的功能，尽管可能存在反功能，但是，如果没有这些拉力，J村的城镇化就缺乏适时可用的新型动力，就没有明确的推进方向，更没有创新性发展模式。从这个意义上思考，我们认为，J村之所以能够创新出主动城镇化发展模式，城市拉力对具象化为村民意识结构、行为方式等的城镇化发展动力的重构是具有举足轻重意义的因素。

二 政府主导型城镇化拉力的重构效应

从政府主导型城镇化的强烈存在角度说，J村主动城镇化吸纳的拉动力因素，更具有西方学者所谓的“集体主义”动力类型特征，其主要表现是以上海城区摊大饼式的扩大，以及因之形成的影响。

如果按照影响力大小排序，我们认为，对J村主动城镇化发展具有重大影响的因素，首推房地产业，其次是城市基础设施的扩建，最后是不断增加的人口流。

首先，从房地产业角度看，随着政府主导型城镇化的推进，上海市城区面积迅速扩大，J村距离上海市区的距离，从20世纪90年代初的10公里左右，不断缩小，直至变化为目前的零距离，甚至是城中村。其间，因区位的变化，J村周边空间区域的房地产价值不断走高，房地产热在此日趋升温，这是J村能够从第一、第二产业退出，成功进军第三产业，特别是兴建以建材、装潢为主的综合性大型批发市场的天赐良机和充要条件。

其次，从城市基础设施的扩建角度看，随着上海市城区空间面积摊大饼式迅速膨胀，J村村域周边城市道路交通基础设施、通信设施及其他市政设施，无论是在数量方面，还是在质量方面，全都迅速到位。对于J村主动城镇化的探索与发展来说，无异于“喜从天降”——短时间内，在没有多少成本投入的前提下，村域经济社会赖以发展的、必备的、最基础的硬件设施问题，在政府主导型城镇化的推进中被迎刃而解，从这个角度说，J村的发展，实际上是搭了政府的便车。俗话说：要想富，先修路，而对于J村来说，则是：先有路，然后富。这种发展逻辑的变化，充分说明政府主导型城镇化对J村主动城镇化的巨大拉动作用。

另外，与城市基础设施的扩建并行的，是城市公共服务体系的同步建设与推进，这也在无形中为J村的发展提供了强有力的现实支撑：在满足J村村民各种公共服务需求的同时，也为进入J村的市场经营人员解除了后顾之忧——外来人口在城市或异地工作中难以解决的众多难题，例如，就医、就业、子女就学等问题，能够被一揽子解决。村民及外来人口公共服务需求的良好满足，是J村主动城镇化取之不尽的活水源头，也是其稳步推进的稳定器和润滑剂。

最后，从不断增加的人口流角度看，政府主导型城镇化对J村主动城镇化的拉动作用，也不容低估。关于这个问题，我们可以从J村于1999年举办的“99振兴庙会大型灯展暨J村批发城招商会”案例中得到说明。

J村为什么要在1999年举办一个大型灯展？关于这个问题，他们在灯展结束后的书面总结中给出了答案。

> 在实现市场村的实践中，我们清楚地意识到发展商业，尤其创办大规模专业化市场，必须要有大量的人流、物流、信息流和消费者，客观地正视我村大规模发展商业中的几个薄弱点：一是商业崛起时间不长，属新办型，因此，知名度不高，影响力不大；二是毕竟是郊区，居民住宅比较松散，而且两头瓶颈式的地理位置，存在着比较不直观的缺陷，发展商业有一定的难度；三是商场如战场，市场竞争异常激烈，周边市场如雨后春笋般迅速增多，真可谓四面受敌；四是如果不在现有基础上扩大，原有业主和消费者会被其他商业点吸走，造成“逆水行舟，不进则退”的后果；五是如此巨大的投资没有人来租房，不但效益上不去，反而会造成不良的后果，通过正反两个方面的对比，感到聚集人气、扩大影响是培育市场、提高效益、加快形成商业氛围的一项非常重要的工作，也是当务之急的事情。①

① 资料来源于J村内部材料：《99振兴庙会大型灯展暨J村批发城招商会书面总结》。

分析J村人自己给出的答案，可以很清晰地感知到当时制约该村主动城镇化发展的主要瓶颈，那就是缺乏人气。换句话说，就是人流量严重不足，因此，他们需要利用在当地民众中依然有很大影响的“振兴庙会”，实现其聚集人气、扩大影响，进而培育市场、提高效益、加快形成商业氛围的目的。

从实际效果看，J村人通过这项活动，初步实现预期目的，从而使自己的主动城镇化道路开始走向正确的轨道。令J村人没有想到的是，他们费尽心力、投入巨资追求的扬名气、聚人气、招财气的愿望，会因为政府主导型城镇化的迅速推进而一蹴而就——城镇化既将城市基础设施、公共服务推进到J村村域周边，也将大量的居民小区“空降到”J村村域周边，冷清的郊区J村好像一夜之间被移植到繁华的城市中心，期盼中的人口流携带着大量商机，将该村主动城镇化模式拉入发展的快车道。因此，可以说，政府主导型城镇化拉力，不仅给J村带来了发展的机遇，而且，从根本上改变了J村的发展环境，重构出一个充满生机与活力的城镇化发展动力机制。

第三节　内部结构性压力下的动力重构

正如上文所示，主动城镇化之前的J村，承受着非常巨大的发展压力，且不说发展工业不当产生的沉重债务负担，就是在此之前，他们也一直处在“做煞死，但还是很穷”的状况之中，而传统乡土社会安土重迁的惯习和由此形成的低流动性，规定着他们的生活空间与努力的方向、模式。因此，寻找到一条发展农村经济、一劳永逸地摆脱贫困、过上城里人舒适生活道路的愿望和努力，是该村走上主动城镇化探索道路的内在动力，或者称之为来自乡土社会的城镇化“推力”。在这些推力因素存在和发挥作用过程中，原本内蕴在该村里的主动城镇化发展动力因素被不断发掘出来并得以整合、重构。

我们认为，“推－拉理论”之所以得到我国学界许多人的认可和追捧，排除掉些许不理性的因素以及该理论本身的生动性、易懂性特点以后，与我国农村城镇化主要影响因素作用方向的粗线条契合，是主要原因。因此，我们借用这一理论，结合J村主动城镇化的内在原因和发展历程，采用“压力”和“推力”两个核心词语，诠释该村富蕴乡土性的内部城镇化动力因素的重构与重构效应。

一　压力催生探索动力

压力和动力之间到底是因果关系，还是相关关系，抑或是虚无关系，恐怕要因人而异。俗话说的没有压力就没有动力，应该有两个基本前提：其一，压力不能太强大，否则，超出受体可承受的弹性限度，就是弹簧，也只能以毁坏而告终；其二，受压之人要具有承受压力，甚至是承受超高压力的性格禀赋，否则，压力就是灾难。纵览J村主动城镇化的发展过程，我们认为，一方面，J村有一个非常能抗压的领头人，在他的带领和影响下，J村人也变成一群敢于面对压力的集体；另一方面，这个抗压群体，集合大家的努力，将一般人难以承受的压力转换为发展的动力，并在以后的奋斗历程中，通过自我加压的方式，构建起压力和动力之间的相关关系，即生存与发展压力促使J村人探索主动城镇化的出路，反过来，主动城镇化的探索、发展与完善的追求和实践，让J村人自我加压，以期能够保持良好的发展态势，取得更大的经济社会成就。

具体来说，J村人在压力作用之下生发的探索动力与努力，也就是促使该村实现城镇化动力重构的域内各方力量合力而成的推动力，可以被明确地划分为前后相继的两个阶段类型，一是从困境中奋起，二是在探索中寻找出路。前者可以用吴××的一句话予以描述，他说：

> 苦难和处境摆在我们面前，多讲也没用，关键是团结一致、坚定信念，想出摆脱困境的有效办法。①

后者则是一个过程，包含着一系列探索努力。我们可以通过几个关键的节点来发现J村人化压力为动力的历史事实。

节点之一：找到“病根”、对症下药。对J村人来说，能够在重压之下奋起，是其走向成功的第一步，但是，更为关键的是如何奋起，如何通过正确道路的选择和走正确的道路，以保证探索的成功。当时的J村，

---

① 资料来源于J村内部材料《J村党支部2000年工作总结》。

实际上已经处于崩溃的边缘，如果在接下来的探索性实践中不能够走出债务的泥淖，而是再次陷入债务危机，其发展之路可能就此被关闭，其未来的走向可能就是等待被城镇化，以及在被城镇化进程中走向消亡。关于这样的潜在危机，J 村人来不及仔细思考，但是，实践中的他们，通过自己的精细和慎重，通过群策群力和反复研究、讨论，找到了危机的“病根”，认识到，在搞工业期间形成的“联营关系的旧结构”是 J 村债务缠身的罪魁祸首。因为，当时该村所谓的联营，纯粹是一种依附性工业发展模式：农方负责提供土地和贷款担保，外来投资方负责设备投入、经营管理、财物管理等所有与工业发展有关的重要事务。在这种联营格局中，农方的唯一权益就是收取固定的土地年租金，但是，其承担的责任和承受的风险却是巨大的，且不说工厂生产带来的诸如环境影响等关乎未来发展的诸多环境及社会问题，仅就银行贷款担保者的角色来说，其承担的风险就是巨大的：如果企业欠贷、逃贷、破产或者发生其他不还贷款的情况，J 村都将因此背负上一笔莫名其妙的银行债务。实际上，“J 村所欠 1780 万元外债中，绝大部分就是由此而来的。更有甚者，有的来搞联营的人，其目的就是为了利用农方的名义到银行贷款，随即套现获得大额资金挪作他用”①。

因此，这种依附性工业发展模式是不公平的，也是没有前途的，甚至是一个陷阱，在找到“病根”后，J 村人立即采取措施，对症用药。对于这段历史，他们在 2000 年所做的五年工作总结中，做了如下描述。

> 于是快刀斩乱麻，果断决策出结束联营关系的旧结构，经过与各联营厂工方的艰苦谈判、协调，一种合作形式、租赁性质、独资管理的模式应运而生。搬掉了阻碍村经济增长的绊脚石，寒凝的大地焕发出了春华，村的坏账到此基本结束，制止了经济滑坡，收入开始稳定增长，经过 19 个月的奋力拼搏，还清了所有的债务，讨债人从此销声匿迹。②

① 参考蒋波等的纪实文学作品，该作品由上海人民出版社于 2007 年出版。

② 资料来源于 J 村内部材料《探索新丝路　垒建新高地》（2000 年 3 月）。

从该村2005年工作总结中的这段话语中，我们可以感觉到J村人在摆脱“联营关系的旧结构”后，在新的发展模式中，工作的积极性和工作成效，以及还清债务后的自豪感、成就感和轻松感。我们也可以从中感知到，在巨大的生存压力面前，J村人所爆发出的潜力和能量，由此也可以推知，当这种潜力和能量被充分调动和进入正确途径后所能够产生的强大生命活力。

节点之二：发展三产、转移二产、调整一产。对J村来说，这一节点是他们在此后的发展过程中能够不断取得成功的关键。换句话说，得益于此时的产业调整，J村才走上主动城镇化的坦途。

在这个调整过程中，J村人采取的主要措施是创建“三场一路”，剖析“三场一路”的内容，可以发现，此时的J村，主要经营的已不再是农业，也不再是工业，而是服务业——除了养鸭场可以归结为大农业领域的养殖业外，另外的“两场一路”全部是第三产业的分支内容。而且，随着时间的推移，养鸭场也因为比较效益低下、市场竞争激烈而被放弃，所以，“三场一路”实质上就是以第三产业为追求的一种产业结构调整。

J村之所以在此时做出如此内容的产业调整，完全是对当时发展形势理性思考的结果：“做煞死，但还是很穷”的实践证明，农业比较效益低下，在不断失地的背景下，搞农业更是前途未卜；负债累累的实践证明，搞工业不是他们的强项，其前途也非常迷茫。因此，对他们来说，搞服务业就成为没有选择的选择，而吴××个人所承继的家族经商传统和对城镇化所释放出的商机的理解与把握，将他们推离农业和工业，而逐步走上第三产业的发展道路。

节点之三：举办活动聚人气。自“三场一路”开始后，J村集体经济逐步整体进入市场业：通过建设J村市场，实现富民强村目标。但是，在创建市场过程中，他们遇到了一个最大的难题，即因为交通问题和区位问题而衍生出的人气不旺的问题。没有人气，就没有名气，就招不来财气，因之就不可能发展市场业，在这样的压力面前，J村人迎难而上，巧借振兴庙会的力量，为市场业的顺利推进奠定了坚实的基础。

找准“病根”、对症施药，发展第三产业、转移第二产业、调整第一产业和举办活动聚人气，是J村主动城镇化发展历程中具有全局意义的三大关节点，在某种意义上甚至可以说，它们是J村主动城镇化发展历程中的三大转折点，因为在每一个关节点之前，J村经济社会都面临着严重的困难，而在每一个关节点之后，该村经济社会都被向前大大地推进了一步。当然，在关节点时期，推动村经济社会发展的动力主要不是外力，而是在村领导带领下的整个J村人，是他们审时度势、在弘扬自己的主体性、充分发挥自己主观能动性的基础上，智慧地借用外力，进而克服困难、迎难而上的结果。压力就是动力、压力越大动力就越大的发展逻辑，在主动城镇化的J村人身上得到完美诠释，促使该村城镇化由以等、靠、要为主特征的旧型模式向以主动、主体和创新为主特征的新型模式转变的动力因素，就在这样的压力向动力转换过程中实现重构。

二 压力催生自我完善动力

压力就是动力，压力推动J村人不断克服困难，并在克服困难过程中取得一个又一个的发展成就，这是J村人展现在世人面前的可贵品质。但是，更为可贵的是，他们并不止于已有的成就，而是在取得丰硕成就的同时，不断自我加压，按照J村人自己的说法，就是“有条件必须成功，没有条件创造条件也要成功”。如果按照J村发展的实际情况来分析他们上述说法，可以发现，在发展的初期，他们具备的条件是宏观政策的鼓励和客观条件的支持，不具备的条件是指自身实力的不足，特别是资金的限制和人才的匮乏。在这样的条件下，他们通过扬长避短、借用外力、内部挖潜，取得了发展的开门红。在取得一系列重大发展成就以后，在主动城镇化道路上阔步前进的时候，该村更关注的是未来可持续发展问题，是在竞争激烈的环境下，如何快速、高效、健康发展的问题。换句话说，J村人并没有满足已经取得的成绩，他们不像传统农民那样，小富即安，得过且过，而是着眼长远。因之，在“入门并不难，深造也是办得到的”[①] 感悟中，不断自我加压，从而能够在居安思危中不断寻

① J村村民委员会：《99振兴庙会大型灯展暨J村批发城招商会书面总结》（1999年5月）。

求进一步发展和逐步完善的方法与路径，J 村独具特色的新型城镇化发展模式也因之进入不断提高与完善的良性发展轨道。

在这个过程中，具有典型意义的标志性事件有很多，最值得研究的是两次股份制改革，市场衍生产业的经营与建设，以及他们对主动城镇化发展路径的自觉反思和深入追问。

（1）自我加压的股份制改革

J 村的股份制改革是 J 村人基于对集体经济的组织形式和实现方式的结构与运行状况反思之后的创造性选择，是他们在摆脱了沉重的债务负担，找准了主动城镇化发展路径，实现了集体经济腾飞的前提下，对更高质量和更高水平的城镇化发展模式的一种追求。为了实现这一追求，他们在上级政府部门的指导下，在吴××“慢不得，也急不得”的操作理念主导下，自 2003 年开始，经过将近三年的努力，完成了村集体经济资产“第一块”（J 村原牛头浜管理区的集体资产，约占村集体总资产的 20%）的改制任务。

对于一个正在高速运转且运转状况良好的、刚从负债困境中走出几个年头的村集体经济组织来说，对于一群基本没有现代企业经营理念，也没有相关的知识准备和实践准备的农民来说，搞股份制改革，无疑是冒着很大风险的，搞不好，村集体经济就将重新陷入困境，而且，这个重陷困境的可能性是非常大的。实际上，当时的 J 村人，特别是其领头人，对股份制改革失败的可能性是有充分估计的，因此，才有吴××“急不得”的告诫之语。但是，传统的经营方式毕竟有很大的弊端和发展局限性，特别是对农村集体经济组织来说，因源远流长的小农经济所沉淀而成的农民意识和农民的集体行为，具有特殊的历史局限性，所以，发展到一定阶段，体制性和制度性障碍就成为农村集体经济组织绕不过的一道坎。经过几年的发展实践，经过对我国其他地方农村集体经济发展经验与教训的总结和思考，J 村人“明知山有虎，偏向虎山行”。吴××所说的“慢不得，也急不得”，显示了彼时的 J 村人，为求得更好的发展，勇于开拓的胆识和干劲，正是这种“自寻烦恼”、自我加压的自我完善努力，才使得 J 村集体经济能够在竞争激烈的环境中，保持持续的高速、健康发展。

通过对“第一块”集体资产的村股份制改革，J 村人积累了改革经验，从而为村集体经济全部资产的股份制改革奠定了基础、准备了条件。

（2）市场衍生产业的经营与建设

在J村，经营市场衍生行业，既是对J村主体市场发展所释放出的商机的一种敏锐认识和及时把握，也是为促进市场主体本身的进一步发展所应该提供的配套业务，所以，从这种意义上说，将市场衍生行业纳入村集体经济的事业范围，既是必然的，也是必需的。但是，这种看似顺理成章的发展变化，对J村人来说，却是一个巨大的挑战，我们可以从三个方面来理解这个“挑战”的含义。

其一，有没有能力发现这些商机，是一个大的挑战。这个挑战，更多的含义是针对农民的能力、智慧而言的。在学历不高、知识有限、见识不多的农民群体中，能够因时顺势、抓住机遇，从负债累累的困局中走出，已经是一个奇迹，在创造奇迹之后，再让他们更上一层楼，不但抓住当下看得见的商机，而且抓住属于未来的、需要很多专业知识储备方能发现的潜在商机，就超越了他们应有的能力边界，属于强人所难了。但是，J村人通过自己的努力，并通过积极引进“外界智慧”，在自己的能力之外，抓住并将这些商机成功经营为效益显著的事业，其对自己的挑战和应对这些挑战的能力和智慧，是令人钦佩的。

其二，有没有意愿承接这些商机，也是一个大的挑战。这个挑战，主要是针对J村农民的胆识和进取心而言的。当村集体经济取得巨大的发展，当自己的生产、生活水平明显优于周边村，甚至优于上海市普通城市职工的时候，还愿意不愿意为了更好的发展去冒险，再去艰苦创业，这也是一个需要有很大勇气才能直面的问题。

其三，有没有必要经营这些项目，又是一个大的挑战。这是对他们是否具有战略性眼光的一个挑战，因之是对其综合能力与综合素养的极限挑战。小富即安是农民的常态，从当时J村的发展实际看，J村农民不仅不是小富，也不是一般的富裕，而是巨富。巨富之下有没有必要再去经营其他项目，可以不可以守住主项，抓牢主项，以保持稳定的富裕状态，对当时的J村人来说，也是一个大的挑战。J村人，特别是其领头人的高明之处就在于，他们清楚这样的一个基本事实，那就是：在激烈的市场竞争氛围里，守是守不住的，正如逆水行舟，不进则退。因此，他们从战略的高度，在紧抓主项不放松的前提下，积极主动地开拓市场衍生行业，充分显示出他们能够自我加压、不断进取和不断完善的品质。

（3）对主动城镇化发展路径的反思和追问

对主动城镇化发展路径的自觉反思和深入追问是J村人在压力之下追求自我完善的非常好的例证，也是他们积极寻求与政府主导型城镇化对接的重要努力。

J村人自1994年底开始，便致力于开创适合自己特点的城镇化发展模式，经过十几年的努力，到目前为止，属于他们自己的主动城镇化模式已经显示出强大的生命力，不但使他们走出债务泥淖，而且还将他们村综合实力提升到上海市百强村的首位。在全国范围内，他们也是名声显赫，中国经济十强村、“中国名村”等荣誉称号，从一个侧面证明了该村的综合实力，也间接证明了该村所走的主动城镇化道路的价值。

J村人从实实在在的发展成就中看到了主动城镇化的价值，也认可它的发展潜力，并能够主动设计和积极把握其未来发展趋势。但是，在他们的内心深处，却时时有一个巨大压力挥之不去，并成为影响他们进一步探索的严重障碍，这个压力，就是他们对自己探索的主动城镇化发展路径合法性、合理性的不自信和怀疑，并因为这个怀疑的存在，而对未来发展前途忧心忡忡。

从根本上说，J村人的这个压力，是所有探索者都会遭遇到的主要压力之一。当然，对不同的探索者来说，压力产生的原因是不尽相同的，从J村人的角度分析，压力形成的主因来自政府官员的不重视和不认可，来自村集体经济发展过程中频繁地打擦边球、“硬发展”操作策略。在实际工作中，这两个原因之间又相互激发，以至于形成了一种互为因果的循环效应，即政府官员不重视和不认可，导致J村人打擦边球和“硬发展”；J村人打擦边球和“硬发展”的行为，引起政府部门的不满和怀疑，从而加重政府官员的不重视和不认可。这是一个看不到终点的封闭型循环，如果任其发展下去，J村主动城镇化发展前途，就存在一个黑暗的预期，J村人实实在在地感受到这个预期的存在，因之，承受着日见沉重的压力。在这个压力面前，J村人采取积极主动策略，通过各种途径，一方面，反思自己的主动城镇化路径；另一方面，寻求完善主动城镇化的路径，从而确立该路径合法性、合理性的根基，实现村域集体经济的健康发展。

应J村党委的邀请，我们的研究团队曾经在笔者读博士研究生期间的导师纪晓岚的率领下，承接了“M区J村主动城市化发展研究”的横向课题。细究J村设立该课题的初衷，可以很明确地发现，其希望将自己探索的主动城镇化路径与政府主导的城镇化发展模式对接，这是主要原因。换句话说，他们希望借用专家的研究成果，一方面寻求与政府主导型城镇化对接的路径，另一方面向政府发出积极信号，最后实现具有合法性与合理性的主动城镇化发展路径的目标。从这个案例中可以看出，J村人在压力之下追求自我完善的种种努力，其中折射出了压力之下的基层农民主动寻找与重新建构新型城镇化动力的智慧与努力。

三 内部结构性压力全程化推动特点

从J村主动城镇化发展过程中呈现出的压力推动特点分析，可以发现，来自压力的推力，具有全程化特点，我们认为，可以用“原动力”和“源动力”两个概念予以解释。实际上，这两个概念所揭示的不同动力特点，恰好就是压力与推力同动力之间的互动关系模式，或者称之为推力之于主动城镇化发展模式的作用机制，或曰对旧型城镇化动力重构的作用机制。

从“原动力”角度分析，正是“做煞死，但还是很穷”的艰辛生存事实，使J村人产生了对既有生存状况的恐惧式不满，这是将他们推向主动城镇化的第一动力，事实上，这也是将他们推向不成功的工业化发展道路的第一动力。如果再向前追溯的话，我们会发现，计划经济时期农民搞家庭副业、搞所谓的“资本主义尾巴”的积极性也来源于此。实际上，其中的道理很容易理解：当有一种更为轻松和更为有效的谋生方式可供人们选择的时候，任何人，只要不是自虐狂，都会毫不犹豫地放弃“做煞死，但还是很穷”的既有方式，而对可选择的新方式趋之若鹜，这就是人类的天性。换句话说，J村人走向主动城镇化发展道路的“原动力”是人类的天性，从这个角度说，主动城镇化承接的农村推力，是必然的和不能选择的。

当这个“原动力”发挥积极作用之后，J村的主动城镇化便逐渐破冰而出。在接下来的发展过程中，这个原动力并没有退出或隐形，而是一如既往地发挥作用，但其作用方式与初始阶段有所差异，这个差异之处在于它是以边际效应递减的方式在继续发挥作用。

从“源动力”角度分析，走上主动城镇化发展道路之后，J村人遇到的新的发展压力，特别是在经营J村市场时所遇到的与政府政策不适应时的压力，以及各种阻碍该村实现“退一、退二、进三”的压力，都与上述“原动力”联合在一起，成为继续推动该村集体经济沿着主动城镇化发展路径前进的动力源泉。同时，J村人自我加压的良好发展努力，也成为促使该村不自满、不懈怠、不停顿的重要动力因素。概言之，J村主动城镇化的“源动力”，产生于推力、压力及自我加压形成的“压力－动力”互动过程之中，在这个过程中，推力启动了原初动力、原初动力遭遇到压力，然后将压力凝聚成强大动力，在此基础之上，塑造出主动城镇化发展路径。此后，“压力－动力”互动过程又在新的条件下，利用原初动力和新压力之下形成的动力合力，为该村主动城镇化的发展开拓出源源不断的动力源泉。

总之，在J村主动城镇化的发展过程中，压力推动具有全程化的特点：推力启发出压力、压力变成动力、自我加压产生出新动力，虽然不同发展阶段的动力类型和特点不同，但是，贯穿全程的“压力－动力”作用机制，源源不断地释放出促使J村集体经济不断发展的推动力，一起凝聚成J村揖别农村、走向城市的新型城镇化发展推力。

第四节　嵌入式自主重构

从一般意义上说，农民作为农村活的生产力要素，其行为和意愿对农村的发展趋势和发展格局都有着重大的影响力。但是，无论是从知识占有与传播方面分析，还是从能力获取与发挥方面分析，抑或是从社会地位与社会影响方面分析，作为社会最底层的农民，其行为和意愿从来都是严重依附于外力作用的；单纯从城乡关系角度比较，时至今日，依然有着重大影响的城乡二元结构仍固化着“乡下是比城里地位低下的社会空间和场域”的观念和事实[①]，所以，制度背景、社会发展阶段等宏

① 陆益龙：《乡土中国的转型与后乡土性特征的形成》，《人文杂志》2010年第5期，第161～168页。

观层次的经济社会因素，以及一系列中观层次乃至微观层次的社会诸因素，都对农民生产生活的各个方面发生着作用，而且，这些作用在绝大多数情况下都是农民难以选择的刚性化客观存在。因此，农民始终处于被嵌入的状态，农民的行为和意愿，与这种被嵌入状态休戚相关。在分析J村主动城镇化发展动力时，我们就应该既认识到农民作用是一个绕不过的话题，农民的致富意愿和致富行动也是J村主动城镇化的重要动力；也应该认识到，农民动力作用与其所嵌入的经济社会诸环境之间的密切关系。正是基于对这样的社会事实的仔细考量，我们认为，J村农民之于自己村城镇化动力的建构是一种嵌入式的自主重构。

一 传统农民的城镇化不适

这里所谓的传统农民，既指新中国成立以前的、处于漫长封建社会和半封建社会时期的我国农民，也指新中国成立以后到改革开放以前时段的我国农民，从其致富追求上看，虽然具体原因存在差异，但是，处于两个不同历史发展时期的农民在这方面表现出的意愿和行动，具有同质性特点，可以从如下两个方面说明这个问题。

其一，中国的传统社会是一个不患寡而患不均的社会类型，传统农民因之形成了安贫乐道的习惯和小富即安的财富追求。更具有根本意义的是，由传统文化建构出的伦理道德，对农民的上述习惯和追求进行理想化与道德化的建构，从而让农民从根本上失去了追求财富的动力。我们可以从对我国经济社会发展产生过重大影响的《论语》中求解出对这个问题的部分理解。例如，《学而》篇第十四章这样写道："君子食无求饱，居无求安。敏于事而慎于言，就有道而正焉，可谓好学也已。"《里仁》篇第九章这样写道："士志于道，而耻恶衣恶食者，未足与议也"①等等。这样，在财富追求领域，我国农民就形成了由意识、习惯、伦理、传统等相互建构的封闭式循环，这种植根在"意识形态里的东西有顽强的惰性"②，因之形塑出农民安于现状、缺乏进取精神的基本态势，使之难以担当起新型城镇化动力的历史使命。

---

① 李泽厚：《论语今读》，安徽文艺出版社，1998，第44、107页。

② 费孝通：《费孝通选集》，天津人民出版社，1988，第275页。

其二，新中国成立以来，“左”的思想的影响，特别是十年“文化大革命”期间极“左”思想的影响，更是让农民不敢言富、不敢求富。“宁要社会主义的草、不要资本主义的苗”，“割资本主义尾巴”等具有强烈“文化大革命”特色的标语、口号等，将穷与富、农业与农村工商业这些本属于经济领域的技术性问题，附会为政治性问题，上升到意识形态领域，从而使本来就没有多少致富动力的我国农民，习惯于极端的平均主义，习惯于“等”“靠”“要”，少数能够自觉依靠个人智慧，通过农业之外途径寻找致富门路的农民个体和群体，往往被“污名化”，被批斗和镇压。所以，在这种氛围下生活的农民群体，自然难以成为积极推动新型城镇化健康发展的主体。

总之，在改革开放以前，无论是哪一个历史时期的农民，与安于现状、小富即安等字眼相联系的评价语言，往往是他们共有的群体特点，如果没有强大外力的冲击，他们不可能成为任何意义上的城镇化主体，更不会成为主动城镇化的动力。因此，能不能唤醒他们的致富动机，推动他们自觉求富，对新型城镇化的推进来说，就具有特殊的意义和价值。

二　嵌入式自主推动

之所以说改革开放以后的J村村民成为城镇化的推动力量，是因为经过改革开放政策的洗礼和塑造，他们在修正传统农民角色定位和角色扮演方式及内容的同时，逐步发展出能够推动城镇化发展的积极品质和进步因素。换句话说，改革开放以后的J村村民，已经不是原来意义上的农民，而是能够自觉适应客观形势发展的要求，并根据这个要求主动调整自己的思想和行为，进而在满足城镇化发展要求的前提下，推动城镇化健康发展的新型农民。我们可以从下列几个方面来分析这个问题。

第一，敢于言富并勇于求富是改革开放以后J村人的重大变化，是其能够成为主动城镇化探索者和推动者的前提条件。在他们身上之所以能够发生这样的变化，是与改革开放政策的洗礼和塑造紧密关联的，这是传统乡土社会基于改革开放政策而向后乡土性社会转型发展的重要表征。具体来说，这个转型发展的产生与当时宏观领域的两个主要变化相联系，分别是：贫富问题的去意识形态化和因之出现的农村道德体系、传统伦理观念的重构。

对农民来说，贫富问题的去意识形态化具有重大的解放意义，是他们敢于言富并勇于求富的强大外在推力。邓小平同志提出“贫穷不是社会主义，社会主义要消灭贫穷，不提高人民的生活水平，不能说符合社会主义要求”① 观点的 1985 年，与 J 村人感觉到上海改革开放开始启动的时间大致契合——在调研中，村民告诉我们：上海到 80 年代中期搞改革开放。这个契合当然不能说明上海的改革开放起源于这个重要言论，但是，自此以后，J 村人求富意识的生发和求富的行动努力，对 J 村集体及村民的生产与生活发挥着越来越重要的作用，却是一个不争的事实。

与贫富问题的去意识形态化的解放效应相对应，在农村的道德伦理领域，对追求致富者的宽容、理解，甚者是羡慕、效仿和信任成为村域内的民意主流。例如，由于吴 × ×所在家庭有经商习惯，再加上他本人经常在外面跑，所以，被村民称为不安分的人。但是，正是这个不安分的人带领着大家“办工厂、搞仓储，开展多种经营，从而使他领导的生产队，年终分配从原来的中等水平跃居为全大队第一”②，正是得益于村民对这些业绩的认可，1985 年的吴 × ×才能够担任 J 村工业大队长——村民希望借用吴 × ×的精明强干，实现富民强村的意愿说明，村域内主流道德观念和伦理价值已经发生巨大变化，敢于言富并勇于求富的思想与行动，推动 J 村人探索出路、谋求发展。于是，来自村民群体的主动城镇化发展动力被变化了的社会环境逐渐建构形成。

第二，农民产权意识的强化和因之而生的农民主体性自觉及主动性发挥，成为主动城镇化的重大推动力量。

作为现代社会产物的产权意识，在传统农民中间也是存在的，不同之处在于，传统农民的产权意识是边界模糊、内容不清晰的，因此是弹性很大的，它可以是以家庭为单位的，也可以是以家族为单位的。所以，其对农民的致富追求不会产生很大作用，这是我国传统社会类型具有不患寡而患不均特点的一个重要原因。

家庭联产承包责任制通过责权利的外在规定，唤醒并逐渐强化了农民的产权意识，农民主体性开始走向自觉，致富主动性开始发挥作用。

① 《邓小平文选》（第三卷），人民出版社，1993，第 116 页。

② 参考蒋波等的纪实文学作品，该作品由上海人民出版社于 2007 年出版。

这些因素伴随着时间的发酵效应而不断成长，待时机成熟，就成为村庄建设中的重要动力。分析J村人的致富之路，可以发现，上述过程在他们身上表现得特别突出，有代表性的物化事件是SHX路的修建。

考察J村现在的交通路网格局可以发现，SHX路是该村连接外界的最重要交通干线，它南端接上海市区东西向交通主干道SGB路，北端连接又一条上海市区东西向交通主干道SCB路，可以说，一条SHX路将J村带入了上海市区主流物理空间。实际上，该村也正是因为这条道路的修建，打开了属于本村的经济社会发展空间，“要想富，先修路”这句真理性话语，在J村的发展实践中得到了进一步的证明。

修建SHX路的巨大经济社会价值在J村主动城镇化的实践中被逐渐证明，当然，这对当时的J村人来说还是未来的事情。对当时的他们具有重要意义的，是修路这个想法产生的原因和修路的过程，正是这两者的存在，证明了产权意识得到强化的农民，能够依凭主体性自觉及主动性发挥，成为主动城镇化的重大推动力量。

按照当事者现在的回忆，当时J村仅有的这条SHX路，是一条破破烂烂的土路，而且是一条“断头路”①，不但道路狭窄、坑洼不平，而且下雨天泥泞不堪，给行人和车辆带来很大的不便和麻烦，成为制约J村发展的重大瓶颈。产权意识被唤醒的J村人，在谋划自己的事业时，首先看到了这个障碍性因素，在手中没钱的现实困境中，他们巧借外力，联系、动员沿路的各个企事业单位和村落，募集到40多万元的修路资金，并在短时间内，将SHX路硬化、拉长、拓宽，使宽达24米的道路南接SGD路、北连SCB路，一举将孤岛般的J村融入上海市发达的交通网络系统，为该村主动城镇化的启动和发展奠定了优越的交通基础。可以说，没有SHX路的修建，J村就承接不到上海市区高速发展的扩散效应，就形成不了今天的繁荣局面，因此，它又一次生动地印证了“要想富，先修路”的发展逻辑，并在实践这个发展逻辑的同时，彰显了J村人的发展理性和发展能力，显示出勇于追求富裕生活、产权意识觉醒了的农民，在新型城镇化进程中的积极作用和对新型城镇化发展的重大推动作用。

① 这里所说的“断头路”，是指不与其他交通主干道和交通次干道连接的田间小路。

综上所述，我们认为，在我国这个深受传统文化影响的国家里，在小农传统源远流长的农村社区，农民的致富追求对新型城镇化的探索与发展有着特殊的意义。J村人的实践证明，改革开放以后的我国农民，已经具备成为新型城镇化推动力量的必备条件，若积极利用和妥善引导，对我国城乡一体化的顺利推进，十分关键。

三 嵌入式自主完善

改革开放后的J村农民，特别是走上主动城镇化发展道路后的J村人，有一个非常优秀的群体特点，那就是对自身的优点和不足有着非常清醒的认识，并能够在此基础之上，积极且乐于向他人学习。无论是在发展的初期，还是在取得辉煌发展成就以后，J村农民积极的学习热情和实际行动，始终呈现出高昂的态势，而且，这种学习不是局限于村集体经济组织领导者内部，而是覆盖整个J村的一般劳动者群体；也不是囿于经商的本领与技能领域，而是从市场知识开始弥漫到可及的所有知识领域；不是一时的冲动，而是形成了终身学习的理念与行动；不是对村内现时代农民的要求，而是逐渐凝练为一种村落文化。在这里，传统村落发展起来的后乡土性与城市社会的现代性趋同融合，可以说，这种嵌入式自主完善昭示着传统农民城镇化转型发展的成功。正是基于这样的特点，我们将J村称为“学习型村落”，将J村农民称为“学习型农民”。①

梳理J村主动城镇化的动力因素，我们认为，学习型农民的素质与特点，是J村人能够找到并不断完善主动城镇化发展模式的重要原因。换句话说，正是具有学习型禀赋和行动，才使得J村农民成为主动城镇化的动力，关于这个问题，可以在下述逻辑关系中得到进一步阐释。

事实上，在学习型农民和主动城镇化的动力之间，存在一个前提和

① 我们将J村农民称为“学习型农民”，套用的是美国学者哈钦斯“学习型社会”概念，并借鉴了纪晓岚老师在《学习型社区理论与实践》著作中对“学习型社会”的界定成果。她认为，“学习型社会就是指参与社会运行与创造的各类主体，始终保持不断学习的状态，始终以学习促进创新，淘汰陈旧与落后，保持开放与进取的社会动力。”（详情参见纪晓岚等《学习型社区理论与实践》，上海人民出版社，2008，绪论第1页。）

中介因素，这个前提是农民的致富意愿，中介因素则是农民有能力的致富行动。

正如上文所说，改革开放以后，J村人从敢于言富到勇于致富，走上了一条艰辛的探索之路。但是，出乎他们意料的是，他们的富民强村之路格外不平坦，交付的“学费”非常昂贵。尽管如此，他们也没有停止自己的致富追求，反而正是这种挫折的痛苦连同他们对目标追求的执着，为J村农民学习型素质和特点提出了要求和奠定了基础——学习的动机被催生，学习的必要性被正视，学习的行动被迫常规化。

J村人所学习的内容经历了一个由面及点的聚焦过程，开始的学习内容是发散式的，选择性不强，随着J村市场的探索与建设，其学习内容固定到了与市场建设直接相关的领域；与之相一致，他们的学习对象，也经历了一个由泛化到集中的过程。J村农民经过学习，经过有针对性的学习和不断的学习，不但开阔了视野、习得了技能、懂得了市场运行的规律与管理的本质，而且坚定了既定的选择。如果将他们的学习过程和学习结果用一句话来概括的话，就是：通过学习，J村村民实现了向学习型农民的转型，从而为自己的致富努力奠定了扎实的基础。

如果说，J村人的学习结果是其走出困境、走向致富道路的重要原因的话，那么，在探索出主动城镇化道路之后，学习与富裕的关系，就不再是简单的因果关系了，而成为可以互为因果的相关关系，即学习提升了他们的致富能力，能力提升后的村民，其致富行动更为高效，推动村集体经济组织迅速壮大；壮大了的村集体经济又面临着全新难题和全新要求，从而促使他们继续学习。这是一个由学习开始，经由致富行动，催生出新的学习要求的完整过程，伴随这个过程的是J村集体经济组织综合实力的快速提升。当这个过程结束后，由学习推动的新过程又在更高的起点上重新开始，周而复始，才有今天J村主动城镇化所取得的成就。

总结以上内容，我们发现，在J村农民致富意愿和主动城镇化的动力之间存在一个如图3-2所示的内在关系模式。

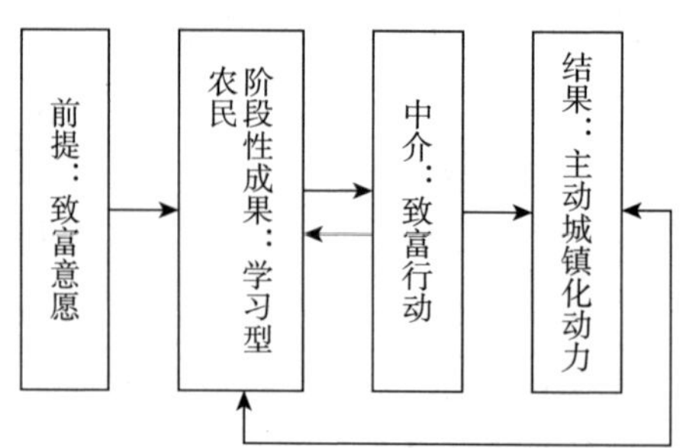

图 3－2 农民致富意愿和主动城镇化动力关系

图 3－2 显示，农民的致富意愿和致富行动是 J 村主动城镇化的重要动力源泉，而由此催生出的学习型农民，既是这些意愿的载体，也是更为直接的主动城镇化推动力量，它们同强化了的农民产权意识一起，凝聚为农民的整体致富追求，推动着主动城镇化发展路径的探索与不断完善。

第四章　模式创新的理性与行动

推动农村经由新型城镇化路径跃升为现代化小城镇的最关键资源是生于斯又长于斯的农民群体，他们既是农村新型城镇化发展成果的直接受益人，因之也应该是主动整合村域内外各种物质性资源和非物质性资源于自己村城镇化实践的最积极、最可信赖的能动力量。换句话说，来自国家层面及政府各层级的城镇化利好政策是农村新型城镇化的外在推动力量，尽管这些力量能够极大地优化农村城镇化的社会经济总体环境，能够为村域城镇化推进提供诸多方便并省减诸多发展成本，但是，终究不能也不应该越俎代庖而成为农村新型城镇化的直接经营者，因而它只能通过农民群体而发生作用；另外，蕴藏于村域内外的各种物的因素是否能够转化为新型城镇化的发展性资源，以及在何种程度上和通过何种方式转化为新型城镇化的发展性资源，端赖于所属村农民群体的发现能力和操作能力。所以说，在农村新型城镇化推进过程中，起主要作用的既不应该是政府，也不应该是市场，而应该是农民群体自身，更精确地说，不是隶属于各个村庄的农村总人口，也不是该村的全部人力资源，而是深藏于人力资源之中的人力资本，这是农民能够担当并胜任农村新型城镇化推进主体力量的唯一重要因素，可以塑造出他们全新的行动理性，赋予他们推进农村新型城镇化健康快速发展的行动能力。从对各样本村农民群体的研究中我们发现，这一推动新型城镇化健康快速发展的人力资本已经在农村中不同程度地被激发和提升。诸如上海J村、江苏华西村等新型城镇化先发村，人力资本的激活、培育和提升，重构了农民之于城镇化的社会角色，转型为满足并推动新型城镇化的全新角色，并与新型城镇化推进建构起良性互动格局。在本书的自始至终，我们不断从众多的样本村发现农民基于人力资本的行动理性和行动能力，并研究、诠释其全新的城镇化角色。

作为本书的主要样本对象，上海J村人在城镇化实践历程中扮演的角色以及角色扮演的方式，为我们探究农民的行动理性和行动能力之于新型城镇化的价值，探究农民“应然”的城镇化角色提供了极具代表性的实践案例，我们试图通过对这一典型案例的深究，发现传统农民能力提升、角色转换的基本路径，寻找背后蕴含的具有规律性的社会事实。

J村人致富积极性的激发与调动，肇始于改革开放的外部环境和村内渴求致富的意识与行动的相互激荡与作用，并内在规定了基本的致富路径，同时蕴含着创新发展路径的潜在激励。正是在这样一种氛围里，自1994年底开始，J村致力于探索既适合自己发展基础，又具有较高效益的新型城镇化发展具体路径，经过十几年的艰辛探索，这条被凝练为主动城镇化的发展路径已经确立，并趋于成熟，凝练为模式。在这一具体路径探索过程中，作为行为主体的J村人，其人力资本在实践探索中获得培育与提升，凝聚为行动理性，具体化为行动策略，并智慧地与外部环境结合在一起，建构起强劲的行动能力。我们可以从如下三个方面予以详细描述，分别是主动城镇化的实践策略、主动城镇化主体的功能角色和行为主体的主动嵌入式角色建构。这三个方面，显示了J村人在特殊的生产生活场域中，如何从不同角度和不同层面，塑造并完成了农民全新的城镇化角色，并以这一创新角色为核心，将三者融合并使其相互建构，从而型构出该村的主动城镇化发展模式。

第一节 行动理性

纵览J村主动城镇化实践历程，可以很容易发现贯穿其中并发挥重要作用的农民行动理性，剖析J村人在这一期间呈现的这种行动理性的内在结构可以进一步发现，它更多的是马克斯·韦伯意义上的工具理性，虽然在后期也有价值理性的些许自觉，但是，负债困局和市场经济环境所催生的民富村强目标诉求，决定了他们对于物质性目标追求的必然性和正当性，决定了他们瞄准这一目标后行动与策略选择的工具理性特征。当然，囿于知识层次和自身能力的限制，J村人不可能从主动城镇化起步时期开始，就在手段与目标之间建立起高效率的线性正相关关系，其间走过不少弯路，也经历过探索的痛苦，但是，从总体趋势上观察，行动理性的光辉引领着该村较为顺利地取得了主动城镇化的成功，并具体体现为创新性实践理念、创新性行动策略和成功命题路径依赖这三个方面。质言之，呈现求实、创新、高效率特征的行动理性是J村主动城镇化发展路径得以确立并不断向前推进的重要前提和基本保证。

梳理该村主动城镇化发展历程可以发现，彰显其行动理性的发展策略有很多，其中，具有全局意义、渗透到城镇化每一个环节的关键要素有三个，用J村人自己的语言总结就是：“抓住机遇一般人、失去机遇愚蠢人、创造机会聪明人”，“硬发展也是道理”和“自加压力、自讨苦吃”。

一　实践理念创新

J村人合目的性的行动理性开始于实践理念创新，这是主动城镇化路径得以开创的首要因素，对于其创新的具体内容，他们自己描述为“抓住机遇一般人、失去机遇愚蠢人、创造机会聪明人”，我们将其概括为“抢抓机遇、创新发展”。由于此创新理念的承载者是主动城镇化的直接行为主体，所以，理念和行动之间的衔接是即时的、无缝隙的，因之，其实际效益格外显著。从该村主动城镇化的实践历程看，无论是从他们适时实施“退一、退二、进三”产业结构调整，通过“三场一路”收获主动城镇化的第一桶金来看；还是从他们确立“市场兴村”战略，顺利进入主动城镇化快车道来看；还是从其未来发展思路和走向来看，都是得益于在机遇出现之时能够及时抓住机遇、创新理念和创造性行动，并在创新发展模式中实现自身的发展。时任村党委书记吴××在接受我们的访谈时，特别自豪地提到并详细解释这一实践理念，而那些亲身经历J村创业历程的老年人，在接受我们访谈时，也从自己的角度谈及这一创新理念。

> J村这个市场村的存在实际上是改革开放以后城市向农村扩展、农村走向城镇化的产物，它是城乡结合处，拿现在来说，全国也是屈指可数的。它主要是经济的腾飞，它确确实实把握了这样一个契机。同样生活在这个时代，同样是改革开放，但我们的吴××这个领路人就抓住了这个机会。机会对每个人来说都是存在的，但有时候一擦而过就不知道了。他这个人一有闯劲，二有胆略、有敏锐的目光。上任没多久，当时我们情况都差不多，刚摆脱计划经济不久，

何去何从？都在经济大潮中摸爬滚打。搞企业、搞联营、搞自主企业、搞中外合资，绕了一大圈，农方亏了不少，欠了好多债。说是什么借鸡生蛋、筑巢引凤，其实最后利益都被工厂搞去了，农民没有获益。

还有就是吴××不断的创新精神，这也是很少有人有的。一个是抓住了机遇，一个是胆略很大，有敏锐的眼光，还有就是不断创新。不断创新他永远不会满足，这就是他的三大优点，正因如此，J村才得以存在，他的功是不可磨灭的。①

J村老年人从自己村的城镇化实践中，看到了领头人抢抓机遇、创新发展的过程和成效，理解了创新性理念的实际应用价值。吴××则将这种实践智慧上升为普通农民知识所能企及的最高理论高度，并将之奉为继续成功的关键，贯穿于以后的实践过程，成为他们推动主动城镇化发展模式不断取得进步与完善的行动理性。

二 “硬发展”行动理性

J村主动城镇化中的“硬发展”行动理性就是他们的“硬发展也是道理”的实践理性，是以行动策略创新显现的合目的性行动理性。如果说是“抢抓机遇、创新发展”的实践理念引领J村摆脱困境、走向成功的话，那么，行动策略形态的“硬发展也是道理”则让他们找到了发展的主要策略工具。实际上，这两者之间是有着密切联系的，简单地说，前者可以归结为指导思想层面的实践策略，而后者，则是操作层面的实践策略，换句话说，后者是前者的实践版本，是前者的具体化和应用化。

“硬发展也是道理”是J村人在特殊的历史发展阶段，探索创新主动城镇化发展模式时，依据实事求是、因地制宜原则，创造性探索与凝练出的发展智慧和实践策略。对于这一策略，不同人有着各自不同的理解和认识，我们第一次听到这种表述时，首先将之与邓小平同志的“发展是硬道理”联系在一起，实际上，这也几乎是所有身处改革开放时代背

① 资料来源于我们对J村村民（H－jzn^{1}t）等的访谈笔录。

景中人们的第一反应。但是，第一反应之后的理性思考，则是见仁见智；以之为依据所采取或可能采取的行动，也因人而异。一般来说，普通人会在一笑而过的同时，感慨J村人的机智和胆量；政府工作人员则会有三种态度类型，分别是：与一般人类似的态度，“允许试、不争论”的态度和反感、批驳的态度。实际上，J村人已经承受了大量的来自持反感与批驳态度人的压力，特别是能够影响他们发展命运的人的压力。基于此，J村人也采取了相应的对策，例如，在对这个表述进行阐述时，该村前党委书记吴××经常做出这样的解释。

> 硬发展不是乱发展，而是有条件要发展，没有条件创造条件也要发展。

这个解释，既合乎情理，也合乎从计划经济走过来人们的社会文化经历，因此，巧妙地将可能的不利因素，化解于无形。实际上，这个解释与他们的“硬发展也是道理”实践策略是一脉相承的，那就是，只要能够促进集体经济的发展，不管是条件允许还是不允许，也不管反对的声音有多响、来头有多大，首先要做的是能上马的就上马，能发展的就发展，如果遇到压力和阻力，他们采取两种应对策略，其一是领头人出面：“你们大胆地去干吧，杀头坐牢我顶着”①；其二是一边接受处罚，一边继续自己的既定建设；或者是在被拆的废墟上再重新投入建设，直到成为既成事实，被领导默认为止。J村的整个发展历程，实际上一直与这种“硬发展”相伴而行，其中既有先行者通常会遇到的、因为没有既定规则而需要不断超越规则所带来的阻力，也有他们有意为之的打擦边球策略。无论是什么原因，J村就是通过这样一种“硬发展”，不断冲破旧框架的约束、不断克服各种困难，取得现有成就，并继续在“硬发展也是道理”的导引下，开拓自己新的事业。

美国著名社会学家乔治·霍曼斯提出的“成功命题”，可以帮助我们进一步理解J村人的“硬发展也是道理”。“成功命题”认为：“人们采取的所有行为中，一个人越经常因某一特定行为得到报酬，则该行为

---

① 参考蒋波等的纪实文学作品，该作品由上海人民出版社于2007年出版。

者越有可能采取这一行为。”① J 村人的这一实践策略，一方面是其可贵的探索勇气和创新能力的奖励性成果，另一方面也是已经取得成功的实践经验的路径依赖：因为前者的存在，才有了 J 村人的“硬发展”；因为后者的存在，才有了 J 村人迄今为止在主动城镇化历程中反复应用的“硬发展”。因此，从某种意义上可以说，“硬发展也是道理”是 J 村人的成功哲学，是他们的实践理性与成功理性完美对接后形成的最优化的实践策略。

需要思考的问题是，J 村的这种“硬发展”，是特殊历史条件下的变通之道，还是我国农村城镇化的必由之路？这里牵扯到政策法律的权威性和民间社会创新空间的弹性与可能性问题，也牵扯到民间社会成员间机会与待遇的公平性问题，同时还牵扯到政府、市场和农民的城镇化角色如何定位、如何发挥作用等众多问题。因此，从全局角度理解，这应该是关乎未来我国新型城镇化如何推进和推进到何处的大问题。基于法治建设不完善的特点，基于我国城镇化发展现状和我国农村地域广阔、主客观条件悬殊的实际，我们的基本认识是，农村新型城镇化发展的规范方式应该是负面权利清单类型的制度设计，即确立明确禁止的规定，而在没有明确的禁止性规定的区域、领域和地方，允许农民大胆地干、大胆地闯。通过这种方式，一方面，充分释放农民的创造热情和创新能力，另一方面，规范农民群体与个体的行为，实现民间社会成员待遇与机会的公平。当然，我们也必须认识到，随着我国社会主义法治建设的不断完善，随着人们对城镇化发展规律认识的不断深入，能够和需要打擦边球的机会会越来越少，越来越多的将是按规矩办事、按规律办事；越来越多的是在公开、公平、公正的游戏规则中平等地博弈。所以，站在未来的角度思考问题，硬发展的行动理性将不再是 J 村已经和正在坚持的模样，它能够继续下去的唯一机会，就是弘扬其内蕴的创新发展的内在本质属性，而其与既有制度、规范和法律打擦边球的发展方式，将渐渐退出历史舞台，其他后发展农村，也越来越难以通过此途实现自身的城镇化发展目标。

① 乔治·霍曼斯：《一般命题》，载罗卫东主编《社会学基础文献选读》，浙江大学出版社，2008，第 302 页。

三 成功命题路径依赖

成功命题路径依赖是J村人在主动城镇化探索过程中又一合目的性行动理性的体现形式。霍曼斯社会交换理论的“成功命题”揭示了人的特定行动重复率与行动报酬可得率之间的正相关关系，这种正相关性被J村人所感知，并在实践中自觉地将其升华为一种行动理性。体现为主动城镇化实践策略的“自加压力、自讨苦吃”，这成为他们凭借着艰苦创业和艰苦奋斗的实干与苦干，获取村集体经济持续发展过程的标志和反映；也成为他们在特殊场景中，为了谋求村集体经济的发展所不得不采取的行动方针的标志和反映；同时成为农民这个传统的弱势群体，为了谋求自身发展所能够采取的也是最容易采取的行动方针的标志和反映。换句话说，“自加压力、自讨苦吃”实际上是勇敢的弱势者获得成功的最便捷的方法和最深入人心的经验，也是最有效的实践策略；它既包含着“成功命题”所反映的路径依赖，也反映着追求民强村富目标的弱势农民的理性选择，是一种屡试不爽的实践策略。这个实践策略已经被J村人应用并尝到发展的甜头后，被反复应用。可以这样说，在城镇化创新发展过程中，“自加压力、自讨苦吃”实践策略被J村人发挥到了极致。

被该村前任党委书记吴××津津乐道的下面两句话，是这一实践策略最有代表性的注解之一：第一句话是“办法总比困难多”，第二句话是“比我聪明、能干的人很多，像我这么勤奋的人肯定不多”。在J村，第一句话是他们能够“自加压力、自讨苦吃”的方法论前提：因为办法总比困难多，所以，只要动脑筋、想办法，就没有干不成的事业。实际上，正是这一实践策略，引导着该村民众，在主动城镇化初创时期，不但没有被沉重的债务负担所压垮，反而成为激起他们探寻新型城镇化路径的巨大动力。也正是这一实践策略的存在，才能够让J村人在巨大的成就面前，想方设法，不断充实与完善主动城镇化发展模式。

第二句话以个人评价的方式，直接点出了J村能够探索出并不断完善主动城镇化发展模式的性格原因：不仅聪明、能干，而且勤奋。在吴××看来，对于始终处于弱势地位状态的农民来说，聪明、能干是成就事业的必要条件，但是，只具备这样的条件，虽然可以让他们事业小成，却难以保证他们事业的持续发展。只有在此基础之上，增加勤奋这一要素，而且是非常人所及的勤奋，才能够达到J村今天的发展高度，并在此基础之上，不断持续发展。正是因为有着这样的认识和行动，吴××才得到了一个“工作狂人”的绰号。事实上，勤奋的吴××只是J村人的一个代表，或者是缩影，在整个J村，勤奋既是他们在事业初创时期的实践策略，也是他们在富裕之后的行动方针。较为典型的案例是该村一以贯之的工作时间安排，即“周六保证不休息，周日休息不保证”。

“自加压力、自讨苦吃”的实践策略，还表现于他们在设计市场经营策略时的“取与舍”：在市场初创时期，通过“低投入、低租金、低价格”形成的洼地效应，冒着微利经营可能带来的风险，利用价格优势取胜于强大的竞争对手；在市场能够立足之后，拿出巨额资金，引导民居从市场搬出，以集中有限的空间，充分利用村集体经济组织拥有的土地，扩大市场经营规模。当然，由于在村民与村集体之间存在利益博弈，村集体经济组织的民居动迁举措，将自己置于自寻烦恼的尴尬境地：村集体经济组织为了村民整体利益和长远利益，试图动员和鼓励民宅外迁，但是由于没有合法的拆迁权，只能通过货币购买的方式，现金求购村民老宅基地及附着其上的建筑物，村集体为此需要付出巨额的动迁费。村民为了谋求自己利益的最大化，想方设法与村集体经济组织讨价还价，甚至是通过各种不予以配合的手段，刻意与村集体经济组织明争暗斗。于是，巨额的动迁经费和由此引发的新老动迁户之间的收入差距、社会矛盾，既增加了村财政负担，也引起了部分村民的不满。

> 这个不是件小事啊，去年（2009年）动迁花了三亿，这么折腾J村经得起吗？半年的收入没了！[①]

面对这种局面，J村领导层及大多数村民认为，还是应该“咬紧牙关、勒紧裤带、跟上发展、顽强拼搏、再创辉煌”。这就是他们“自加压力、自讨苦吃”实践策略的又一典型案例，也是该村能够持续发展的重要原因。

---

① 资料来源于我们对J村村民（L－jln[1]t）等的访谈笔录。

总之，J村就是凭借着务实、高效的实践策略，将主动城镇化的诸多因素整合在一起，成功实现村级集体经济组织的辉煌和不断辉煌。

第二节 角色行动

一 反思、比较与抉择

J村人之所以在实践中走向这条主动城镇化发展道路，既不是一时冲动后的激情选择，也不是毫无目的、乱冲乱撞的侥幸成功，而是经过深思熟虑之后的慎重选择，是J村人的行动理性在角色定位上的一个表现。关于这个问题，相关研究中的阶段性成果已经进行了初步探讨，并认为，“主动城镇化道路是J村人基于自身实际所做的理性选择”①。在另一个相关成果《J村创造：中国第一市场村主动城市化之路》一书中，作者更是进一步从三个方面探讨和说明了J村人的这一理性选择，认为，是基于对被动城镇化过程及结果的反思、基于对维护农民长远利益的思考、基于对区位优势和三大产业之间比较效益的考量。主要内容略述如下。

（1）对被动城镇化反思后的抉择

20世纪80年代中期以后，随着上海市农村经济体制改革步伐的加快，J村人加速发展经济、改变落后面貌的意愿也被极大地激发起来，与全国大部分传统农业村一样，J村也将致富的希望寄托于兴办乡村工业，但是，无资金、无技术、无人才、无经验的“四无”基础，决定了他们必然失败的工业发展命运，到1994年，村集体经济不但没能因工业化致富，反而深受村工业化发展道路的危害，最终以欠债1780万元而告一段落。

更为严重的是，在J村陷入债务累累、致富无门窘困境地的同时，上海市城镇化的推进步伐在大大加快，与之相对应，征地力度也在不断加大，J村土地在征地潮流中，因为各种原因被大量征用。截至1992年，村集体土地由1951年土改后的4077.259亩，降至1882.15亩，实际失

① 张本效、纪晓岚：《主动城市化的探索与思考》，《城市发展研究》2010年第10期，第9~14页。

地数量为2195.109亩，失地率高达53.8%。在失地初期，J村村民还是很快乐的，因为有一部分村民得益于征地补偿政策，从而高高兴兴地当上了征地工，当他们放下手中的镰刀，进入工厂的时候，成为正式工人的快乐是难以言表的。但是，这种快乐是短暂的，很快，他们被现实所震惊：因为技术和年龄方面的缺憾，他们在工厂里的岗位与“三多一少”捆绑在一起，即门房值班的多、厨房打杂的多、扫地搞卫生的多和工资少。即便如此，他们也没能在工厂里坚持多久，随着工厂经营状况的下滑及其改造和改制，他们先后纷纷下岗。由“高高兴兴地当上了征地工”到“灰溜溜地成了下岗工”，这一过程折射出这一时期，被动适应城镇化进程的J村农民，很难通过城镇化主体缺位这样一种状态，实现自身的致富愿望；同样，作为村级集体经济组织，J村也难以通过被动适应城镇化的方式，实现富民强村的目标追求。

对于没能享受到征地补偿政策的农民来说，他们的前途只有两条，一是继续自己的农业种植业传统，二是向第二、第三产业转移。但是，前一条道路受到了严重限制，因为土地大量流失，他们面临着“种田无地”的尴尬状况；而后一条道路，他们又难以驾驭。

“如果说由于农业的‘无利’而引导的‘非农化’，是农民自己的理性选择，那么‘无地’的城镇化过程，则绝非农民自己可以左右的过程。”[①] 土地大量被征用，直接扭转了村民的生产、生活方式，种田无地、就业无岗的深刻教训促使他们不断反思自己的城镇化处境和发展模式，他们由此认识到，必须改变已有的发展思路和发展模式，通过走主动城镇化道路，充分利用城镇化所带来的发展机遇，挖掘自身潜力，以改革促发展、以创新求效益，强村以富民，进而实现全村村民整体达到小康水平的目标。

（2）基于对维护农民长远利益分析比较后的抉择

被征地农民的“三失”问题，即农民在失去土地的同时，因为自身能力、经历、年龄等主客观因素的限制，陷入了短暂就业后的长期失业、不充分就业和间歇性短期就业的不稳定状态。随着时间的进一步推移，这种状态渐渐恶化，失业威胁与他们的日常生活相应相随；同时，由于

① 李培林：《村落的终结》，商务印书馆，2004，第32页。

土地被征用，农民丧失了传统的保障手段——土地之于农民的保障功能被变相剥夺，在难以就业和城镇社会保障体系不健全的前提下，农民生产、生活，乃至生老病死等诸方面，缺乏基本的保障手段，从而导致“失地、失业、失保障”成为当时失地农民的代名词。

从 1980 年开始，J 村集体所有土地开始被不断地大量征用，直到 2008 年，征地历程才基本告一段落，这期间，J 村村民不仅看到了、听到了失地农民的“三失”境遇，也亲身体会到失地之后的种种痛苦。从就业这一角度看，失地后的 J 村通过三种途径解决村民的就业问题。

其一是鼓励村民进城打工，获得工资性收入。但是，由于二元制经济结构的存在，进城农民不仅难以获得公正的工资收入，而且，也不能享受城市人所享受的各种福利待遇和工作保障，因此，对失地农民来说，进城打工既没有乐观的现在，更难以看到光明的未来。正是因为这一客观原因的存在，外出打工的 J 村村民，又先后回归到了村里。

其二是通过征地安置的农民，正如前面所述，这一部分村民的最终结果是：“高高兴兴地当上了征地工”，“灰溜溜地成了下岗工”，失业后重回农村成为他们的“宿命”。

其三是依托村集体经济，一方面，继续经营第一产业，另一方面，接纳城市释放出的工业机会，致力于第二产业经营活动。但是，由于存留的土地太少，经营第一产业难有作为；又由于“农民办厂”是“赶鸭子上架”，所以，在市场竞争中一败涂地。因此，失地后的 J 村，也难以通过走工业化的道路，实现长期就业。

在“三失”困局中挣扎的同时，J 村村民也耳闻目睹了周边村及全国众多农村失地农民的“三失”遭遇。与自身经历相对照，他们认识到，失地农民很难通过以上三种途径解决自身的生存与发展问题，只有创新发展路径，才能从根本上摆脱“三失”梦魇。正是基于这样的经历和理智反思，J 村人才通过自己的探索实践，走出了一条主动城镇化的道路。

从“保障”这一角度看，J 村人的思考与追求具有更根本、更深层的意义。作为失地农民，他们把听闻中的、其他地方失地农民的“三失”际遇看作自己难以逾越的、必然遭遇的客观必然。同时，反思自己被征地后的三种就业途径，认识到，失去土地这一保障手段后，他们或许可以通过上述三条就业路径，解决自己当下的生存问题，但是，自己的未来，包括自己子孙后代的未来，已经没有可依凭的可靠保障手段。

首先，进城打工解决不了身份问题，他们只能是农民工、外来务工者，而成不了市民，因此，也就享受不到国家赋予城市市民的各种社会保障权益。其必然结局是，有能力工作且有工作岗位时，他们能够赚取微薄的工资性收入；一旦丧失了工作能力或者失去工作，他们就会被城市“扫地出门”，工资性收入随之丢失，当下的和未来的生活保障甚至是温饱问题都存在无法解决的危险。

其次，进城当“征地工”虽然实现了身份的变更，即得益于征地安置政策，J村被征地家庭中的一个人可以被安排进城工作，由农民转变为城市职工。但是，由于市场经济条件下企业制度与用工制度的变更，“征地工”的城市市民身份，既保证不了他们工作的稳定性，也保证不了他们永久、稳定地享受国家提供的各项福利待遇，更不能保证他们“失劳”后的经济收入。再加上他们因自身人力资本的弱质性而必然发生的下岗事实，所以，与进城打工的村民相比较，他们没有更大的优势：在岗时，虽然只能从事“三多一少”的工作，但也还是可以赚到数额不高的固定收入；可是，一旦下岗，不仅微薄的工资收入被剥夺，就连国家通过企业赋予他们的各项福利权利也难以主张，更谈不上为自身和家庭提供未来可靠的生存保障。

最后，在村的农民，因为村集体土地数量的减少和村办企业的亏损，既难以获取当下生活的稳定收入，也看不到未来有保障的生活希望。

总之，对当时的J村人来说，现实生活中给予他们的三条谋生之道，充其量只是解决了他们当时的生存与温饱问题，却不能给他们的未来提供一份稳定的生存与发展保障，正是基于这样的事实和对见闻中的被征地农民境遇的思考，J村人得出了这样一个结论：被动城镇化只能解决温饱问题，不能实现小康。

那么，他们的小康之路何在？经过不断的反思与探索，J村人从调整产业结构入手，既改变农民传统的谋生方式，也改变从众化的村办工业发展努力，以生产性服务和生活性服务为着力点，通过实践主体性、发挥能动性，找到了城镇化发展的新型模式：主动城镇化。

（3）基于对区位优势和产业效益比较后的抉择

J村在探索自己的城镇化道路过程中，理性认知区位优势和正确选择合适产业是其能够成功的非常关键的两个环节，而在这两个关键点上，区位优势的认知和利用又是基础。

第一，对区位优势的认知和利用。J村的区域位置与上海市的城镇化推进速度呈现显著的因果关系，换句话说，该村的区位优势是一个与上海市城市空间变化相适应的不断变化的动态过程。从目前的区位状态看，J村村域的大部分已被纳入上海市城市区域范围之内，从这个意义上说，他们已经不再是农村社区，实际上，该村村民的居民化程度已经非常高，因此，城中村的称谓可能更适合J村目前的区位特点。但是，在20世纪90年代中期，J村还是一个典型的郊区村，距离市区还有十多公里的路程。J村人正是基于这样的区位，根据当时客观形势发展的要求，在充分发挥自然环境、社会环境优势的过程中，走上了主动城镇化之路。

1995年时的上海，正处于城镇化加速推进的初始阶段，这一推进的主要标志之一是城区面积以摊大饼的方式向四周郊区蔓延，所到之处，各类城市建筑物，包括住房建设呈现迅猛发展之势，建筑工人、居住小区业主等各类人群也纷至沓来。与之相对应，城市近郊区不断城区化，城市中的远郊区则依次变为城市近郊区或向城市近郊区逼近。这是一个循环过程，在这个过程作用下，J村与上海市城区的距离被不断拉近，于是，才有“25万人口要进来”的政府判断，也才有“大国美住宅区”即将建成的区位优势，并因这一优势的确立而涌现出特定的商机。

在商机随区域位置的变化而逐渐出现之时，J村人及时察觉到这个千载难逢的发展良机，并及时行动起来，通过自身的努力，挖掘自身潜力、利用自身可以利用的各种资源，适时转变村集体经济产业结构，紧紧抓住市场建设这个关键点，从而实现了凭借主动城镇化道路，振兴村集体经济的成功道路。

第二，对产业效益的思考、比较与道路选择。J村人在介绍自己村庄时，时时关注到村区域位置的变化。例如，2006年初，他们这样介绍：

> J村地处市郊结合部的SCB路六号桥南侧，邻近虹桥国际机场和漕河泾开发区，上海城市外环线纵贯全村，交通便捷、地理位置优越。

两年以后的2008年底，他们则这样介绍自己：

> J村是闪烁在上海西南板块的璀璨之星，隶属M区振兴镇，东临上海漕河泾高新技术开发区，北靠上海虹桥交通枢纽、地铁9号线外环站出口，上海城市外环（A20）穿村而过，南北紧连SGD路、SCB路两个匝道出入口，交通便捷，区位优越。

后来，他们又因地铁12号线在村域南端SGD路与SHX路交叉口设有出口而再次改变并增加自己村落区域位置的介绍内容。透过现象看本质，我们发现，J村人密切关注村落区域位置变化的背后，是经济理性的高扬，因为通过一系列的经济实践活动，他们深刻认识到区位变化带来的发展机遇的宝贵，认识到抓住并发挥区位优势，促成发展事实，是村域经济发展的捷径，也是村集体经济能够突破征地重围、取得比较优势、在市场经济激烈竞争中立于不败之地的重要抓手。

更为重要的是，他们懂得了区位与产业间的紧密关联，懂得了根据区位变化，选择不同产业的经济学理性。

改革开放以后该村在经济发展领域的探索过程可以划分为前后两个阶段，以1994年为分界线，前一阶段，J村的发展是一种模仿式发展样式，既没有考虑自身所拥有的实际资源和实际能力，也没有考虑区位优势，更没有考虑市场机制，只是在发展冲动的驱使下，积极、主动出击，企图通过接纳大城市释放出的工业发展机会，兴办村办工业，实现村集体经济的发展。但是，由于资金、技术缺乏，再加上没有举办工业生产的经验，也没有这方面的管理才能，因此，村办工业不仅没能带来村集体经济的大发展，反而成为集体经济发展的包袱，让该村一度陷入债台高筑的困境。

后一阶段，J村走上另外一条发展道路：主动城镇化道路。在这一时期，他们汲取了前一阶段失败的教训，从跟风盲目发展，转变为择机而动、量力而行，对不同产业带来或可能带来的发展效益周密观察、慎重思考，在此基础上，确定发展产业，并在以后的发展中反复比较，淘汰落后产能，大力发展优势产业，从而取得村集体经济的逐步发展。回忆这段历史时，J村前党委书记吴××做了这样的总结。

> 在找出路时，我们叫“80年代靠农业、90年代搞工业、21世纪靠物业”。种地不行了，种得好卖不好！但是，我们搞工业也不行，我们搞了开发厂，搞的是联营企业、搞的是外资企业，当时有句话：“效益低下、经济疲乏、债务缠身、困难难以摆脱”，现在叫转变经济发展方式，我们叫调整产业结构，我们就搞租赁业，我们是“合作形式、租赁性质、独自管理”，宁要现金八百，不要赊账一千，这是经营的理念。①

总之，随着城镇化的不断推进，上海市区不断向J村方向扩展，该村周边的城市基础设施也不断完善，当环西二大道、SCB路、SGD路等主要交通干道穿村、傍村而过时，J村区位优势日渐凸显，土地升值迅猛，高效利用土地已成为可能。J村人正是在这样的环境条件下，通过对发展农业劣势的反思，在汲取兴办村办工业的教训之后，面对汹涌而来的城镇化浪潮，主动选择了“调二、进三”产业发展目标，最终找到一条适合自己的发展道路。② 基于上述三个方面的综合思考，J村人才在新型城镇化道路的探索性实践中，逐渐与被动式城镇化揖别，逐步走上主动城镇化发展道路，并在实践过程中得出如下的理论性感悟：被动城镇化只能解决温饱问题，主动城镇化才能带来小康。

说实话，J村人的这一感悟式表达，既让人有醍醐灌顶、恍然顿悟的感受，也让人有以偏概全、坐井观天的感觉，但是，不管其他的人听后的感受如何，当我们梳理这些感受的时候，却不得不对J村人的这种理性选择心生敬畏。其中，有几组数字让我们看到了身处逆境中的他们理性抉择的勇气和能力，以及通过主动城镇化道路选择而使该村经济社

---

① 资料来源于我们对J村前党委书记吴××的访谈笔录。

② 资料来源于我们对J村前党委书记吴××的访谈笔录。

会等各个方面所发生的巨大变化。表 4－1 是我们统计的 J 村 1998～2009 年的几组关键数字，统计对象分别是净利润、上缴税收、村民福利和劳均收入水平四方面的动态情况。需要事先说明的是，这些数字都是以该村 1994 年底负债 1780 万元为基本背景的。分析表 4－1 所携带的信息，可以发现 J 村十几年来始终上扬的发展态势，如果将表 4－1 转化为数据点折线图（详情见图 4－1），其上扬的轨迹更是可以一目了然。这种发展态势，绝不可能是靠运气或者乱冲乱撞的侥幸所实现，它从数字的角度，直观地反映了 J 村人基于自身实际所做的和一直在做的理性选择和因之建构的行动能力，从而，也为我们的“主动城镇化道路是 J 村人基于自身实际所做的理性选择”的论述提供了事实支撑。

表 4－1　J 村 1998～2009 年四类数据

单位：万元

年份	净利润	上缴税收	村民福利	劳均收入水平
1998	1784	1145	125.4	1.8
1999	1901	1428	145.2	2.0
2000	2481	1720	167.5	2.1
2001	4500	1982	221.9	2.3
2002	5600	2450	396.7	2.6
2003	9700	3250	489.6	2.8
2004	15553	6454	570.6	3.16
2005	18035	7994	862.4	3.5
2006	15863	8013	1064	3.8
2007	21893	11190	1321	4.0
2008	22676	17801	1701	4.3
2009	24776	22300	1860	4.65

另外，J 村人对自己所得理论性感悟的务实态度，也让我们看到他们在自己发展道路选择上的理性态度。从感情上说，J 村人对主动城镇化不仅情有独钟，而且心存感激，甚至是盲目崇拜。他们从沉重的债务负担中走出，成功实现村强民富的目标，使村民的收入水平、生活水平不仅远高于周边村的村民，成为百强村，而且也高于上海市普通市民，这种在十几年前想都不敢想的事情竟然变成事实，对农民内心的震撼和

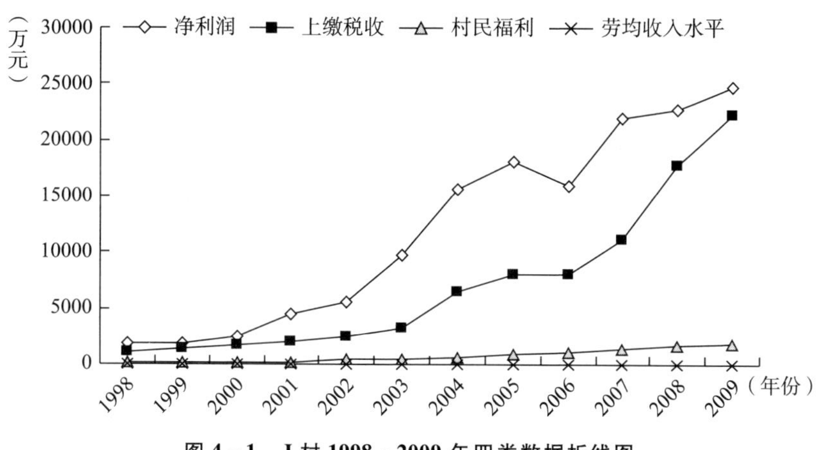

图 4-1　J 村 1998～2009 年四类数据折线图

冲击是可以想象的，所以，他们被主动城镇化所折服。在我们初次接触 J 村领导层时，他们都是以自豪而又自负的态度来表达主动城镇化，相对应的，对政府主导型城镇化，也就是被动城镇化，则持否定态度。但是，一次专家座谈会让他们对两种城镇化模式的态度发生了很大转变，虽然这种转变仅限于对外的表达。

这次座谈会的时间是 2009 年 4 月，中心内容是讨论“M 区 J 村主动城市化发展研究”课题框架。在座谈会上，围绕着有没有主动城镇化，要不要提主动城镇化，以及主动城镇化和被动城镇化的关系，大家畅所欲言，其中不乏对 J 村人引以为豪的主动城镇化的批评和否定。由于这些负面评价主要来自政府工作人员，这对 J 村领导人的影响是巨大的。自此以后，他们在公开场合不再将主动城镇化和被动城镇化对立起来，也不再大张旗鼓地宣讲“被动城镇化只能解决温饱问题，主动城镇化才能带来小康”的实践感悟。对于这种转变，私下里他们向我们做出这样的解释：有些事做了才能说，有些事做了也不能说——这是一种典型的、成功导向的实践理性，反映了 J 村人在主动城镇化过程中思考的理性和选择的理性。

但是，不管 J 村人如何策略性地对待“被动城镇化只能解决温饱问题，主动城镇化才能带来小康”这个不太全面的理论表达，他们在实践当中的行动是没有改变的，主动城镇化依然是他们谋求村集体经济不断发展的主要凭仗，或者说是唯一凭仗。这从两个方面说明了他们在实践中的理性选择：其一，立足现实、因势利导，将有利因素最大化，将不利因素转化为有利因素；其二，尝试从理论抽象的高度，认识和理解主动城镇化发展模式，从而实现认知水平由实践到理论的升华。

总之，J村人能够将自己的实践感悟上升到理论层面，无论其表述是否全面，都说明他们在实践中善于思考和判断的特质，它从一个更高的、抽象的层面，述说着J村人选择的理性和理性的选择，这是他们有意识界定和塑造的关于自己在主动城镇化发展模式中的行为期待。

二 J村人的城镇化角色

作为一个基本共识，农民共享城市文明发展成果的主要途径是城镇化，农村的发展方向和最终归宿也是城镇化，城镇化成为“三农”问题最终解决的主要凭仗。因此，无论是在国家政策层面，还是在地方政府层面，抑或在学术界，城镇化都是备受关注的重大问题。在实践领域，我国的城镇化正以年均1%左右的速度持续推进，具有标志意义的是，在2011年，我国的名义城镇化率已经超过了50%，城市社会时代悄然降临到我们这个古老而文明的沃土之上。但是，一个不容忽视的事实是，与城镇化快速推进并行的是我国的城乡差距依然巨大，甚至有被进一步拉大的趋势，农民权益被忽视和被侵害的现象此起彼伏，“三农”问题依然严重，城镇化没能成为让农民共享城市文明发展成果的有力抓手。问题的症结在哪里？如何让城镇化带动“三农”真正步入现代化？如何实现城市与乡村的一体化发展？诸如此类的问题，已经被社会现实提到了与加速城镇化发展同样重要的高度，解决好这类问题，也正在成为推进城镇化和谐发展的关键。在调研时，我们尝试着从农民的城镇化角色角度，探索上述诸问题。

（1）城镇化角色思考

在本研究中，农民的城镇化角色是一个最基础的概念，主要用来研究农民在城镇化过程中应有的角色定位和恰当的作为方式等相关问题。它在既有政府主导型城镇化发展模式中，基于农民因其从属地位而出现的被动作为、消极作为和难以作为，以及在行动方式上产生严重的等、靠、要等依附态势，在思想上形成严重依赖政府的惰性定式，在事实上城乡两极分化进一步拉大的现实状况，从新型城镇化重要行动主体角度出发，探讨适应新型城镇化进一步发展要求的，主动把握自身发展命运的，既能为政府分忧解难又能积极分享城市现代文明成果的农民群体的自身定位、社会定位和角色期待等问题，以便培育、引导并推动农民积极作为，使之能够在城镇化开始由旧型向新型转型的关键时刻，以主动者的姿态，发挥自己的智慧、提升自己的行动能力、善用各种资源，通过自身的不懈努力，推动新型城镇化沿着城乡一体化发展方向健康快速推进。我们认为，恰当的城镇化角色是农民在城镇化过程中自主、自立、自强的关键，是城乡一体化真正实现的基础条件。

为了更好地研究J村农民在主动城镇化进程中所扮演的城镇化角色，我们首先从舒尔茨（T. W. Schultz）的人力资本理论出发，展开对这一问题的思考。

舒尔茨认为，传统农业“不可能引起或促进现代经济的增长”①，其原因不在于生产要素配置的缺乏效率，因为“农民在他们的经济活动中一般是精明的、讲究实效的和善于盘算的”②，“农民在处理收益和风险时，是工于计算的经济主体。在小规模、个人配置的领域中，他们是进行微调的企业家，调谐得如此细微，以至于来自高收入国家的经济学家都无法理解这些农民何等有效率”③。因此，缺乏新的生产要素才是问题关键的结论就可以由此推导而出。

那么，这个新要素是什么呢？按照舒尔茨的理解就是人力资本：“增长的关键在于获得并有效地使用某些现代生产要素……在这一点上，迅速的持续增长便主要向农民进行特殊投资，以使他们获得必要的新技能和新知识，从而成功地实现农业的增长。”④

舒尔茨的这一理论，既认可农民的经济理性和学习能力，又重视向农民进行特殊投资，提高农民的人力资本，它不仅对于传统农业的现代化转型具有促进意义，对于正确认识农民的城镇化角色，充分发挥农民

---

① 杨德才：《工业化与农业发展问题研究：以中国台湾为例》，经济科学出版社，2002，第210页。

② 舒尔茨：《经济增长与农业》，郭熙保、周开年译，北京经济学院出版社，1991，第13页。

③ 杨德才：《工业化与农业发展问题研究：以中国台湾为例》，经济科学出版社，2002，第210页。

④ 舒尔茨：《改造传统农业》，梁小民译，商务印书馆，1985，第133页。

在城镇化进程中的作用，恰当处理农民和其他社会群体的关系，都有指导意义。在上文中，我们已经就农民的人力资本问题做过些许研究，认为这才是对推进农村新型城镇化健康快速发展起主要作用的力量，并发现诸如上海市J村、江苏省华西村等新型城镇化先发村，正是通过人力资本的生发、培育和提升，重构了农民之于城镇化的社会角色，转型为满足并推动新型城镇化的全新角色，并与新型城镇化推进建构起良性互动格局。在接下来的研究中，我们将紧密结合J村这一案例，对农民扮演的城镇化角色做出进一步研究与思考。

（2）行为模式重构

J村从1994年负债1780万元，到金融危机后一年，即2009年农方收益6.4亿元，仅仅用了15年左右的时间。自1998年以来，村总收入稳步递增（详情参见图4－2）。即便是在全球遭遇金融危机袭击的2008年，村总收入仍然快速增长。追根溯源，J村连续十几年的快速发展与我国整个社会经济发展态势是息息相关的，也与上海市的整体发展格局密切关联，更与其特殊的区位优势相对应。换句话说，我国持续良好的社会经济形势和上海市迅速推进的城镇化，是J村突出成就的活水源头：只有在这样的宏观背景下，才可能有微观实体持续发展的空间与事实。因此，解读J村发展成就，宏观背景的考量是必需的和根本的。但是，有两个事实不能忽视：在同样的客观条件下，为什么是J村而不是其他村走上“市场兴村”的发展道路？为什么是J村而不是其他村成为上海百强村？解

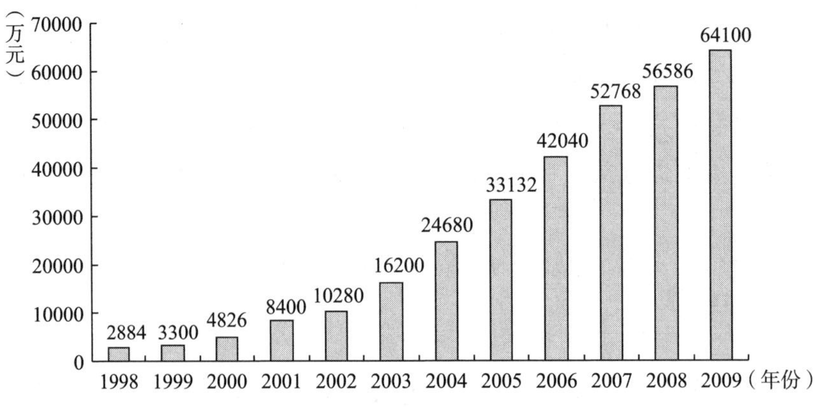

图4－2　J村1998～2009年总收入

释这两个问题，仅从客观因素方面去思考，是没有答案的。作为一个被周边村庄包围着的、道路交通极为不畅的孤岛村，J 村能够克服各种困难条件的限制，走出一条自己的强村富民之路，主观因素的努力不能忽视。从某种程度上讲，正是他们自身的努力，才造就了今日的 J 村。

第一，生存危机压力下的行动调整。

J 村走上强村富民道路的成功努力，可以用“从夹缝中突围”来予以形容。这里所谓的夹缝，特指该村因遭遇征地制度与市场经济的双重挤压而形成的生存与发展困局。从生产方式上看，由于 66% 的集体土地被征用，粮棉菜夹种的传统经营方式已难以承载村民的生存与发展需求，而优胜劣汰的市场经济机制又不允许农业从容转型，再加上 J 村集体经济组织本身又负债累累，工业生产举步维艰。在这样的夹缝困局中，J 村提出了“外三产、内工业”的发展思路，将主要精力投入“三场一路”的经营与运作，通过兴办“停车场、农贸市场、养鸭场和 SHX 路商业一条街”，即“三场一路”，村集体走出举债困境，进入盈利模式。

但是，由于上海市城镇化的进一步推进，也由于“三场一路”具有很强的土地依赖性和可复制性，所以，市场竞争趋于激烈，盈利空间被严重挤压。在这一背景下，J 村再次调整发展方向，增加市场比重，走上建设综合市场的道路，经过几年努力，终于取得了中国第一市场村的成功业绩。

从个体角度分析，J 村村民经历了农民→失地农民→下岗工人、小商贩和在村农民→市场管理者的转变，这一转变历程与上海市城镇化的发展轨迹和 J 村富民强村轨迹基本重合。当 66% 的集体土地被征用后，村民身份发生了分化，一部分成为征地工，被安排在工厂上班，另一部分则成为在村的失地农民。前者，因为经济形势的变化和人力资本的缺憾，“灰溜溜地成了下岗工”。后者，一方面，和村集体捆绑在一起，集合大家的力量，探寻致富之路；另一方面，则依靠个体的努力，经营小本生意，自谋出路。在这个时期，农民的聪明才智得到逐步体现，舒尔茨笔下“微调的企业家”形象开始出现——围绕村域内的上海市第二拘役所做文章，开始时卖菜，逐渐发展到摆摊卖衣服、日用小商品等。这既为村民带来了一定的非农收益，也开启了 J 村人的致富思路，“三场一路”中的农贸市场和 SHX 路商业一条街，就是村民主动升级自发行为、调整小市场业态的结果。由此，J 村人开始了从城市、市场和其他外来竞争者等众多强势者挤压而成的夹缝中突围，渐次开拓出“市场兴村”的发展模式。

第二，内驱动型行为模式重构。

正如上文所言，J 村人有一个非常好的特质，就是勇于学习和善于学习，这是其人力资本得以培育和生长的重要因素，是 J 村在短时间内迅速崛起并持续高速发展的内在驱动力。

首先，J 村人善于从失败中吸取教训，能够从失败中寻找到自己的发展路径。1994 年之前 10 年左右的时间内，J 村兴办了近 50 家规模不等的村办企业，其结果就是负债累累，负债率高达 84%。痛定思痛，他们果断与工业脱钩，大力兴办第三产业，上马“三场一路”。当养鸭业竞争激烈，利润下滑时，他们则能够壮士断腕，放弃养鸭场，走错位经营的发展道路，全力经营农贸市场和 SHX 路商业一条街，因之得到的市场回报是 1997 年还清所有债务，并实现 2460 万元的年收入。

从失败中奋起，体现的是勇气，从失败中找到适合自己的长效发展机制，体现的就不仅仅是勇气，更重要的是善于学习的能力和克服困难的智慧。

其次，J 村人善于向竞争对手学习。J 村人的这一学习特质，主要体现在办市场的过程中。建设一个大型的综合批发市场，竞争对手不仅来自上海的众多批发市场和大型商场，还来自全国各地的同行，特别是在交通日益发达、互联网经济日益融入市场及社会生活各个角落的今天，时间距离和空间距离在经营者和消费者的成本核算中已不占重要位置，市场经营者在全国范围内的竞争都是遭遇战、白刃战。为了向竞争对手学习，J 村人煞费苦心，有时，他们利用正规的途径向对手取经；有时，则利用各种考察方式非正规地向对手学习；其间，还利用假扮消费者等特殊手段，“偷师”于竞争对手。

最后，J 村人善于以能者为师，集他人之长，补自己之短。农民办市场，既无先例，也无经验，更没有相关的知识储备，J 村人在这样的窘境中，充分发挥自己的好学特长，不拒涓滴之流，以能者为师。他们不断请进各类专家、学者上门授课，学习市场经营之道；以专门设定课题的方式，邀请专家、学者为其把脉问诊；聘请具有一技之长的能人做村集体经济组织顾问；派出自己的子弟兵多方求教；等等。

勇于学习和善于学习的特质，提升了该村人力资本的储量和厚度，为J村带来了中国市场第一村的丰厚回报，也为J村的未来发展准备了良好的内在素质。

第三，求实创新，互生共存。

J村每一次大发展背后，都有求实与创新的强力支撑，“求实是发展之本、创新是发展源泉”的语句，既是J村发展足迹的真实记录，也是J村人特质的生动写照。在J村，求实和创新如影随形，相互依托——创新是求实中的创新，求实是在创新中求实，因此，它发展的每一步，既扎实、真实，又富有效率。

J村发展到今天，大致经历了三个阶段，分别是启动阶段（1994～1997年）、发展阶段（1998～2002年）和提升阶段（2003～2010年），与这三个阶段相适应，J村经历了三次大的创新和无数次程度不同的创新与突破。在第一阶段，J村面对失地与债务困境，提出了“外三产、内工业”的发展思路，举办“三场一路”，最后形成“北商南工”的村庄产业空间格局，不仅成功实现产业结构调整，而且，村集体经济起死回生。在第二阶段，J村根据自身的资源禀赋特点，放弃没有比较优势的工业经营，提出“退二进三”发展策略，利用各种社会资源，突破众多发展瓶颈，全力经营J村综合市场，从而成功跨入亿元村行列。在第三阶段，J村一方面提升市场业态，提高档次，打造J村品牌；另一方面，依据市场需求开拓衍生产业，创办了小额贷款公司、电子商务公司等六大衍生产业公司，并计划向地下发展，规避因特殊区位产生的限高压力，从而为将自己建设成为区域商业中心奠定了良好基础。

在J村，求实和创新呈现互生共存关系，并且，这种关系超越了经济领域，成为弥漫在该村各领域的客观存在，这种客观存在，一方面，促进了该村各类事业的不断进步，另一方面，固化并重塑着J村人勇于学习和善于学习的固有品质，其最终成果就是J村不断实现的在求实中的创新发展。

第四，强调公平的致富思维。

如何处理效率与公平二者间的关系，不仅仅是一个经济学问题，更是一个社会学问题。从理想状态角度讲，最佳的处理方式就是二者并重、不偏不倚，但是，在社会资源与财富给定的限制下，权衡二者之间的轻重比例，势在必行。一般来说，效率优先兼顾公平，实际上就是以牺牲公平来满足发展的需求；而公平优先兼顾效率，又是以效率为代价，求得低水平的均贫富。因此，从严格意义上来说，两种处理方法都存在严重弊端，都是不可持续的发展模式。J村在发展过程中先后做出了两种选择，即发展初期以效率为主，以后则逐渐转为以强村富民为宗旨，强调公平，突出效率，进而确立了在发展中强调公平的致富思维。

J村强调公平的致富思维主要体现在三个方面。其一是人人有工作，就是通过综合市场的发展，创造、挖掘工作岗位，根据村民个人文化程度、工作能力和身体状况，安排相应工作，使J村村民都有一个持家立业的工作。其二是人人有福利，就是通过发放各种生活补贴和实物福利，保证村民共享集体发展成果。这一块的份额较大，1998年至2008年的福利总支出共计7184.9万元；2009年，户均福利收入为1.87万元。其三是人人有股份，这是保证公平优先发展路径的重要制度安排，也是J村人在失地之后获得的既可以解除后顾之忧，又可以传之子孙的重要财产性收入，这个收入随集体资产的增加而扩大，到2008年，村民人均股份净收益已经高达10240元。

从某种意义上说，强调公平的致富思维既成为J村村民的一种信念，也成为村领导权力合法化、合理化的一种主要表达，同时，也成为将整个村庄力量整合在一起、共谋大业的黏合剂和催化剂。

(3) 行为期待的主动形塑

剖析J村新型城镇化发展历程，我们发现，J村人在这一过程中扮演着不同寻常的角色，这与全国其他地方城镇化中的农民存在较大差异，也与人们常识中农民的城镇化角色存在较大差异。在政府主导型城镇化模式中，农民是被动城镇化群体，包括土地被征用、工作被安置、房屋被拆迁、被下岗、被城镇化，等等，“被”字常常用来描述城镇化中的“三农”。与之相对应，主体地位缺失、被动适应城镇化进程是农民被赋予的行为期待。然而，J村人在经历了一段痛苦的“被”字震荡后，在“硬发展也是道理”的启发下，逐渐揖别被动城镇化角色，通过自身努力，主动形塑与重新界定了农民的城镇化角色。

概言之，J村村民的城镇化角色已经完成了从被动向主动的转变，主动城镇化者是他们现在扮演的城镇化角色。我们可以从主体、主动、求实、创新四个方面，对其新角色进行诠释。

“主体”，即主体性，它是J村人对自身在城镇化进程中社会地位的自我界定，是将他们同政府主导型城镇化背景下被动适应型农民区别开来的主要标志，“是农民在城镇化进程中把握命运、改变命运、创造奇迹的基本前提”①。它主要体现在J村人能够审时度势、顺势而行、挖掘自身潜力、利用一切可以利用的资源、学习并创新发展路径，形成既依托客观形势，又“以我为核心”的主动城镇化发展模式。

“主动”是J村人的城镇化行为模式，是他们通过自身努力而诠释出的主动城镇化模式下的农民的角色期待。“主动”就是不“被”、不等、不靠、不要，就是直面挑战、把握机会、勇于出击、善于成功。不“被”是一种利益博弈的行为方式，既是主体性的体现，又是因时顺势能力的反映，是在强势外力存在的前提下，化被动为主动、化不利为有利的积极态度及行为方式。J村人在这方面的表现就是从夹缝中突围、在学习中发展、在求实中创新。“不等、不靠、不要”是衡量J村人由被动城镇化转为主动城镇化的重要指标，他们在失地困境中奋起，在负债压力下自强，在学习中做市场，在做市场过程中积极学习，凭借着敢想、敢干、敢闯、敢冒风险的“四敢”精神，闯出一条坦途，从困境中突出重围。

“求实、创新”既是主体性的内核，又是其得以实现的重要途径；同时，“求实、创新”还是J村人内在品质和致富能力的体现。J村人继承并弘扬了实事求是的文化精髓，并通过不断的学习与思考，提升自身认识规律、把握规律和利用规律的能力，所以，在村经济、社会发展面临转折的关键时期，有能力认清问题、扭住关键点，创新出独具特色的发展模式；同时，也能够根据城镇化中农民面临的失地、失业和失保障困境，通过股份制建设，解除村民的后顾之忧。

总之，J村人通过主动城镇化模式，重新诠释和界定了农民的城镇化角色，从而改变了传统农民被动适应城镇化进程的尴尬处境，为自身

① 张本效、纪晓岚：《主动城市化的探索与思考》，《城市发展研究》2010年第10期，第9～14页。

的发展开拓出一条道路。

（4）基本结论

对农民来说，城镇化角色的恰当定位，不仅关系到他们当下的切身利益，更关系到其将来的经济社会地位和个人福祉，同时，也与我国整体的可持续发展息息相关，是牵一发而动全身的一个重大问题。政府主导型城镇化背景下的农民，经由被给予、被迫适应的城镇化角色，虽然也可以逐渐完成城镇化的历史任务，但是，从经济学的成本－收益角度分析，需要国家投入大量的人力、物力、财力和精力，而且，效率低下、被迫适应的农民亦步亦趋地完成政府下达的任务，主体性、主动性的缺失，难以使他们自身发生革命性的嬗变，城镇化的结果，可能就是一锅夹生饭：物质上的城镇化与精神上的农民化长期并存。赋予农民主动权，肯定并培育农民的主体性，既可以让政府"减负"，又可以实现高质量的城镇化。因此，通过农民城镇化角色的重新界定，实现城镇化由被动向主动转型，由旧型向新型转型，对J村人来说，是已经被证明了的、能够先他人一步、走上和谐的城镇化发展道路，实现村强民富目标的关键；对我国其他农村来说，特别是对后发展农村来说，则是具有重大实践意义和理论意义的创新性举措。

J村人的城镇化经历对农民的城镇化角色进行了全新的阐释，也为我国新型城镇化发展探索了一条新的推进路径，同时，为从理论上研究农民的城镇化角色提供了丰富素材。总结J村经验，结合华西村、滕头村等全国十大名村中其他村的成功实践，我们认为，一般意义上的农民城镇化角色概念应该这样界定，即在国家给定的法律、政策范围内，城镇化中的农民，通过实现主体性，发挥主动性，以求实创新为手段，充分利用各种自然资源和社会资源，消弭各种障碍性因素，实现所在村域城镇化目标，缩小乃至消灭城乡差别，推动形成城乡一体化发展过程中的理念和行为模式。

三　农民的城镇化角色功能分析

我们所总结的农民城镇化角色概念，主要关注的是农民在城镇化中的身份地位与行为期待等问题，是首先从理论上界定城镇化中的农民是什么和应该如何的问题，相当于在城镇化坐标上确定其具体的坐标位置。

紧接着这个问题，接下来要予以关注的就是其发挥的功能问题。基于J村农民主动城镇化的实践研究，我们认为，J村人在经济、社会、文化等各个方面，都扮演了与传统农民迥异的角色，因之也发挥了特有的功能。

（1）经济功能

J村农民在主动城镇化的经济领域发挥的作用是最为突出的，其经济行动的结果也是最为辉煌的，从最主要的方面看，他们的经济功能主要体现在如下四个方面，分别是：村集体经济发展的谋划者、组织者、实践者和最终责任人。

所谓谋划者，是指他们根据村集体经济已有的发展基础、自然资源禀赋和外部条件，因时顺势、因势利导，逐步确定并完善主动城镇化发展方略，从而为该村走出一条属于自己的经济发展道路，提供宏观战略和策略。从具体结果看，该村经济一直保持着持续快速发展的态势，其未来经济的发展走向也呈现十分良好的趋势和强劲的势头。所以，可以这样说，J村村民在谋划者方面发挥的积极的经济功能，是该村主动城镇化发展模式中不可或缺的重要推动力量。

所谓组织者，是指J村村民依据自己提出的经济发展战略和策略，首先确定最合适的经济组织形式，然后选择适当的经济运行方式，将村集体经济组织拥有的人、财、物等生产性资源，合理搭配、综合调度，形成村集体经济体内各要素之间的统分结合、有机合作，从而实现主动城镇化发展模式的不断创新与完善，推动村集体经济不断发展与壮大。

所谓实践者，是指J村村民不但实际承担着落实村集体经济组织经济发展战略和策略的重任，而且是村集体经济组织的载体和组织对象，通过自己的生产实践活动，探索、推动、承载和完善主动城镇化发展模式。简单地说，J村村民是主动城镇化的全部依靠力量，正是他们的实践活动，造就出民富村强的J村主动城镇化发展模式。

所谓最终责任人，是指J村村民承担着该村主动城镇化实践的全部责任：如果成功了，他们是村集体经济组织成就的分享者；如果失败了，他们只能“自食其果”，自己消化失败的恶果。所以，可以称之为无限责任人，这也是以村集体经济组织为生产单位、以全体村民为实践者的主动城镇化发展模式的主要特点。

总之，J村村民发挥了四个方面的经济功能，推动了该村经济的不断发展，他们通过自己的成功实践，宣布其自身之于村集体经济的实际价值，成为该村独特的新型城镇化发展模式的主体。

（2）社会功能

J村村民在主动城镇化过程中所发挥的社会功能，既有显性的也有隐性的，既有正功能也有反功能，总体上看，显性正功能是主要方面，按其发挥作用地域空间的差异，可以分为村域外的显性正功能和村域内的显性正功能两个方面。

村域外的显性正功能主要表现在两个方面，其一是该村农民创造的主动城镇化发展模式对其他地区村域城镇化的表率和启发作用；其二是该村农民创建的村域和谐社会氛围的溢出效应。通过这两个方面的作用，J村为周边农村社区和城市社区的和谐发展，为我国城乡一体化建设顺利推进，发挥了显见的积极作用。

村域内的显性正功能的总体表现是“和谐J村”的创建、维持和推进，其具体内容则涉及多个方面。例如，村内较为健全的社会保障和福利体系建设所形成的老有所依、少有所育的祥和社会氛围；村域内失地农民得益于村集体经济的整体发展，没有陷入“三失”泥淖，从而不存在因土地权益被侵害所发生的农民上访事件等动乱因素，进而形成安定团结的村域社会；再如，村域内和谐的人际关系和积极向上的生活方式、健全的社会服务体系，等等。所有这些方面，是J村农民在其社会功能发挥领域中取得的良好社会效果。

事实上，J村村民在主动城镇化过程中所发挥的社会功能，也存在非功能甚至是反功能的现象。例如在“硬发展也是道理”的导引下，间或冲击既定政策、不断打现存政策的擦边球等超常规发展模式，在一定程度上影响和干扰了所在区域的市场秩序，并给后发展农村城镇化模式创新带来了可能的负面启迪；在市场建设过程中，改变村域原有陆地与水域比例，过度开发村域土地，造成排水不畅、交通拥堵、热岛效应等环境、社会问题；再如，股权配置过程中的权力集中造成分配不公等社会问题；等等。

总之，J村村民在发展自己村域经济社会事业的过程中，通过自身的努力，在村域内外都发挥了积极的建设性作用，形成了良好的社会效果，虽然也存在一定程度的反功能，但也是发展过程中的反功能，能够在未来的发展过程中逐步解决，因之，可以理解为瑕不掩瑜。所以，从总体上看，从社会历史发展的角度分析，J村农民在主动城镇化实践中所发挥的功能主要是社会正功能。

（3）文化功能

J村村民在创新出主动城镇化发展模式，实现民富村强目标的过程中，对该村的文化建设发挥了重要推动作用。总体上看，他们的文化功能主要体现在两个方面：其一是塑造者功能，其二是传承者功能。

所谓文化的塑造者，是指J村村民，适应经济社会发展要求，及时在文化领域创新理念，发掘、总结、提炼主动城镇化的文化内蕴；主动培育和塑造健康的村域文化，是指他们在这一系列文化创新活动中所扮演的角色和发挥的功能。

在J村，具有典型意义的文化创新事件及成果主要包括三个方面的内容，分别是凝练出“J村精神”、持之以恒的“三德”教育活动[①]和创建全国文明村活动。其中，“J村精神”具有总纲的性质，它从整体上塑造和规范着J村人的思想和行为；“三德”教育活动是具体的、具有可操作性的、日常活动式的精神文明建设项目，直接与村民的心灵对话，塑造和规范着J村人的思想和行为；创建全国文明村活动则是一个宏观载体，是在主动城镇化实践取得重大成就以后，J村人自觉提升村庄形象、村庄品位和村民素质的一项综合性文化创建活动。从内容上看，它实际上涵盖了或大部分涵盖了前两项内容。我们可以从他们的创建内容上感觉到J村农民对村域文化的塑造功能。

该村创建全国文明村活动是一个组织严密、步骤合理、分工明确、责任到人的系统工程。从组织体系上看，该村设有“创建全国文明村工作领导小组”和“创建办公室”，并分别制定出相应的工作职责；从操作层面上看，既编制了目标责任书，又确立了相关建设内容，同时

① J村“三德”教育活动包括三个方面的具体内容，分别是：社会公德教育、职业道德教育和家庭美德教育。社会公德教育的内容是：文明礼貌、助人为乐、爱护公物、保护环境、遵纪守法；职业道德教育的内容是：爱岗敬业、诚实守信、办事公道、服务群众、奉献社会；家庭美德教育的内容是：尊老爱幼、男女平等、夫妻和睦、勤俭持家、邻里团结。

还确立了建设标准和工作重点，并将各项工作与具体责任人挂钩。环环相扣的创建程序，为创建内容能够落到实处提供了可靠保障；而具体的建设内容，则承担起塑造该村文化的重任，并确立了文化塑造的方向。

关于文化塑造的方向问题，我们可以从该村2009年的六项创建任务和各村民小组常规性的工作中窥见一斑。

2009年的六项创建任务：

> 根据我村创建全国文明村总体规划和2009年J村精神文明建设工作计划认真抓好：一是以“迎世博、讲文明、树新风”为主题，落实迎世博600天行动计划（召开一次动员会，组织一次读书活动，组织一次礼仪培训，开展一次主题知识竞赛，组织一台文艺汇演，加强志愿者活动等）；二是深入开展“保两安、创五优”活动；三是全面开展社会公德、职业道德、家庭美德教育；四是延伸文明一条街的创建；五是开展文明创建系列评比；六是举办以书画摄影作品展等为内容的“六项”文明创建活动。

各村民小组职责任务：

> 树立“八荣八耻”社会主义荣辱观，遵守“公民基本道德规范”，引导村民履行“J村村民自治章程，大力倡导文明、健康、科学的生活方式，提高村民的综合素质和文明程度，积极配合老村宅的整治、改造，确保创建目标的顺利完成”。①

从引述的这两段文字中，我们可以较为清晰地看到该村文化建设的努力方向，虽然其目标不可能在朝夕之间完成，但是，由于组织严密、步骤合理、分工明确、责任到人，其发展轨迹与社会主义文化建设的方向具有一致性。所以，其积极向上的最终成果也是可预期的。J村农民对村域文化所发挥的塑造者功能，将随着主动城镇化的不断推进和其

① 资料来源：《J村创建全国文明村目标任务责任书》（2009～2011）。

“文化自觉”[①] 的进一步明确而日益得到充分的证明。

所谓文化的传承者，是指J村农民对村域传统文化的继承与弘扬，以及对社会主义文化的学习、实践与传承。值得注意的是，由于农民受其本身所拥有的认识能力和觉悟水平的限制，在传承传统文化时，往往将一些糟粕性的东西一并吸收，并不断复制和推广，所以，对村域文化建设有着一定程度的反功能。但是，由于J村农民，一方面具有很强的学习能力，另一方面得益于主动城镇化的发展成就，整体生活状况得到质的提升。因此，对社会主义文化具有很强的认同感。再加上该村精神文明建设工作搞得有声有色、形式多样，有很强的吸引力，所以，J村农民对社会主义文化的学习、实践与传承既提供了很好的平台，也有很高的积极性和热情，这是他们能够扮演好文化传承者角色、在村域文化建设中发挥正功能的主要原因。

第三节 嵌入式角色建构

纵览J村人在主动城镇化过程中扮演的角色和角色扮演特点，可以发现，围绕着行动策略与行动理性的角色创新，以及因之产生的行动结果，具有耐人寻味的意义。总体上看，其角色创新的进程与理路，与城镇化动力系统嵌入式自主重构具有同质性，即重构的背景与前提皆为内外部环境结构性的刚性制约，重构的结果也必然与这些环境交流、碰撞，并在这种互动模式中，实现着和实现了民富村强的行动目标。换句话说，在主动城镇化路径探索与实践过程中，J村人以创新的方式，将自身扮演的经济社会角色予以实现和重新建构，因而，突破原有的行为期待，创新新的行为期待形式与内容是其基本特征和表现形式。但是，这种创新性活动绝不是“为所欲为”，也不是“空中楼阁”，它始终奠基于既存的经济社会背景之上，与政府主导型城镇化模式竞合互动，并从中展现出行为主体主动嵌入式角色建构的运行轨迹。我们可以从主动城镇化与农民城镇化地位与角色间关系，以及城乡一体化路径中的行为主体角色

---

① 费孝通：《创建一个和而不同的全球社会》，《云南大学人文社会科学学报》2001年第6期，第1~5、16页。

两个方面，探寻这种主动嵌入式角色之建构。

一 主动城镇化与农民城镇化地位与角色间关系

在本研究的开始阶段，我们提出了三个理论追问，并在研究过程中对这三个追问做了力所能及的思考与检验，通过对J村发展事实的佐证和相应的理论思考，得出了三个理论追问都是成立的结论。从行为主体主动嵌入式角色建构角度对这三个已被检验的理论追问进行进一步的思考，我们认为，它可以揭示出几个比较稳定的、反复出现的、带有规律性的经验。其中，可总结出的第一个经验是，主动城镇化的存在和发展与农民主体性资格的有无及存在程度有着密切的关系。

考察J村主动城镇化的发展轨迹，可以发现，这种关系从两个方面得到体现。第一方面，在走上主动城镇化发展道路之前，农民也有脱贫致富的积极性和实际行动，但是，由于缺乏主体性和创新性，只能在致富道路上跟风而行，模仿别人，所以，不但不能够实现脱贫致富目标，反而是债台高筑，集体经济濒临崩溃的边缘。它说明，政府主导型城镇化模式，在调动农民积极性方面是成功的，但是，对于农民的主体性地位的开发和培育关注不够，而缺乏主体性的农民，同时也就缺失了创造性的原动力，因之，也就创造不出适合自己特点的发展模式——拥有一个创新的平台和拥有在这个平台上的创造者，是推动城镇化健康发展的同样重要的两大因素。

第二方面，在探索并成功走上主动城镇化发展道路之后，J村农民开始有了自己的创新平台。事实上，这个平台的发现和探索，并不是农民深思熟虑的结果，而是他们在苦苦寻求致富道路时的偶然发现：开始发现的是致富的商机，例如“三场一路”上马的原因是立竿见影的经济价值，等等。因此，这个时期的农民，其主体性还没有得到真正的开发和利用，他们只是在求生本能的驱使下，开始唤醒自己的主体性。然而，正是在这个过程中，农民的主体性得到自觉的培育和锻炼，而这个主体性一经被唤出，并加以培育和锻炼，其生命力和创造能力便不可遏制地得到显现。最能体现J村人主体性的事实，应该是“硬发展也是道理”的理念与实践，这一理念和实践的具体物化，就是J村人对“三场一路”的取与舍和继之发生的村集体经济组织内部经济结构的自觉调整、股份制改造等，最终可以将这些具体物化的行动与结果上升为主动城镇化战略的自觉与逐步完善。实际上，J村人对农民主体性之于主动城镇化的重要性关系也有着自己朴素的认识，例如，在反思与总结自己村发展的原因时，时任村党委书记吴××做了这样的说明。

> J村为什么这么好？一是大征地，二是我当了书记，三是我的坎坷经历……我热爱劳动、热爱集体，在“左”的形势下，只能利用，不能重用。①

J村村民则是这样分析个中原因的。

> 还有就是吴××不断的创新精神，这也是很少有人有的。一个是抓住了机遇，一个是胆略很大，有敏锐的眼光，还有就是不断创新。不断创新他永远不会满足，这就是他的三大优点，正因如此，J村才得以存在，他的功是不可磨灭的，但是，J村有一班人马，但并不是他一个人，有智囊团，老一点的辅佐他的人。②

虽然村党委书记和村民的分析存在差异：前者主要将发展的成就归结为自己的努力，或者说个人主体性的发挥；后者则更具有客观性，他们指出了两个主体性，其一是村党委书记的主体性，其二是村民集体的主体性。但是，不论是村党委书记，还是村民，他们对该村主动城镇化发展原因的分析还是具有一致性的，其内蕴的基本共识是，农民主体性的发挥带来了J村主动城镇化的发展模式和发展成就。

将J村发展的实际过程和村民自己的解释结合在一起，我们发现，农民主体性发挥和主动城镇化之间确实存在一种反复出现的密切关系，即当农民的主体性觉醒的时候，主动城镇化开始逐步出现；当农民的主体性得到锻炼、开发和培育的时候，主动城镇化模式的雏形被创造出来；当农民的主体性成为常规性自觉的时候，主动城镇化模式被大力推进和

① 资料来源于我们对J村前党委书记吴××的访谈笔录。

② 资料来源于我们对J村村民（S－jzn[1]t）等的访谈笔录。

逐步完善。因此，我们认为，依据J村村民现有的实践成果，可以这样描述农民主体性和主动城镇化之间的关系模式：农民主体性的有无和作用发挥的程度，决定着主动城镇化的生成与发展。这是一种因果关系的描述，也是J村主动城镇化实践历程的直观反映，至于能不能上升为规律性的结论，恐怕还需要实践和时间的检验。

另外，它们之间的关系到底是因果关系，还是相关关系，也是一个需要进一步研究的问题。J村农民认为，“被动城镇化只能解决温饱问题，主动城镇化才能带来小康”，这个带有片面性的认识，虽然没有直接回答主动城镇化之于农民主体性发挥的关系问题，但是，也在一定程度上有所触及。事实上，正如前文所说，J村的城镇化实践揭示出这样一种现象，即被动城镇化背景下的农民，更多的是一群被动适应者和执行者，主体性没有得到开发和培育；主动城镇化背景下的农民，主体性开始得到锻炼、培育、开发和完善。所以，J村城镇化实践似乎在告诉人们这样一个社会现象：被动城镇化忽视农民的主体性，主动城镇化才是农民主体性发挥的舞台。问题是，J村只是上海市众多郊区村中的一个，放在全国范围来考虑，更是一个可以忽略不计的小小村落，再加上J村主动城镇化的实践至今也不过刚刚走过20多年的发展时间，所以，依据该村实践，贸然得出规律性的结论，恐怕也难以服众。但是，J村的实践毕竟有这样的现象，所以，我们也应该予以重视，并在继续求证的基础上给出一个结论性的说明。基于这样的想法，我们最后认为，“农民主体性的有无和作用发挥的程度，决定着主动城镇化的生成与发展”，这描述的是一种相关关系。这是我们针对J村主动城镇化发展历程的研究所得出的第一个带有规律性倾向的结论，而正是在对这样一个结论性概括进行描述的过程中，我们看到了J村农民自身角色创新的行动与角色创新的内容与价值，以及这种角色创新的嵌入型特征。

二　城乡一体化路径中的行为主体角色

行为主体主动嵌入式角色之建构，也可以从主动城镇化之于城乡一体化建设的意义中得到显现。对于这一显现，我们从讨论本书的第三个理论追问角度予以展开。

我们认为，J村主动城镇化实践的历程，对本书提出的第三个理论追问做出了证明，即主动城镇化比政府主导型城镇化更适合城乡一体化发展要求，换句话说，主动城镇化是我国城乡一体化实现的重要载体。在进一步的研究中，我们发现，“三农”越主动，城乡一体化建设越顺利、越有成效，这也是该村城镇化实践可以揭示出的又一个比较稳定的、反复出现的、带有规律性的、行为主体主动嵌入式角色之建构的经验事实。

实际上，与政府主导型城镇化发展模式相比较，主动城镇化更有利于城乡一体化健康发展的内在原因，也正是“三农”在其中的积极作用，正是因为能够调动“三农”的主动性和积极性，主动城镇化才实现了两个优势的整合：它在将来自政府的城镇化热情和城镇化行动主动承接下来的同时，将“三农”的城镇化热情和城镇化行动开发出来，从而将政府用于城镇化的资源和“三农”拥有的城镇化资源整合在一起，通过农民的自觉行动，不断推进城乡一体化目标的实现。

在J村，这种显见的整合有着各种各样的表现，例如，在城乡一体化的基础设施建设方面，J村农民的主动性为这个一体化的顺利推进做出了直接的贡献，具体表现在村域路面的硬化、桥梁的架设、地下管网系统的建设等。其中，最突出的表现是SHX路的修建，通过拉伸、拓展、硬化SHX路，将J村与上海市直接连接在一起，实现了城乡基础设施的一体化。再如，在城乡一体化的生活方式建设方面，J村通过鼓励村民到上海市城区购买商品房的方式，将该村农民直接“空降”到市民中间，不但加速了村民同市民的融合，而且快速实现了村民向市民的转型。类似性质的案例在J村是很多的，其内容覆盖了该村经济社会文化等各个方面，它们从各个不同的角度，反复地说明着这样一个道理，即当农民能够主动地寻找和承担城镇化责任的时候，城乡一体化推进的政府优势和“三农”自身的发展资源就能够顺利对接。

事实上，在J村，因为农民的消极行为而产生的城乡一体化阻碍因素也是存在的，它们从对立的角度，阐释着“‘三农’越主动，城乡一体化建设越顺利、越有成效”这样一个具有规律性特点的事实，典型案例是村庄改造中所谓“钉子户”行动带来的社会结果。

在村庄改造过程中，除开始阶段的安置房政策外，J村主要采取鼓励村民进城购房的货币赎买政策，其主要目的有两个，其一是置换村域内宅基地所占土地，为市场发展寻找必要的土地空间；其二是加速村民城镇化的步伐。但是，由于村域内旧宅有巨大的房租收入，所以，部分村民采取不断抬高旧宅售卖价格等各种对策，拒绝外迁。这就形成了J村市场与村民旧宅交互错落的尴尬格局，不但影响了村集体经济组织主动城镇化战略意图的进一步实现，也造成J村村域严重的治安、卫生、消防、基础设施等社会问题，同时，也阻碍村民自身城镇化的步伐。类似的城乡一体化对立现象说明，农民的态度、意愿和行动与城乡一体化建设有着正相关关系。

综合农民两种对立的态度类型及其产生的实际结果，我们认为，“三农”越主动，城乡一体化建设越顺利、越有成效，这是J村主动城镇化给予我们的又一个规律性的经验。当然，如同“农民主体性的有无和作用发挥的程度，决定着主动城镇化的生成与发展”需要时间和实践的进一步检验一样，这一经验事实也只有经历了更长时间和更多实践的检验之后，我们才能够做出肯定的回答。不过，作为实践中反复出现的且极具成效的事实，对于认识行为主体主动嵌入式角色之建构的过程及价值，进而对于我国城乡一体化建设实践的研究与思考，是有借鉴意义和启发作用的。

第四节　激励机制重构

随着主动城镇化的不断推进而被重构的激励机制，对J村主动城镇化发展模式的运转，贡献巨大。梳理自1994年底至今的实践历程，我们认为，可以从多个方面来认识和研究该激励机制，其中，最主要的分析对象是该机制的三大构成要素，分别是股份激励、福利激励和岗位激励。

一　股份激励的功能及运行特点

按照出现的时间计算，J村的股份制改革启动于2003年，到2005年11月24日，以注册成立上海J村物流股份有限公司为标志，开始正式进入股份制运转状态，自此开始，股份激励成为该村主动城镇化激励机制中最重要的因素。

（1）股份制的行动激励与行为规范作用

从J村股份制改革与推行的实践看，股份激励的一个重要作用在于对村民"集体心"的发掘、培养和弘扬，以及在此基础之上村民集体主义行动的调动与利用。所谓"集体心"，是指村民对集体经济组织和集体事业的关心、担心、爱心和事业心等。从某种程度上说，这是村集体经济组织能够存在和发展的最基本条件，如果这个基础不牢，甚至缺失了这个基础，村集体经济组织及各项事业的发展，要么不可能，要么就是昙花一现，这就是所谓的基础不牢、地动山摇。在J村实施股份制改革之前，因村民集体心不强而产生的危机，是普遍存在的，集体经济的发展也因之存在潜在的和现实的种种危机。2002年J村市场的一场大火，是较具说服力的案例之一。

这次火灾的发生地点是J村胶合板市场，令人意外的是，在火灾发生过程中，居住在附近的J村村民，竟然没有一个人出来参与救火行动。这不仅与传统农民守望相助的生活传统相矛盾，也与传统的道德要求相背离，至于和村集体经济主人翁地位与意识更是格格不入。吴××由此得出这样的认识。

> 经过半个世纪的发展和变迁，大多数人特别是青年人，对集体资产是怎么形成的、如何积累的过程，非常淡漠甚至没有任何感情。有相当一部分村民不知道只有集体经济不断壮大，个人利益才会不断增加这样一个最基本的关系，甚至已经把自己置身于集体经济组织之外，根本没有保护自己组织的意识和行为。①

因此，从这个案例中，我们能够得出这样的基本推论，"集体心"的淡漠和缺失，已经让J村村民对集体经济产生十分冷漠的态度，在这种态度的主导下，难以产生集体主义行动，村域集体经济组织及各项事业的发展，面临着缺少群众基础、没有生长土壤的"空中楼阁"危险。

J村的股份制改革，在发掘、培养和弘扬村民"集体心"的基础上，整合村民力量，凝聚成强大的集体主义行动，吴××因此将股份制形容为"钢丝绳经济发展模式"。

---

① 参考蒋波等的纪实文学作品，该作品由上海人民出版社于2007年出版。

具体来讲，股份制的激励作用主要体现在这样几个方面。其一，通过对村集体经济的股份制改造，在明晰了产权关系的同时，赋予村民以村集体经济真正拥有者的主体身份。自此以后，村集体经济组织的兴衰成败，就通过股权价值与股息的直接变化而与村民的利益直接关联。这种利益共同体的建构，一方面，从根本上扭转了村民对村集体经济漠不关心的态度，在利益攸关的基础上，不断提升和强化着村民的"集体心"；另一方面，将村民参与和从事集体事业的积极性最大限度地调动起来，从而为该村主动城镇化发展提供了源源不断的动力源泉。

其二，股份激励对J村村民的行动具有根本的规范和引导作用，所谓的"心往一处想、力往一处使"，就是这种规范和导向作用的形象写照。正是股份制将村民和村集体经济组织扭在了一起，使原先呈原子化状态的个人和被孤立化的村集体变成一股"钢丝绳"，所以，在迅速提升村集体凝聚力和向心力的同时，也在理论上提升了村集体经济组织的"战斗力"：被组织在一起的村民，能够集合大家的智慧和资源，通过集体的力量，完成个人难以企及的大事业。但是，这种理论上的"战斗力"还不是现实的"战斗力"，如果被组织起来的村民内耗严重，或者目标不明确，抑或目标分散，不但不能提升村集体经济组织的"战斗力"，反而会妨碍甚至是消弭这种"战斗力"，其结果不仅不是大家利益的共同提高，反而是利益受损、一损俱损。

为了防止"一损俱损"结果的出现，实现"一荣俱荣"局面，股份激励能够通过股价和股息的作用，特别是通过村民股东身份所产生的责任心、决策权和参与决策权、监督权以及使命感，规范和引导村民的意识和行动，从而实现目标的整合和行动的整合，这是J村主动城镇化能够持续高速发展的重要保障。

其三，股份激励对村干部的意识与行动具有规范和引导作用。J村前党委书记吴××在《J村探索破解城乡二元结构的一些做法和体会》中，有这样一句经验性总结："新农村建设的主体是农民，关键是村官（村级领导班子）。"姑且不说这个总结的真理性成分及普适性价值有多少，起码我们可以推知村干部对该村发展所发挥的举足轻重的作用。股份制改革对这个群体及成员也有很大的激励作用，使他们能够按照新的要求扮演全新的角色、发挥全新的功能。具体来说，其激励作用表现在两个方面：第一是村干部作为一般股东所接受的行动规范和引导作用；第二是其作为集体经济组织领导者，群体的成员所接受的激励与约束，例如，与经营业绩直接挂钩的奖惩制度，与决策机制直接关联的决策风险承担制度，等等。虽然在非股份制经济中也存在类似的激励与约束，但是，由于没有众多股东的强力存在，各种制度性奖惩设置往往只奖不惩，因之也就没有什么激励作用，特别是没有实质意义的约束作用。但是股份制条件下强势存在的利益机制，对决策错误、绩效低下的容忍度是很低的，因此，给干部带来的压力和动力也是巨大的，由此形成的责任心和使命感规范和导引着村干部的意识与行动，使之成为主动城镇化发展的“关键”因素。

总之，股份激励能够从源头上，即从“集体心”角度，激发村民和村干部的责任心和使命感，进而在行动上促成“钢丝绳经济发展模式”，从而使之成为主动城镇化最基本、最重要、最关键的激励载体。

（2）制度整合作用下的激励运行特点

之所以说股份激励是最重要的激励载体，还在于它对村域内众多制度所具有的整合或统合作用，以及在这种具有“殖民”特点的整合中塑造出的激励运行机制。股份制之后，J村的制度关系格局悄悄发生了根本性变更，从其作用和在村民心目中的地位看，它俨然成为村域内的第一制度，左右着其他制度的生存方式和生存状况，并在最大化自己作用的同时，对其他制度的作用领地不断实施鲸吞和蚕食，呈现制度“殖民化”特征。实际上，股份制表现出的这种特点，十分契合马克思主义关于生产力和生产关系、经济基础和上层建筑之间关系的界定：在J村现有的生产力发展水平基础上，股份制是最合适的经济制度设置；在股份制压倒性优势的作用下，其他制度要素对其具有主动或被迫适应的强制性需求。正是这样的关系特点，塑造出J村股份激励现有的运行机制。

首先，股份制为“村两委”建设与运行提供了雄厚的物质支撑。在这一前提下，“村两委”不仅可以集中精力履行好自己的职责，而且可以利用在村内的政治优势，为股份制保驾护航。其良性结果是：一方面，股份制得益于村内良好政治生态而长足发展；另一方面，“村两委”得益于股份制塑造出的良好社会生态而更加具有活力和影响力。这是一种较为理性的双向互动模式，是股份激励在村域高层范围内的运行逻辑和积极成果。

其次，股份制重新整合各种社会关系，力促J村和谐社会生态的建构和重构。股份制之所以具有这种功能，在于它本身特有的经济魅力，在于它为村民所带来的巨大经济收益和因之产生的对村民的极大心理征服性冲击，这是一个具有颠覆性的外来势力，对于具有实用主义理性的农民来说，继之发生的任何变化都是没有阻力的。所以，当股份制向村域内其他制度形态渗透时，村民的态度是开放的和乐于接受的，并且，他们通过与周边村的比较，通过与全国各地发达或不发达农村的比较，进一步理解了股份制的优势，强化了自己开放和乐于接受的态度，进而成为股份激励的强力推手。

分析J村现有的制度体系，可以发现，无论是以股份制为特点的经济制度，还是受其影响的社会、文化等各种制度，基本上是围绕着股份制运行和展开的，其内容也具有浓郁的股份制特点，我们可以以该村社会公共事业支出为例，分析这一问题。具体情况见表4－2。

表4－2　J村社会公共事业支出明细（1999～2008年）

单位：万元

年份	村可支配收入	社会公共事业支出
1999	3330	47.7
2000	4826	34.0
2001	8400	22.7
2002	10280	233.3
2003	18200	26.3
2004	24680	103.7
2005	33132.8	1253.6
2006	42040.2	444.3
2007	52768.8	1855.5
2008	56586.4	1178.5

表4－2中的社会公共事业支出，包括教育、卫生、医疗、退休金、幼托和捐助六项内容，分析这10年期间的具体数字，可以看出，社会公共事业支出在2005年突然大幅度增加，而这个时点，恰好是J村可支配

收入突破3亿元大关的时间，同时也是该村第一次股份制改革完成的时间。这三个事件在同一时间出现，并不是偶然的巧合，而是股份制改革对该村经济、社会发展巨大促进作用的反映。与之相类似，股份制成为强大的激励因素，整合或统合并优化着J村域各种社会关系，使之不断发展并形成了促进主动城镇化发展的和谐社会生态。

最后，股份制从根本上改变了村民与集体的关系。这是需要特别指出的一个重要历史事实，也是J村能够健康快速发展的一个重要保障性因素，是股份激励的一个重要成果。关于村民与集体的关系问题，J村人有着自己的深刻理解，他们认为股份制改革以前，二者的关系样式是这样的：

> 由于原来的集体经济体制存在着集体资产，讲起来是人人有份，但每个成员所占的份额模糊不清，等于人人没份。导致了群众对集体经济的发展缺乏关心，有的甚至对集体经济麻木不仁。[①]

从J村人这一描述中，可以很清楚地感受到“原来的集体经济体制”下村民与集体的疏离状态。在这种状态下，集体得不到群众的拥护与支持，群众得不到集体的庇护和保障，集体经济缺乏活力和动力，也就可以理解了。

股份制改革以后，村民转变为股民，因为利益共享、风险共担机制的构建和作用，二者之间原本疏离的关系，转为休戚相关、空前密切的关系；同时，以资本为纽带形成的分配模式，既重视个人手中的股份额度，也重视个人实际贡献，将按劳分配和按股分配有机结合起来，因而从两个方向对村民个人形成激励。在这种情况下，村民与集体不再是互不相干的了，而是“一荣俱荣，一损俱损”，集体经济真正成为村民的集体经济，村民也真正成为集体经济的动力源泉和力量主体。并且，随着股份制经济的不断展开和运转，这种利益共同体关系也日渐坚固，并且，这种日渐坚固的关系又反作用于股份制经济，这种良性循环、相得益彰的和谐关系进一步促进了村集体经济的不断壮大和发展，于是，一

---

① J村内部资料：《J村探索破解城乡二元结构的一些做法和体会》。

种健康和谐的理想状态，推动该村主动城镇化发展模式步入快速发展的康庄大道。因此，我们认为，村民与集体关系的改善和优化是股份激励的一个重要成果。

二 岗位激励作用

在J村主动城镇化的激励机制中，岗位激励发挥的激励作用，仅次于股份激励，属于第二位的激励因素。从一般意义上讲，拥有一份工作对一个处于工作年龄阶段的人来说，应该是至关重要的。因此，岗位激励应该具有更重要的意义，在激励排名榜上，可以也应该放在第一的位置。我们之所以将它排在第二位，是与J村特殊的经济社会发展状况密切相关的。在J村，影响岗位激励排位的主要因素可以包括如下几个方面：稳定持久的股份收入、数量巨大的房租收入、种类齐全的福利收入，以及承受力巨大的亲友支持系统等。

股份收入是一个超稳定的收入来源，随着该村集体经济的不断壮大，其对村民的回报率也在不断迅速上升，稳定且不断增长的股份收入，大大降低了岗位对村民的重要性。除此之外，岗位重要性下降的第二个因素是家家都拥有的另一个稳定收入来源——房租收入，这是J村市场建设给村民带来的一项巨大的额外收入。据我们调查，2009年以来，该村超过1/4以上的家庭，主要是那些还没有从J村市场搬迁出去的村民，年房租收入超过100万元；已经搬迁的村民，安置房通常在3套以上，超过居住面积的空置房的月租金收入最低也在3000元以上。由于这样一笔巨大的房租来源的存在，工作岗位的重要性就自然而然地降低了。另外，该村种类齐全的福利收入，以及因整体富裕而形成的承受力巨大的亲友关系网络，也是岗位重要性降低的重要原因。

正是由于上述原因的存在，岗位的激励功能被降低，但是，另外原因的存在，使得这一因素的激励功能依然存在，并且是股份激励之后第二位的激励因素。我们可以从两个方面来理解这些另外的原因，其一，社会评价机制的作用，这是岗位激励发挥功能的第一个推动性因素。在J村，不同的工作岗位与相应的社会地位是联系在一起的。首先，占据不同岗位的人获得相应的、差异性巨大的社会地位与社会声望。在这一方面，J村与我国其他地方是没有什么差别的，因为这一原因的存在，不同岗位占有者获得不同的社会评价。其次，有没有工作岗位，在J村代表着有没有社会地位和社会地位的高低，在上文中，我们引述的J村老人的自我评价，是一个很好的例证。

> 其实，我们这些老年人还有个入股的问题，老年人不值钱了，所以只能算半个股，这一点我们J村不是很好。

J村老人之所以自评为"不值钱"，是因为从工作岗位上退休了，虽然也有人被返聘，但只是临时性工作，与固定工作还有着本质性差异，所以，虽然过去"贡献了一生"，现在仍然"不值钱"。如果是处于工作年龄阶段的人没有工作，或者是丧失了工作，村民的评价就不是"不值钱"的问题了，而是具有严重负面性指向的"二流子"等社会评价。因此，社会评价机制使岗位激励发挥着自己特有的功能。

其二，经济收入的激励作用。虽然J村村民的收入来源很多，收入水平也很高，但是，在市场经济席卷人们所有生活领域的今天，在社会评价与经济地位密切关联的今天，人们增加收入的动力还是很大的。再加上J村工作岗位的"市值"远远高于社会的平均水平，所以，岗位带来的收入激励作用明显。

> 还有一个问题，我们征地的、动迁的这批人，待遇不好了。他们没有动迁的人，在超市里做售货员啊、保安啊，一年至少几万块钱。动迁的人自己找工作，也不好找，原来没有迁掉的，他们都有工作。所以，以前动迁的人跟现在没有动迁的人，他们的待遇差距很大了，虽然同在J村。
>
> ……
>
> 你农转非了，出来的新生劳动力也是居民了，劳动关系不在J村了，能够插进来已经很好了。你在街道的工作都是做保安啊，也就1000多点，我们J村最少也要2000多，这个待遇就不一样了！①

① 资料来源于我们对J村村民（W－$jzn^{1}t$）的访谈录音。

“待遇差距很大”和“待遇就不一样了”，是岗位激励发挥作用的又一个重要原因。

其三，社会经验事实的启示。富裕之后的J村人，普遍秉持着这样一种理念，那就是：“钱再多也要有份工作，否则容易学坏。”当我们向他们追问个中原因时，他们难以给出明确的答案，只是告诉我们一些似是而非的案例，以之说明自己的观点。从原因分析的角度看，这样的答案满足不了我们的需求，但是，从岗位激励的作用角度看，这样的回答是足够的，它说明，J村人不仅注重眼下的经济收入，更加注重个人、家庭和村集体的可持续发展。因此，工作岗位在该村的价值已经超出了经济学的意义，具有了价值规范、行为导向的作用。因为这是村民从自身生活经历中总结出来的经验教训，所以，其接受规范与导引的主动性和意愿是非常强烈的，这是岗位激励能够成为继股份激励之后的第二激励因素的重要原因。

三　荣誉化福利激励

J村的福利是全方位的，囊括村民经济、社会、文化生活的各个方面；数量也是可观的，1998年至2009年，村民福利累计达8903.6万元，户均享受累计达91979元，其中，到2009年，户均福利收入已经高达19111元。对J村村民来说，福利的数字更多地代表一种荣誉、一种满足和一种自信，是他们在与我国其他农村，特别是与周边农村进行比较时产生的一种自豪感，福利激励的作用原理就在这里，作用机制也是因此而形成和展开的。

在众多的福利激励因素中，能够比较直观观察和认知到的是投放到青少年身上的福利激励，具体对象包括在校学生和在村青年村民，其措施以村集体经济组织正式文件的形式予以常规化，主要文件有《关于J村在校学生奖学金鼓励实施办法》、《关于J村（市场）鼓励村民、经营户及浦江镇结对村子女出国留学的实施办法》和《J村成才青年学生奖励实施办法》等。

除了上述一般意义上的福利激励以外，J村还有一种特殊的福利激励，这种激励的名称叫作“新村民”，它是针对非J村户籍的外来人员特别设计的，用于奖励那些具有大专以上学历、在该村连续工作5年以上、被授予公司以上荣誉称号、有一定专长、贡献较大的外聘人员。

无论是哪种形式的福利激励，都是依托J村强大的经济实力和良好的发展前景而运行和发挥作用的，其基本理路是，村集体经济组织通过福利发放，刺激和调动相关对象工作和学习的积极性与主动性，提高相关对象对J村集体经济组织的认同感和忠诚度，进而培养出适合该村经济社会发展要求的基本力量和后备大军，从而为该村主动城镇化的健康发展提供基础保障。1998年以来的实践证明，福利激励虽然也有着自己的边际效应，但是，其正功能是不断增加的，它已经成为整个激励机制不可或缺的组成部分，成为J村主动城镇化发展的润滑剂。

第五章　潜在与显在的风险

2016年4月27日，J村所在地区宣布启动转型改造，按照上海市人民政府2016年2月15日印发的《关于同意〈上海市M区国美北社区S11－0501单元、振兴社区MHP0－0105单元控制性详细规划（J地区）局部调整〉的批复》（沪府规〔2016〕20号）文件规定，J地区将建设成为人性化紧凑型的宜居社区，J村市场也将改建为现代化平台型的国际家居建材贸易市场。就J村主动城镇化创新发展的实践来说，这是一个标志性事件，从积极的角度分析，这是J村主动城镇化模式转型升级的重要契机和机遇；从消极的角度分析，这无疑是其在创新发展过程中所积聚风险的一次集中爆发，各种显在与潜在的风险一起浮出水面。

实事求是地讲，以行政村为载体的主动城镇化方式，其可能遭遇的风险本身就远远大于在政府主导下，自上而下推进村域城镇化发展的其他行政村；不仅如此，就是和载体相同的自下而上型城镇化发展模式相比较，诸如J村的主动城镇化也存在和潜存着更多的风险；而与载体不同的自下而上型城镇化发展模式相比较，其面临的风险就更加巨大，显在和潜在的灾难性后果也就更加严重。

在中国由计划经济向市场经济过渡时期，出现了两个影响巨大的“自下而上”城镇化模式，其一是温州模式，其二是苏南模式，与温州模式相比较，苏南模式对所在地城镇化的影响更为正面，效果也更为突出。细究苏南模式，我们可以发现基于两个性质及规模不同的载体所形成的两种城镇化类型，一是基于行政村的就地城镇化，二是基于乡与镇的就近城镇化。就地城镇化的村往往是工业型村庄，是通过乡村工业化而实现乡村的城镇化，在这个过程中，由于他们的发展路径与政府主导的自上而下型城镇化模式基本雷同，再加上村庄领导层在发展过程中刻意“对上级政策支持乃至迎合”[①]，所以，他们所遭遇的风险，在宏观层面与整个时代可能遭遇的风险同质和同步；在中观层面，可能发生在国家、市场和农民的关系领域；在微观层面，则出现在村领导和农民的关系领域，特别是村干部在追求自身利益巨大化过程中对村民利益的侵占和剥夺。除了微观层次的风险外，其他两种风险类型，可以说是全国皆然。就近城镇化是一种“进厂又进城”的苏南模式，但农民进入的是就近的城镇和小城市，依托的是乡镇企业的发展，是“离土不离乡”“离乡不背井”。与“背井离乡”的农民工相比较，这种城镇化方式可以说是同时拥有了城市与农村的两个优势，同时享受到城市与农村的两种好处；他们所面对的风险，主要就是同城不同权、同工不同酬的问题，以及因为企业的发展波折可能面临的下岗而重返农村的问题。

总而言之，苏南模式下的就地城镇化和就近城镇化也会遭遇到风险，但这种风险，不会是灭顶之灾：风险出现之时，会有国家和政府的大力干预、及时的帮助和到位的扶持，也会得到社会各方的帮扶，甚至在风险处于潜在状态时，就有很多人在研究与预防。而以J村为代表的主动城镇化探索实践，即便是经受着与苏南模式相同类型的风险，也因为其纯粹的草根性质以及各种打擦边球行为，自身承受着更大的风险与挑战，再加上它突出的创新特色，使其显在与潜在的风险也具有特殊性。

第一节　主动城镇化的经营性风险

正如上文所示，J村主动城镇化实践取得了重大成就，不仅推动了本村集体经济的发展，提高了村民收入，将因征地而产生的诸多社会矛盾消弭于无形；而且，带动了周边相关产业和帮扶村的发展；同时，也为我国实现城乡一体化建设目标提供了宝贵的社区经验。但必须注意的是，该村在探索、实践具有自己特色的新型城镇化模式的进程中，在取得主动城镇化历史性突破的同时，还存在许多问题，既有显在的风险性因素，也有潜藏的风险性因素，正视这些问题，进而管控好各类风险，

① 肖滨、费钧：《工业型村庄改造中的村干部企业家行为及逻辑——对苏南A村近30年变迁的考察》，《学术研究》2017年第2期，第39～48页。

并最终解决问题，对于该村以后的进一步发展，对于我国新型城镇化的理性推进，都具有重要意义。

在梳理J村新型城镇化发展脉络的过程中，我们发现，该村在主动城镇化探索实践过程中存在如下四个显在和潜在的风险性问题，分别是：产业形态过于单一化、生态环境脆弱化、交通拥堵和管理模式中存在的严重政企不分现象。

一 产业形态单一

在J村已经较为成熟的主动城镇化结构模式中，主打产业或者说唯一的产业形态是第三产业——服务业，虽然其业务领域既包括生产性服务，也包括生活性服务，覆盖范围非常广泛，但是，都仅仅是在第三产业内部做文章，在激烈的市场竞争中，难免会存在因为产业形态过于单一、竞争领域过于狭窄而出现发展性危机的可能。这种可能性，因为该村发展的两个优势而被进一步放大，这两个优势分别是：①集体所有土地市场化经营所产生的地租被无偿地转化为集体经济的经营利润；②仓库租赁、房屋出租等物业市场化运作所产生的稳定租金收入。结合J村目前的区位特点和资源禀赋特点，我们认为，上述两个优势因素存在弱化甚至是消失的危险。

首先，该村土地集体所有制性质与其原先的郊区农村区位特点密切相连，我国宪法规定："农村和城市郊区的土地，除由法律规定属于国家所有的以外，属于集体所有；宅基地和自留地、自留山，也属于集体所有。"所以，该村能够凭借宪法的规定，享受土地所有者的权利，进而使之成为集体经济发展的一支重要支撑力量。但是，上海市城区的新区位特点，让他们原来享有的这一权利大部分不复存在，因为宪法还明确规定："城市的土地属于国家所有"，因此，如果土地的所有制性质被改变，该村现有的市场发展模式就面临着严重挑战。

其次，虽然六大衍生行业也为该村带来了一部分服务性收入，但是，份额很小，村集体经济的主要收入来源还是租金收入，从目前的市场行情看，这份收入不但稳定，而且还在不断增长。但是，由此产生了两个问题：其一，一旦支柱产业垮塌，或者萎缩，该村发展将陷入困境；其二，过分依赖房屋租赁的收入模式，使因在特殊的地理环境下所背负的限高发展的政策刚性约束下，对土地面积供应提出了越来越多的要求，而在土地存量既定甚至是被缩小的前提下，其发展选择只能有三：要么，突破限高政策的约束，悄悄发展楼宇经济，这样一来，就不可避免地造成与地方政府关系的紧张；要么，向地下发展，但是，一方面，发展成本会迅速加大，另一方面，村南与村北两个地铁出口的事实，让他们可能会面临诸多政策约束；要么，向村外发展，在条件允许的地方，发展子市场，但是，这同样会面临许多政策问题、关系问题、管理问题等。

总之，产业形态过于单一，收入来源过度集中，使J村目前的经营模式面临诸多的潜在风险和市场考验，这是J村主动城镇化发展的一个可能瓶颈，是需要正视的重大问题。

二　村域环境去生态化

J村市场建设过程中形成的第二个具有负面影响的问题，是村域生态环境的剧烈变化——生态环境去生态化，主要体现在两个方面。其一，水域面积急剧减少。在与J村老人们交谈时，他们提及该村过去河流的数量和大致分布情况。听说该村过去拥有120条河流的介绍时，我们着实大吃一惊，因为，在我们视野所及的J村，根本看不到一条河流，更不用说那处处小桥流水的江南水乡景观了。现在仅存的两条河流，不但被水泥路面所覆盖，而且，桥面上还建有大量租赁房，因此，在外来者眼里，到处都是比肩接踵、鳞次栉比的市场经营房，只有非常的细心者，才能在该村的边界地带看到突然出现的河流。在J村，河道被改变成陆地，陆地被硬化为市场，一方面，是村集体经济结构转型、经济社会发展的依托所在；另一方面，也是村域环境结构与状态被改变、环境逐渐去生态化的原因所在。

其二，热岛效应全村化。在J村市场的建设过程中，路面硬化、市面硬化是市场对基础设施建设的基本要求，因此，在现在的J村，视野所及，除了人工构筑的立体建筑外，处处是被硬化的各式地面；市场范围内，见不到树木花草的踪影，因此，整个村域形成了一个大的“热岛”。2010年夏天，我们在该村实地调查时，切实感受到了热岛效应的威力——中暑成为该次调查的必然“项目”。为了化解“热岛”的威力，我们在上午出发之时，在备好各类防暑药的同时，吞下四粒藿香正气软胶囊，以防暑气入侵，但是，当夜晚 10 点左右结束常规化的调研后，头疼欲裂仍然难免。所以，每当翻转床头、头疼难忍之时，我们常常想起的是社会调查的艰辛和 J 村村域生态环境优化的对策。

沪府规〔2016〕20 号文件规定的将 J 村所在区域建设成为人性化紧凑型的宜居社区政策，不仅改变了 J 村主动城镇化发展的空间场域格局，也将改变这个区域的生态环境。换句话说，因为空间社会功能角色的转换，J 村村域环境去生态化的现象将得到根本扭转，但这不是该村主动城镇化顺利推进的结果，相反，这是该村创新发展时遇到的又一次挑战，它从另外一个角度，诠释着该村主动城镇化过程中产生的生态环境危机事实。

三　交通拥堵严重

还没进入 J 村，该村交通拥堵的大名已经“如雷贯耳”，等进入 J 村后，道路难行、交通堵塞的“盛况”还是令我们感到意外。在随后的意见调查中，我们收集到村民 100 条建设性意见，其中，有关改善村域交通现状的就有 10 条；在对消费者进行调查时，46.7% 的人认为，该村交通状况“较差”；20 名供职于该村的保安在评价村域交通状况时，一致认为“交通混乱”。综合各方意见及我们的见闻，J 村交通拥堵问题的不争事实让我们对其主动城镇化发展的未来深表担忧。

如何认识该村交通拥堵的现实问题？振兴镇马镇长给出了非常精辟的解释，他说：“交通拥挤代表发展，解决不好影响发展。”马镇长这句话的前半部分，从一个特殊角度，阐释了 J 村主动城镇化的发展成就——得益于自身发展，J 村成为对周边地区有重大影响的一个发展极，因为极点的集聚与扩散效应，形成了人流、物流、车流的巨量集散，从而导致交通基础设施滞后于发展速度，因而形成交通拥堵的混乱局面。但是，我们认为，它也应该包含着这样的含义，即 J 村在致力于发展经济的同时，没能同步做好道路交通规划，交通管理水平也达不到发展的要求，从而导致现有交通基础设施得不到充分合理的利用，进而出现交通拥堵现象。

当然，理解与评价该村交通拥堵现象的成因是重要的，更为重要的是尽快找到解决问题的办法，并付诸实施。因为这个问题解决不好，不但影响该村的经济社会发展，影响周边地区的发展，也影响周边居民的正常生活秩序。在调研过程中，我们从出租车司机、国美街道居民等群体那里，得到了众多关于J村交通问题的负面评价，在民生问题日益成为政府关注核心的历史条件下，这些评价的汇聚，加上各种负面影响的扩散，对J村确立自己良好的社会形象、凝聚更好的发展氛围、争取更多的政府与社会力量支持是很不利的。这是该村在未来发展过程中必须正视的一个带有全局意义的问题。

四　政企不分的管理模式

在J村，有三个村级规模的组织系统，分别是J村党委、村民委员会和上海J村控股（集团）有限公司，前两个具有半官方性质，是该村的"党政"机构，后一个则是该村集体经济的组织形式与运营机构，三者之间的关系，实际上就是村落中的党、政、企的关系。依据该村提供的各种正式材料和对村民的访谈，依据日常生活中的实地观察，我们得出了如下结论：该村党、政、企关系基本上是三者合一的一体化模式，或者说，是一种党、政、企不分的管理模式。

首先，从组织的主要领导者人员配备看，党、政、企不分的现象很突出：党委书记和控股（集团）有限公司董事长是同一个人，村委会主任兼任公司总经理。这样的安排方式，使得党务、政务、村务和企业行为交融在一起，相互之间难以划定清晰的边界。实际上，J村集体经济正是依靠"村两委"，特别是以村党委书记为首的领导者群体的亲力亲为，才得以发展的。因此，这种历史渊源，很难让企业与党、政分开。

其次，从三个组织的具体工作方式看，党、政、企不分的现象也很突出。在这一点上，该村党委书记每天早上的工作内容是最为充分的说明：一直延续计划经济时期"生产队"的工作作风，每天早上，村书记都要将一天的工作进行详细的安排，"手里拿着各种文件或单据、在他办公室门前等候签字的人排着长队"①。通过这种方式，身兼书记、董事长等数职于一身的"一把手"，实现着对村经济组织党、政、企各方面的直接控制和把握；村各组织相关领导人，也在以他为首的党委、村委的

---

①　资料来源于我们对J村村民（Z－jln^{1}z）的访谈笔录。

直接领导下，分工合作，推动着村集体经济组织各方面的运转。

最后，从村民对三个组织体系关系的理解看，党、政、企不分的现象同样很明显。村民理解组织之间关系的视角很简单，也很实用，带有浓郁的经验主义色彩，他们是从三个组织领导人之间在日常生活中显露的人际关系，特别是在血缘关系中的位置来认识与判断的，在宗族势力还有很强影响力的我国农村，这样的观察视角，具有较强的针对性，其判断结果往往也是精确的。

在上文中，我们已经对J村三个村级规模组织重要领导岗位的占据者做了简单介绍，从中可以很容易看出，该村三大组织的“主事者”主要是两个人：村党委书记和村委会主任，从工作关系看，他们之间是党与政的关系、分工合作的关系，从中难以看出党、政、企不分的证据。但是，村民清楚地知道，两者之间还有一层重要关系——血缘关系，后者是前者的亲侄子，作为长辈的村党委书记和作为晚辈的村委会主任之间的关系，在村民看来就不是那么简单的了，再加上前者在村集体经济发展过程中做出的巨大贡献，以及在村域范围内、在宗族关系中由此产生的巨大威信，晚辈对长辈尊重甚至是百依百顺，就很自然了。因此，村民经常会发现工作中的两人地位悬殊的事实关系，因之得出“村里的大事小事，吴总都一手抓”的直观印象。事实上，村民的这种直观印象，也是该村党、政、企不分的一个经验性的证明。之前任党委书记的吴××从党委书记位置上退下来，专职于控股（集团）有限公司董事长后，继任者就是由他一手培养起来的接班人，也就是原先的村委会主任，二人之间的工作关系格局并没有因为管理岗位的变更而变更，依然维持着原有的关系模式。因此，并没有改变党、政、企不分的现象，反而增强了宗族关系的色彩，建构起一种更不利于村域主动城镇化发展的领导关系格局，因之潜藏着更大的发展性风险。

总之，J村在管理模式上，由于受到传统宗族因素的影响，更由于受发展过程中时任党委书记吴××所做出的巨大的、无人能替代的贡献的影响，在村级各类组织体中，他既占据着最重要的位置，又发挥着最重要的作用，因此导致产生党、政、企不分这样一种管理模式，这既是该村能够发展和继续发展的关键所在，也为该村未来的发展埋下了难以预料的不安全因素。

第二节　决策机制中潜存的风险

从J村主动城镇化实践的具体运转情况分析，我们认为，决策机制处于龙头地位，发挥着最关键的作用，因之，决策机制中潜存的风险性因素，将其整个模式的运行与发展置于众多不确定因素的影响之下，随着时间的推移和发展阶段的变化，其负面影响变得越来越大，局部性甚至是整体性、全局性风险逐渐显性化。

一　结构性风险

J村主动城镇化的决策机制，经历了一个不断重构的发展过程，与之相对应，其基本结构也呈现出与时俱进的特点。需要强调的是，这里所应用的与时俱进之“时”，既有着一般性的含义，也有着只属于J村的特殊含义。作为一般性含义，是尽人皆知的；从J村角度分析，其特殊含义主要是指J村市场建设与发展的历程和趋势。也就是说，该村决策机制基本结构的形成与完善，既是改革开放以来我国整体发展形势的产物，也是该村独具特色的主动城镇化推进的结果。

（1）基本要素

以实际发挥作用为标准，在主动城镇化的探索时期，即1994年11月以后近10年时间内（自1994年11月开始，到2005年4月为止），J村的主要决策者由两部分构成，其一是村党支部，其二是村民委员会。其中，支部书记和村委会主任由吴××兼任，在“村两委”之外，还没有形成具有影响意义的第三种决策力量。

以2005年4月13日成立上海J村综合市场联合党支部为标志，该村的决策结构不断增加着新要素，到目前为止，能够参与决策的主要力量有村党委、村民委员会、J村市场党委、村民代表大会、股东代表大会、上海J村控股（集团）有限公司董事会、上海J村物流股份有限公司董事会、上海J村综合市场经营管理有限公司董事会，以及村妇联、团委、J村商会等各种群团组织。从2006年8月开始，村党委书记和村民委员会主任不再由一人兼任，吴××担任村党委书记，村民委员会主任改由吴××的侄子担任；后来，吴××将村党委书记一职也转让给侄子，自己担任J集团的董事长。

实际上，还有一支重要的决策力量，以幕后影响者的方式，对J村决策发挥着重大作用，也成为J村决策机构中事实上的决策要素，主要包括该村聘请的各种领薪顾问，他们虽然人数较少，但是，由于其拥有较高的知识水平、丰富的工作经验和较广的人脉关系，成为J村决策的事实参与者。

整体来看，自1994年11月开始，J村决策机制基本结构由结构简单、权力集中，发展到今天的结构复杂、决策参与者众多、决策形式逐渐民主化这样一个基本格局。

（2）各基本要素间的结构性冲突

在J村主动城镇化的整个发展过程中，各基本要素间的结构性冲突一直存在，从1994年11月到2005年4月，由于构成要素非常简单，只有村党支部和村民委员会，所以，他们之间的关系模式也相对简单，各要素间的冲突是隐性的，主要表现在能人治村层面。从政策设计层面讨论的话，各基本要素间的关系应该是：党支部是村域内各种组织和各项工作的领导核心，在党支部的领导之下，村民委员会依据《村民委员会组织法》的规定，实行村民自治。但是，由于J村采用的是“一肩挑”模式，党支部书记和村委会主任由吴××一人担任，再加上他的突出能力和因之产生的人格魅力，使得J村“村两委”，特别是村民委员会的作用并不突出，该村的治理模式，不可避免地成为能人治村的典型形式，在这个形式之下，能人与其他结构性要素之间的冲突风险就悄然潜藏在其中了。

从上海J村综合市场联合党支部成立开始，该村决策机制中的结构性要素逐渐增加，与之相对应，各基本要素间的结构性关系也逐渐复杂起来。例如，各要素之间的准确定位和分工合作问题、各要素之间的利益诉求和利益平衡问题，等等。但是，还是由于吴××的存在和突出作用，他成为全村各项工作的一条主线和核心，一方面，统揽村内各主要工作，另一方面，平衡村内各利益关系。所以，看似复杂的结构性关系，因为一个“能人”的存在和发挥作用而变得简单。但是，也正是这个将本应复杂的关系简单化了的因素，给该村的进一步发展带来了一些问题，使得各基本要素间的结构性关系呈现出和潜藏着一种不良的发展态势：

个人崇拜和权力过于集中。在访谈中，我们听到了相关的两类意见，其中，一类是善意的规劝，另一类多少带有对抗的性质。

善意规劝类的代表性观点是这样的：

> 我现在也经常说吴××，他现在管的事情也太多了，大事小事都管，财务审批上两三毛钱的事都要他审批，每天早上排那么长的队，发票他能看出什么来?①

带有对抗性质的代表性观点如下。

> 太搞个人崇拜了，可惜呀，我不能跟他说，怕他说我跟他过不去，做人要低调的，做人要严谨。②

分析这两类意见，可以推知，在各基本要素间结构性关系运转过程中，因为能人的巨大作用和强势存在，发生了能人权力过于集中和过分依赖能人的现象。与之相对应，村集体经济组织的整个组织架构，因之发生了向能人主持的单元倾斜和依附的趋势与现象，这样，在该村主动城镇化决策机制运转过程中，出现了反向运动的两种动力因素：其一是与我国民主政治建设相伴而行的，即村集体经济组织内部多种力量参与决策的发展因素；其二是因该村经济社会发展对能人治村的高度依赖而产生的，即决策权力过分集中于“寡头”的发展因素。从J村未来发展的角度分析，这两种因素在决策中的地位和作用，以及它们之间的关系样式，具有左右主动城镇化发展模式命运的决定性意义。

二　功能性风险

主动城镇化的决策机制对J村村域经济社会等各项事业健康发展的作用与影响是不言而喻的，从功能分析的角度看，首先，它的存在是主动城镇化发展模式不可或缺的组成部分，并且对该模式的运转发挥着正

① 资料来源于我们对（Z－Qln[1]t）等的访谈笔录。

② 资料来源于我们对J村村民（L－jln[1]t）等的访谈笔录。

功能；其次，在其功能发挥过程中，反功能即风险性因素也如影随形般存在。

（1）基本功能描述

如果用一句话概括决策机制对J村主动城镇化所发挥的正功能，可以用处于龙头地位、发挥最关键的作用来加以描述。具体来说，其主要表现应该包括如下几个方面的内容。

其一，从宏观角度讲，它是主动城镇化发展模式的奠基者、导航者、规划者和动力源头。所谓奠基者，不仅指主动城镇化模式起步阶段时，决策机制所发挥的谋划与推动作用，也指在主动城镇化发展的各个阶段，决策机制所起的谋划与推动作用。不同之处在于，在起步阶段，由于决策机制构成要素比较简单，村集体经济组织处境严峻，需要着力解决的问题也相对集中，因而，决策机制的这种作用非常直接和易于辨认；而在其他发展阶段，情况则很不相同，不仅在于参与决策的要素众多，需要面对的问题及解决问题的迫切程度也纷繁复杂，决策机制的奠基者功能有时是显性的，有时则是隐性的。但是，不管怎样，决策机制的这种功能，是J村主动城镇化得以存在和发展的基础条件。

所谓导航者，是指决策机制的引领功能，表现在对主动城镇化发展路径的判断、确定，对主动城镇化发展内容的引导，以及对发展方向的把握。从J村所走过的发展历程看，无论是在寻找主动城镇化的发展路径之时，还是在走向这条创新道路之后，决策机制的引导和带领都是至关重要的因素，在很多情况下，甚至是唯一起作用的因素。特别值得注意的是，决策机制在该村发展方向的把握方面，居功至伟，因为，在市场经济条件下，对于第三产业可以在不同的发展方向上予以运作，这些方向包括具体的经营业务、经营模式、利润分配模式、经济社会的关系和村民的福祉等各个方面，甚至还包括大是大非的政治路线问题，等等。所有这些方向性问题，都是在决策机制的引领下平稳实现的，这是其具有导航者功能的重要显现。

所谓规划者，是指决策机制对主动城镇化未来走势的规划。从严格意义上说，规划者的功能应该在该村主动城镇化道路确定之前，最迟也只能是在道路确定的同时就要存在并发挥作用。但是，这种理想的规划者存在方式，没有在J村主动城镇化发展过程中出现，其应该发挥的作用，被上述奠基者和导航者所替代，只是到该村经济社会取得丰硕成就后，在他们谋求更进一步发展时，规划者功能才因需求的出现而被呼唤而出。因此，在J村，决策机制的规划者功能，主要是通过聘请专家制定各种发展规划、实践规划理念、落实规划内容的方式，为该村的未来发展提供依据。

所谓动力源头，是指决策机制对J村主动城镇化发展所发挥的源源不断的推动作用，以及它对其他动力因素所起的原动力作用。从前一个角度看，正是因为决策机制逐渐探索出的主动城镇化道路，才能够将该村的各种力量整合在一起，成功走上一条致富道路；从后一个角度看，正是因为决策机制不断提出与不同发展阶段相适应的奋斗目标和具体任务要求，才能够带领村民和市场经营者不断从一个成功走向另一个成功。也正是在这样的意义上，我们认为，决策机制为该村主动城镇化的其他动力因素注入动力和活力，因之具有原动力作用。

其二，从中观角度讲，决策机制依附着村域内的命令系统，渗透到主动城镇化模式的每一个具体环节，并把每一个具体环节作为自己发挥功能的载体，通过将各种决策具体化为合乎部门具体工作要求的行动路线，进而推动着整个村域经济社会等各项事业，按照规定的线路和方向，迅速推进。

其三，从微观角度讲，决策机制已经成为构建和塑造村民生产、生活方式的强大外在力量。从生产方式上看，村民没有其他选择，只要没有跳出村集体经济组织，就只能按照决策机制的构思与设计，进入既定的生产方式。事实上，由于决策机制一系列正确的选择和因之带来的巨大经济社会效益，村民也心甘情愿地进入既定生产方式。从生活方式上看，决策机制通过变更生产方式、创建全国文明村、各种福利措施和政策引导，改变了村域内的风俗习惯、文化传统和评价机制，从而塑造出适合经济社会发展要求的、具有新时代特点的J村人。

（2）功能性风险描述

J村主动城镇化的决策机制与该村的领导系统是基本一致的，所以，其基本功能也具有浓郁的村集体经济组织领导系统的功能，这是J村主动城镇化发展模式所提供的一个典型案例。正是因为决策机制与领导系统基本一致，J村主动城镇化决策机制的功能作用方式与途径，具有一个明显的特点：行政化和命令化的特点。

到目前为止，行政化和命令化的特点贯穿于该村主动城镇化发展的全过程，同时，也贯穿于村集体经济组织下辖的每一个发展部门和发展环节；在村域内的其他组织中，特别是在类似于司法社工站这类社会组织中，也被该机制的行政化和命令化所覆盖。不同之处在于，在前一类组织中，决策机制是以直接的行政化和命令化方式发挥作用的，是通过村集体经济组织内部的层级关系，由上而下，逐级下达和逐级执行决策结果的方式实现的；而在其他各类组织，包括社会组织中，决策机制是通过财政资助、条件提供、行动介入和行为策略影响的方式，间接地而又具有压力性地实现着决策机制的目的和意图。

行政化和命令化的特点还贯穿于决策机制内部，主要体现在各基本要素间的结构性关系中，体现在本不具有直接的行政隶属关系而在实际运行中却严格按照行政隶属方式运行的实际工作活动中。较为典型的例证有两个，其一是村党委与村委会的实际关系，其二是村党委与商会的关系。

在《中国共产党农村基层组织工作条例》和《中华人民共和国村民委员会组织法》的规定中，村党支部与村委会的工作关系有两个核心内容：一是村党支部是村级各种组织和各项工作的领导核心，二是村党支部"讨论决定本村经济建设和社会发展中的重要问题。需由村民委员会、村民会议或集体经济组织决定的事情，由村民委员会、村民会议或集体经济组织依照法律和有关规定作出决定"。也就是说，村党支部是村域内的领导核心，与村委会是一种政治领导关系，而不是行政隶属关系，村委会要在村党支部的领导与支持之下，积极主动地独立开展工作。但是，由于该村党委书记的能力与贡献非常巨大，再加上村委会主任年纪轻、经验不足，是村党委的重点培养对象，在家族关系上是村党委书记吴××的侄子，所以，在实际工作中，出现了村委会主任对村党委书记个人的严重依赖，反映在两个组织的日常关系中，就是村委会对村党委的严重依赖。因之，两者之间在无意识中就形成了一种行政隶属关系，并按照严格的隶属方式运行。

J村商会成立于2010年6月，其全称是"M区工商联振兴镇商会J村分会"，商会成立的基础是该村主打产业J村市场的存在，以及村域范围内存在的2万多名市场经营者；商会的性质来源于中华全国工商业联合会的性质，是“中国共产党领导的中国工商界组成的人民团体和商会组织，是党和政府联系非公有制经济人士的桥梁和纽带，是政府管理非公有制经济的助手”[①]。从其成立的基础和性质来看，J村商会具有典型的统战性、经济性、中介性和民间性特征，是与该村市场发展阶段和内在要求相适应的一个独立的社会组织。但是由于成立的推手是J村党委，成立前后的主要工作人员是J村办公室工作人员，第一届执委会会长是村委会主任，因之，商会就很难成为一个独立的社会组织。再加上该村成立商会的目的是“努力创建与经营户之间的沟通、交流平台，引领市场经营户，不断提升品牌效应和创新经营方式，发挥J村市场规模大、品种全、商业集聚的优势”[②]。因此，这个应该具有独立性质的社会组织，实际上是该村新成立的一个管理机构，如果硬给它一个独立的名分，其充其量不过是村决策机制的尾巴，具有极大的依附性。

行政化和命令化的特点是J村主动城镇化决策机制的功能作用方式与作用的主途径，它按照自身的固有逻辑规定着在市场经济条件下运行的J村主动城镇化，所以，其潜在的和显在的风险性因素就是一个不能回避的问题，成为J村主动城镇化发展进程中又一个巨大的不确定性因素。

（3）风险性问题讨论

纵览J村重构以后的主动城镇化决策机制结构、功能及发挥作用的方式与途径，我们认为，其创新性优点和在城镇化发展过程中的积极作用及良好社会效果，是值得肯定和推广的。但是，我们同时认为，在这一决策机制中，也存在需要质疑和有待进一步思考的风险性因素，主要包括：在决策过程中存在的能人垄断话语权的倾向问题、主动城镇化发展过程中存在的党政企不分的问题、在思想领域存在的个人崇拜问题，以及在村民自治领域存在的村民集体向能人让渡权力的问题，等等。在J村，虽然这些问题并没有发生大的社会影响，其中有些问题甚至还只是处于一个苗头状态阶段。但是，从该村可持续发展的长远角度考虑，从

① 摘自《M区工商联振兴镇商会J村分会章程》。

② 摘自《M区工商联振兴镇商会J村分会正式成立》，中共M区委员会党务公开网。

构建新一轮城镇化发展的健康模式角度考虑，还是需要予以认真研究和慎重思考的。

根据现场观察的心得和资料阅读的发现，我们认为，上述列举的四个问题，都与该村存在一个能力超群、贡献巨大的能人有关。例如，之所以存在党政企不分的问题，是因为：一方面，能人身兼数职，尽职于职权范围内的职责，事实上就发生了党政企不分的问题；另一方面，由于能人周边的其他人无法提出高出或优于能人的策略、对策、意见、建议等，所以，在决策领域，在党政企等各个方面，往往为能人所左右，随着时间的推移，就发生了整个村落只有一个大脑在思考，只需要一个大脑去思考的“独断专行”局面，因而，党政企不分也就成为必然的结果。

实际上，能人话语权垄断局面的出现，也与出现党政企不分的理路是一致的，自然而然地，个人崇拜问题继之出现，村民集体向能人让渡权利也成为J村历史发展的必然，并且是村民在理性思考之后，欣然接受的历史必然——与其自己煞费苦心地努力，不如让能人去努力，而且，无论自己如何努力，也超越不了能人努力所带来的实际效果。所以，让渡出自己的权利，一方面能够猎取更大的收获，另一方面可以乐享清闲，有这样两大好处存在，村民又何乐而不为？正是因为存在这样的生活逻辑，所以，虽然在J村中出现了一些看似不科学的因素，却没有引起管理失控，相反，该村主动城镇化正在以一个很高的速度快速推进。但是，当村民将自己思考的权利、决策的权利让渡给能人之后可能产生的万马齐喑的状态，以及必然催生出的与社会主义政治文明建设要求不相符的村域政治生态，将是对J村城镇化创新发展努力的无情嘲讽和致命打击；另外，能人衰老之后，或者能人身死之后，历经千辛万苦取得的主动城镇化发展成就何以为继，以及何以能继，也必将成为该村城镇化创新发展难以克服的危险性障碍。

三 能人治村现象解读

就我国农村来说，能人治村与农村经济社会发展到底是一种什么关系？能人治村是一种发生在个别地方的偶然现象，还是一种比较普遍的农村治理模式？它是与特殊历史发展阶段相适应的过渡性治理模式，还是农村进步的一种常规性治理模式？诸如此类与城镇化决策机制相关的问题，对研究我国目前农村新型城镇化发展轨迹、探讨未来我国城乡一体化发展道路，既是有价值的，也是必要的。

结合目前J村主动城镇化发展的态势，参考我国其他地区农村成功与失败的经验教训，我们认为，可以从现实性和合理性两个角度，来思考和认识能人治村现象和能人村治模式。

（1）现实性考量

能人治村的现实性主要体现在两个方面，其一，它是现实存在的，并且是具有生命力的现实存在；其二，它是因需求而产生的，具有深厚的社会生存土壤。

从现实存在角度看，能人治村在我国已经是一个普遍现象，自20世纪末开始出现的所谓“支书老板化、老板支书化”现象，就是比较典型的代表性案例。事实上，不仅村党支部书记这一社会角色与老板这一角色发生了密切联系，而且村委会主任的社会角色也与老板角色发生了密切的关联。在浙江农村进行田野调查时，我们看到了与之相关的两种趋势：一是“老板支书”与“老板主任”联手行动，共同推动村集体经济组织运行；二是“老板支书”与“穷人版主任”或“穷人版支书”与“老板主任”，各自代表穷富不同的两股力量，或明或暗地发生着立足于村，扩展到乡镇，甚至是县（市）范围内的争斗。但是，无论这些争斗的过程及结果如何，能人治村已经成为农村，特别是发达地区农村经济社会发展领域的重要事实。

如果说能人治村只是说明个别能人在农村经济社会发展领域的重要作用的话，那么，能人村治则在更高一级的层面上说明能人治村的模式化和制度化，说明的是因为能人的存在，改变了农村传统的治理模式，生成了以能人为核心的治理模式。

能人村治模式，在许多发达村庄，特别是在具有很大影响力的全国十大名村中，也是一个基本事实。本书的主要样本村J村，只是其中的一个代表，或者是具有突出特色的典型代表，它从一个微观案例的角度，诠释了能人村治模式的现实存在性，以及这种存在的生命力。

另外，在我国现阶段的农村，之所以出现了能人治村现象和能人村治模式，是有着深厚的历史原因和现实需求的。从历史上看，农民需要一个领袖人物，为他们指引发展的方向、提出发展的目标、规划发展的道路，甚至是为他们提供具体的物质性支撑和思想性支持。之所以如此，与他们身处其中的、长期的小农经济发展模式密切相关。

从现实需求看，改革开放以来，农民的致富意愿逐渐高涨，致富追求日渐急迫，但是，单个农民的力量，难以同外界种种压力和困难相对抗。如果说少数农民，依靠特殊机遇和能力能够发家致富的话，大多数农民，因为自身能力、资源等主客观条件的限制，很难在与外在环境博弈中取得成功，即便是成功了，也往往因为突发原因而易于重返贫困。所以，他们迫切需要一个能人出面，在能人的率领下，通过组织化的力量，实现脱贫致富目标。正是这样的现实需求，为能人治村和能人村治准备了肥沃的土壤。因此，我们认为，以能人为核心的决策机制的出现是必然的，能人治村和能人村治在我国农村具有普遍性特点。

（2）合理性关注

存在的虽然并不一定就是合理的，但是，存在的肯定是有理由的。能人治村和能人村治存在的现实性原因，实际上就是其存在理由的一个显证。因此，从这个方面，我们是可以部分地得出其存在具有合理性答案的。另外，我们还可以从以下三个方面，来进一步证明它的合理性问题。

第一，能够满足农民致富需求，带领村民实现共同富裕。J村主动城镇化的实践证明，当能人出面将村民组织起来，带领村民走共同富裕道路后，他不仅能够将自己的才能发挥得淋漓尽致，而且能够以村集体经济组织的名义，整合、调动村域内社会资源，集中力量，完成单个村民无法完成的各种大事业，例如，修路、建大型停车场、发展农贸市场，等等，从而为集体经济的发展奠定扎实的基础。同时，他还可以通过向上级各部门争取发展资源，一方面，为村集体争取到发展所必需和缺乏的资金、技术和人才等村内稀缺资源，另一方面，也通过这种途径，为能人治村和能人村治的合理性创造正义性资源——不求个人财富，只求帮助村民走共同富裕道路。在这个过程中，能人因为本身的个人资源和事业心及不懈努力，有机会尽可能多地争取到舆论的同情和有关部门、个人的理解和支持。综合上述各种有利条件，能人治村和能人村治能够满足农民致富需求，能够带领村民实现共同富裕，所以，它的存在符合我国现阶段经济社会发展的客观形势，这是它存在合理性的重要标志之一。

第二，能够化解各种社会矛盾，稳定农村社会秩序。J村主动城镇化的实践还证明，能人治村和能人村治有化解村内各种社会矛盾的功效，其原因有三：其一，因能人的个人能力而凝聚成的个人魅力型权威，填补了已经因政治因素被推倒、实际上也逐渐失去生存空间的“长老统治”[①]“族长式”权威的空白，成为新形势下，调解与化解村域内各种矛盾的重要抓手；其二，迅速壮大的村集体经济在就业岗位、工资福利、发展机遇等方面具有很大的优势，能够吸收和化解经济社会迅速发展所带来的各种社会矛盾；其三，在村庄文化建设方面，能人依靠自己的影响力，能够较顺利建构和谐的、积极向上的村域文化氛围。从J村文化建设的实际情况看，因受传统文化的影响，能人往往更热衷于致富之后的文化建设，包括子女教育、成人教育、老年学校，等等；另外，村庄形象、农民素质，也是他们所热衷追求的。虽然导致他们如此行动的原因很难用简单的话语予以概括，但是，其行动结果却能一目了然，那就是因为和谐文化的构建而形成的和谐的人文环境和良好的社会秩序。

第三，包含促进农村新型城镇化健康发展的积极因子。J村主动城镇化的实践也证明，能人治村和能人村治对促进新型城镇化的健康发展，也具有较大的积极作用，其主要表现有三：其一，它能够吸收因城镇化发展所产生的社会矛盾，为城镇化的顺利推进提供基础条件。例如，农村土地被征用是我国城镇化迅速推进的一个重要条件，因之产生的被征地农民的“三失”问题，成为制约城镇化发展的一个道义性问题和社会矛盾的一个激发点。能人能够因时顺势，变不利因素为发展动力，不仅将城镇化推进当作千载难逢的发展机遇，而且能够将不利的“三失”问题，转化为能人治村和能人村治合理性的背景因素，并在消纳这些因素的过程中促进本村的发展，进而成为城镇化顺利推进的助推器和润滑剂。其二，它能够通过自己的发展努力，与自上而下的城镇化主动对接，成为村域城镇化顺利推进的辅助力量。J村扩建SHX路、接纳上海市城镇化推进释放出的种种发展机会的不懈努力，一方面，为本村发展找准了

① 费孝通：《费孝通选集》，天津人民出版社，1988，第114页。

路子，另一方面，也是通过能人的努力，积极与自上而下型城镇化成果对接，推进村域城镇化快速发展的典型案例。其三，能人对村庄文化建设的偏爱，不仅为村域经济社会发展准备了和谐的土壤，而且也培养起了能够适应并推动城镇化发展的群众基础，这为降低城镇化发展成本，提高城镇化质量，提供了强大的助推力，因而也是功不可没的。

总之，能人治村和能人村治存在的合理性是可以被证明的，为之佐证的材料也是丰富的。概言之，它能够满足我国农村相当长时间内的发展要求，符合城镇化推进的规律，同时也是农民乐于接受的治理模式，因此，具有很大的生存与发展空间。“用民主和不民主的尺度来衡量中国社会，都是也都不是，都有些像，但都不确当。”① 所以，我们认为，能人治村和能人村治不仅有存在的合理性，更有存在的价值，是在很长时间内能够推进农村各项事业发展的有效治理方式，因之，它不是昙花一现的偶然，而是常规性的农村治理模式，至少也是一种常规化的辅助治理模式。

（3）规范化约束

不管能人治村和能人村治具有怎样的生命力，也不论它具有怎样的现实合理性，其治理模式本身具有的落后性是不容忽视和必须纠正的。客观地说，只是因为我国特有的历史传统、城镇化快速推进的格局，以及农村区域迫切需要发展的国情，它才拥有了存在的合理性。因此，在实践中，如何扬其所长、避其所短，是需要研究和思考的问题。

到目前为止，在我国各地农村现存的与出现过的能人治村和能人村治实践中，负面影响和失败的案例也是广泛存在的，用一句话来概括这些现象，可以用“成也能人败也能人”来描述。例如，在能人村治实践中，村集体经济组织内部党、政、企不分是一个普遍现象，从某种程度上可以说，正是因为党、政、企不分，才最大限度调动了能人治村的积极性并为他们发挥突出作用提供了便捷的平台，使之能够按照自己的思路，推进村集体经济组织各项事业的快速发展。但是，这样的运转方式，也有其自身难以避免和难以克服的诸多弊端，包括可能产生权力过度集中于能人、权力缺乏制约和监督的现象，家长制现象，个人崇拜现象，

① 费孝通：《费孝通选集》，天津人民出版社，1988，第119页。

村民的依附心态和村集体过度依赖能人的现象，等等。所有这些现象，集中到一点，就是将整个村集体经济组织的命运维系在了能人一个人身上，如果他能够始终如一和有力地率领村民沿着正确发展方向前进的话，则能人村治会是该村的巨大福祉；相反，如果是因为他的私心，或者是因为他的能力限制，或者是因为他的违法行为，甚至是他的死亡等原因，而不能够始终如一和有力地率领村民沿着正确发展方向前进的话，则能人村治将会是该村的巨大灾难。因此，如何保证能人治村和能人村治具有一如既往的生命力，如何保证这种既具有现实性，又具有合理性的村庄治理模式与决策机制适应城乡一体化发展要求，是需要进一步探讨的问题。

从可操作性角度讲，我们认为，当这种决策机制还具有生命力的时候，当我们对许多发展中的规律性问题缺乏透彻了解和准确把握的时候，稳妥的办法是：首先给予必要的肯定，正视它的实际价值和巨大贡献，然后，通过适时的政策和法律法规，予以规范和引导，只要时机合适、对策到位，是可以扬其长而避其短的。对大多数的落后农村来说，挖掘、培育出一个能够带领大家共同致富的能人，或许是推进所在村走向并实现新型城镇化健康快速发展的“良法”。2013 年中央一号文件提出的“向专业大户、家庭农场、农民合作社等新型生产经营主体倾斜”① 的政策决定，可以成为挖掘、培育农村能人，规范并引领农村新型城镇化发展的一个思路。

第三节　股份激励机制中存在的风险

从上文的分析中可以看出，作为最重要的激励载体，股份激励为 J 村主动城镇化的发展带来了活力无限的行为主体群体、运行良好的经济社会秩序与和谐的制度体系，因此，其对 J 村全面发展的推进作用是巨大的，成效是不言自明的。但是，在充分肯定这一激励因素作用的同时，也应该看到它本身还存在的一些制度性不足，这些不足包括股份制本身

---

① 资料来源《中共中央　国务院关于加快发展现代农业　进一步增强农村发展活力的若干意见》（2012 年 12 月 31 日），新华网，最后访问日期：2013 年 2 月 6 日。

的生命力问题、股权分配中的权力化现象和非经济性因素影响问题，以及股权分配导致出现贫富差距过大现象等问题，成为影响甚至制约该村城镇化创新模式进一步发展的显在的风险性因素。

第一，股份制的生命力及适应性问题。股份制在什么情况下具有生命力，股份制改革是不是我国农村经济发展的唯一道路，诸如此类的问题，不仅是一个实践问题，也是重大的理论性问题。实际上，就这个问题，相关研究者已经做了大量的研究和思考，不同理论观点之间的碰撞与争鸣，为实践中的股份制改革提供了很好的智力支撑。剖析J村主动城镇化实践中的股份制改革，我们发现，过去一个阶段神话股份制的观点及做法已经被J村人全盘接受，他们没有考虑股份制的生存环境要求和生存土壤要求，将之作为“放之四海而皆准”的经济社会发展的标准性成功配置。把股份制改革当作农村经济发展的唯一道路，而不是众多道路中的一个重要选项的做法，不仅存在僵化和神话股份制的作用和成效的极端化问题，还可能会造成J村在今后发展中的路径依赖，并进而约束他们的创造性思维和创新性发展，成为可能阻碍该村主动城镇化进一步发展的潜在风险性，甚至是显在的风险因素。

实际上，J村股份制改革之所以能够成功，之所以有生命力，与J村人特有的气质特征、发展环境、崛起历程、主打产业、能人村治等，是息息相关的。换句话说，并不是因为股份制让J村走上发展坦途，而是股份制辅助J村更加健康发展。所以，可以这样说，如果没有股份制改革，J村也能够在另一种模式主导下继续发展，他们采用的股份制发展模式，只是在特殊环境下的一种理性选择。因此，对于J村人来说，在推动主动城镇化不断进步和发展的过程中，应该明白这样一个道理，即是否借助股份制手段推进城乡一体化发展，是行为主体应该因地制宜思考和讨论的问题；只要是有生命力的，只要是适应自身发展要求的，是不是股份制形式，都只是手段问题、技术性问题。如果将手段问题、技术性问题异化为目的本身，不仅会造成认识领域的重大错误，还将会给实践工作带来难以预计的危险和危害。

第二，股权分配中的权力化现象和非经济性因素影响问题。J村股份制改革是在已经发展壮大的集体经济基础上进行的，是通过将集体资产按全村农龄量化之后，按照不同比例有区别地分配给该村村民的，由于配股过程中采取了不同的配股标准，村民拥有的股份数量存在差异。例如，第一次股改时，该村设计了四种股份形式，分别是：村民股、岗位股、社会股和意向收购股，与前三种股份形式相对应的股份份额，分别是65%、25%、10%，第四种针对的则是以上三项中可能出现的不足部分。

从表面上看，这种股权设计和分配方案是没有什么问题的，但是，由于不同股权所对应的持股人存在部分重合，所以，就产生了股权分配中的不公平现象——持岗位股的村集体经济经营层和管理层，既拥有村民股，也拥有岗位股；社会股实际上是为村集体经济主要负责人设计的，他所持有的股份，既包括村民股、岗位股，也包括社会股——通过这样的股份配置，在J村村民之间至少存在三种类型的持股人：单纯持有村民股的普通村民，既持有村民股又持有岗位股的村干部，既持有村民股又持有岗位股，同时还拥有社会股的领头人。

认真分析上述持股格局，可以发现，村民在村集体经济组织中所处的位置和所获得的身份，是全部问题的关键：拥有某种权力，就拥有相对应的股份份额。这种权力的强势存在，揭示了股份配置过程中的权力化现象。当然，如果能够进一步剖析上述持股格局，还可以发现权力化现象之外的一些因素，例如血缘关系、亲缘关系、内群体、他群体等非经济性因素影响的存在。其中，最有代表性的，是血缘关系在股权分配过程和结果中的影响。费老提出的认知和理解乡土中国人际关系的差序格局理论[①]，在J村股权分配过程中得到又一次证明。当然，这种影响不只是反映在股权分配这样一个领域，更是渗透在村域经济社会等各种关系体之中。或者说，血缘关系对股权分配的控制，只是前者对村域范围内整个关系体系控制的结果。

股权分配中权力化现象和非经济性因素影响的结果，是多方面的，例如对公平与效率问题的影响，对基层政治、经济民主建设的影响，对主动城镇化发展动力与方向的影响，等等。从该村目前发展的情况看，这些影响还在可控的范围之内，但是，不同的矛盾形式，已经开始在村落底层、社会关系边缘层悄悄出现。可以预计，如果在主动城镇化的进

① 费孝通：《乡土中国 生育制度》，北京大学出版社，2007，第27页。

一步发展过程中不能有效予以解决，村集体经济组织承受的影响和压力将越来越大，这是一个看得见的危险因素，可能会导致该村发展局面的严重挫折。因此，在城乡一体化发展过程中，如何正视、应对和消化因权力化现象和非经济性因素影响而带来的消极后果，是一个艰巨的理论问题和实践问题。

第三，出现贫富差距过大现象。与股权分配中的权力化现象和非经济性因素影响相联系，J村村民之间的贫富差距被迅速拉大，并呈进一步扩大趋势，再加上还有村内制度设置等其他影响因素的存在，贫富差距过大现象已经成为该村矛盾中的焦点矛盾。

例如，对岗位股、社会股的设置、分配及对贫富分化的影响，村民们谈了自己的体会和认识。

> 法人股①（即社会股）第二次股份制改革时规定占集体资产的10%，2009年振兴镇批复为5%，现在正准备发股权证。岗位股和风险股只有中层以上的领导有。他们就是权力股。法人股太高了。岗位股应该每个在岗的村民都有。②

从上述文字中，可以清晰地感受到，股权分配过程中存在不均衡配股现象，主要表现为，领头人和其他村民所拥有股份的巨大差异与村干部和普通村民所拥有股份的差异两个方面。我们从上海市人民政府《关于同意设立上海J村物流股份有限公司的批复》［沪府发改审（2005）第010号］文件中看到，第一次股改时，除领头人的10%外，全体村民中持股最多的是4位村干部，每人拥有0.875%的份额，持股最少的有28位村民，每人仅拥有0.0625%的股份，这样，领头人、村干部和股份

① J村的法人股，就是社会股，其配置对象是带领该村致富的“当家人”，在第一次股份制改革时，其股份份额是10%。第二次股改时，将社会股改称为法人股，仍是10%的份额，其间虽有变动的倾向和讨论，但最终结果维持10%不变。从某种程度上说，它更是对外宣传时使用的方法，在村民的眼里、在村内保密的材料中，不管名称如何变化，其对应的股东，就是该村的“当家人”。该股份的资产总值，在2005年10月时为800万元，到2006年12月时，已经升值为3460万元，随着该村主动城镇化成就的不断取得，其价值与日俱增。

② 资料来源于我们对J村村民（Y-jln[1]t、L-jln[1]t、S-jln[1]t）等的访谈笔录。

最少的村民间，股权比例分别是10∶0.85∶0.0625，显示该村存在制度化贫富分化的根源。

从上述文字中，我们也可以明显感觉到村民对股权分配制度的不满及对因之引发的贫富分化的担忧和不满。在访谈过程中，不同访谈对象对自身生存状况的描述和对村域内人际关系的描述，也为我们理解这些问题提供了基本材料。在访谈已经退休的老年人时，他们这样向我们描述该村的股份制改革。

其实，我们这些老年人还有个入股的问题，老年人不值钱了，所以只能算半个股，这一点我们J村不是很好。创造财富的就是我们老一代，但是待遇却不行了。我们这些老年人，贡献了一生，最后只能入半个股，那些年轻人他们没有给我们J村创造一分财富，却是一个股……所以，不要说什么生活质量，根本没有的，就是在煎熬中等死。①

与老年人不同，处于工作年龄阶段的人另有自己的看法。

动迁后我爸妈都有自己的退休养老金，儿子现在还不满16岁，也有1/4的股金。我跟我老公每月的工资加起来差不多一万，再加上房租，日子过得还说得过去。但是跟村内没动迁的相比，收入差距还是蛮大的，你想啊，他们有沿路店面可以出租，只房租一个收入，每年至少百来万啊！这个有的好比啦！?②

总之，在J村内部，贫富差距过大问题已经出现，并逐渐成为影响与妨碍该村主动城镇化健康快速发展的不和谐因素。分析所获得的材料，我们发现，该村的贫富分化具有明显的类型化特点，其形成原因，要么是股份配置的差异，要么是村集体经济组织不同阶段的政策差异。但是，作为该村的基本经济制度，股份制改革的影响是全面的和持久的，特别

---

① 资料来源于我们对J村村民（Y-jln[1]t）等的访谈笔录。

② 资料来源于我们对J村村民（Z-jzn[2]t）等的访谈笔录。

是因为股权分配中的权力化现象和非经济性因素影响的存在，更加大了股份制改革对贫富分化的贡献值。所以，在以后的改革中，如何利用股份制建设，实现村民共同富裕目标，是一个既需要制度创新，又需要政策引导的重大社会问题。

第四节 系统化约束机制中存在的风险

从理论上讲，约束机制与激励机制是主动城镇化发展过程中不可或缺的两个促进性因素，激励机制主要是通过外力作用于被激励对象的思想和意识而发挥作用的；而约束机制更多的是通过法律法规、制度、章程等具有一定强制力的规范性手段，约束、规范和调整被约束对象的外在行为而发挥作用的。在J村，主动城镇化的约束机制是由系统化的约束因素构成的，主要内容包括国家的法律法规，村内的各种规章、制度、行业规范、行为规范以及各种形式的监督，等等。按照作用方式和实际发挥作用程度的大小，我们认为，可以将存在于该村的约束性因素划分为三大类，分别是：外来的约束性因素、村内的制度性因素和地缘性关系因素，这三大因素及其相互之间的关系格局，型构出该村约束机制的基本形态。纵览J村主动城镇化发展历程可以发现，主动城镇化创新实践与三大约束因素间程度不同的冲突和不协调，是城镇化创新发展过程中的常态，由此产生的可能性发展风险潜藏在J村主动城镇化创新发展的全过程。通过对潜在风险爆发的可能性和爆发时的烈度角度的比较分析，我们认为，源于外来约束性因素的冲突风险是最应被关注、必须预防和力求化解的首要风险。实际上，2016年4月27日开始的J地区转型改造的启动，就是其潜在风险显性化的标志性信号，如果不能善加应对，J村主动城镇化的前景实属堪忧。

一 外部约束性因素带来的风险

对于J村主动城镇化发展模式来说，这类约束性因素是无法选择的客观存在，主要包括国家的法律法规、上级部门政策、领导意志、社会舆论等诸多方面，其作用方式以强制性为主，作用方向有正向与负向之分，作用结果则改变和影响着J村内制度性因素的建设与发展方向。梳理J村主动城镇化发展过程，我们发现，有几个外来约束性因素直接左右着该村的发展轨迹，并有可能成为导致该村主动城镇化发展模式崩溃的因素，更干脆地说，有可能成为改变该村发展命运的重大风险因素。

首先，以沪规划〔2007〕1349号控制性规划为主要代表的各种限制性规定，影响和左右着J村的发展格局，是影响该村主动城镇化创新发展能否顺利推进的主要风险性因素。关于这一问题，J村党委书记的相关讲话内容，为我们提供了直接的理解材料。

> 根据市规划局沪规划〔2007〕1349号批准的国美社区控制性详细规划的批复，现有的J村市场主要被规划为国美地区的配套绿化，加上卫星站控高的要求，建筑密度定为40%，容积率1∶2.0。这个规划要求J村市场的经营性用地面积从现有的1307亩减到460亩。另外为240亩居住房用地，600多亩绿化。这个规划明显不利于J村市场的做大做强。从土地角度讲，J村市场只能萎缩。[①]

在2016年4月27日之前，这个规划一直没有被付诸实施，但是，它对该村发展的影响是严重的，以至于上至村党委书记、下至普通村民，视之如猛虎，对其反应也经历了由刚开始时的慌乱、恐惧、愤怒，发展为现在的不敢提及和尽量回避，唯恐因为自己的原因，将这个事实上已经束之高阁的规定，重新唤醒、激活。因此，我们可以很容易从中发现，该规划对J村发展的约束性作用。而2016年4月27日开始执行的上海市人民政府《关于同意〈上海市M区国美北社区S11－0501单元、振兴社区MHP0－0105单元控制性详细规划（J地区）局部调整〉的批复》（沪府规〔2016〕20号）文件，则让J村人以前的担忧变成了现实：风险由潜在变为显在并突然爆发为事实性风险——按照“沪府规〔2016〕20号”文件的规定精神，J村主动城镇化赖以支撑的土地面积大为减少，市场面积从原有的110万平方米缩减为50万平方米，由此带来的刚性资源短缺、经营成本增加等一系列负面影响的连锁反应，打乱了该村城镇化创新发展的正常进程，未来的不确定性因素大为增加。

① 资料来源于吴××《关于J村市场规划、土地的情况汇报》（2009年6月16日）。

另外，卫星站控高的规定，在J村一直发挥着非常严厉的约束性作用，关于这个问题，只要看一看该村普遍不超过三层的建筑物高度，就一目了然了。正是因为这一原因的存在，J村发展楼宇经济的路子被堵死，因此，他们不得不开始将发展的目光转到地下。

> 目前，106万平方米的地下空间尚处于闲置状态，尤其是土地归属集体，便于整体大面积开发；南北二个地铁口紧靠，可以形成便捷的地下交通。J村的地下空间不仅可以设立宏大的停车场，从而缓解地面的交通压力，还可以布局仓储，解决经营户对仓库的迫切需求，更可以开发地下购物商场，形成超大型的地下购物场所，使其商业业态上下呼应，更加繁荣兴旺。[①]

从吴××的上述发言中可以看出，在客观存在的约束面前，他们积极主动地寻找发展的突破口，希望通过地下空间的开发，在避开限高政策的同时，实现J村市场更合理的业态布局，促进村域集体经济的最大化发展。但是，沪府规〔2016〕20号文件已经将J村的市场面积缩小到原来的1/2，地面上的变动也势必会影响他们往地下发展的规划和行动，其潜在和显在的风险性因素正在不断叠加。

其次，“硬发展”导致的强势外部政策，影响和制约着J村的发展格局。在上文中我们已经介绍了上级政府与J村发展的关系，可以说，如果没有上级政府或明或暗的支持，J村的发展是难以想象的。但是，也正是这种依赖关系的存在，使得J村在发展过程中回避不了上级政府及其政策的约束和限制。特别是由于该村所选择的主动城镇化路径，是一种全新的创造性发展模式，再加上它们采取的是“硬发展”战略，在发展过程中时不时地会与既存政策发生冲突，因此，可能导致上级政府及其相关政策的强化限制与约束；J村也会时时处处感受到上级政策约束，也会因之产生某种程度的困惑和不解。例如，就楼宇经济问题，村民这样理解上级政府的政策。

① 资料来源于吴××《十二五J村发展展望》（2010年9月29日）。

现在要搞一幢大楼，搞70亩地，说批下来了，但搞到现在两年了，项目肯定是批了，但到现在一动也没动，方方面面的人关系都要沟通，真是不得了！缺钱还是缺情我也搞不懂，那是上面的事。我们J村发展的瓶颈，我认为不管是干部还是我们老百姓也好，我也是知道一点，干部很头疼！我们有时候还要埋怨这里的一把手，是不是市长、市委书记不认识？那就直接跟他们对话去！白天不行晚上！①

对政府采取的强制性措施，他们是这样看待的。

曾经有过D村并过来的时候有块工业区空地，这地是J村的，没有争议嘛！我们把它拆了盖起了一层的大的工房，马上住满了人啊，租金也收了，可不行！一定要拆除！就拆吧，损失了一亿多！轻而易举的一句话。我们吴××还是有闯劲的！今天拆了明天还要再建，现在没人说话啦。②

在J村调研期间，我们发现，虽然因为有信息来源有限和看问题角度差异等问题，老百姓的想法和认识不尽正确，但是，我们可以从中感受到该村发展过程中遇到的外来约束力量，该村正是在这种约束与冲破约束的过程中，逐步探索与完善自己的主动城镇化发展道路的，从中可以清晰地感受到他们的困惑和潜在与显在的各种风险。

二　内部风险性因素

对J村来说，外来的约束性因素是行动的基本框架，该村经济社会发展的决策及行动路线，受到它的深刻影响。换句话说，J村主动城镇化发展道路，就是在适应和突破外来约束的过程中展开的。在这个过程中，J村内一系列的规章、制度、行业规范、行为规范等逐渐出现，成为规范、约束村集体经济组织本身和村民及市场从业人员的制度性因素，

① 资料来源于我们对J村村民（C－jzn[1]t）的访谈录音。

② 资料来源于我们对J村村民（L－jzn[1]t）的访谈录音。

但是，在这个过程中，村内制度性规范的不完善和创新发展中需要不断改变和完善相应制度的需求，也给其创新发展带来了需认真应对的内部风险。

分析该村逐渐形成的制度体系，可以发现，这是一个有着等级层次差异的系统设置，居于最高层的，应该是以简约的、口号化的文字凝练成的J村精神和J村集团宗旨。J村精神被概括为“坚韧不拔、勤奋好学、自主创新、求强务实”，J村集团宗旨被凝练为“质量是生命、文明是财富、安全是基础、诚信是保证”。J村精神和J村集团宗旨是J村人对自己奋斗历程经验教训的总结，是规范、约束和指导他们行动的纲领性文件，其精神、实质和要求贯穿、渗透到村内制度体系中的每一个规范之内，成为规范中的规范。

除了居于最高层的这两个规范之外，J村还制定并形成了涉及方方面面的规范体系，其主要内容被收集在以上海J村控股（集团）有限公司名义结集成书的《规范管理工作手册》之中。

在该手册中，主要收集了涉及员工行为管理规范、行政管理规范等140多项规章、制度、标准等约束性文件，对J村党建、群工、精神文明建设，集团内部的机构设置、岗位职责、工作要求等都予以明确的规定。从规范和约束的对象及其本身的内容角度分析，这140多项约束性文件，分别从宏观、中观和微观三个层面，对全村应该规范和可以规范的人、事、物进行全面关注和有针对性的制度建设。其目的是达到“使每一项细致的工作有章可循，都有程序化、标准化、规范化的管理要求，烦琐变得简单、杂乱变得有序，迟缓变得高效”[①]。

另外，在村内的制度性约束领域，还存在两个重要的规范系统，一个是以村党委为中心的系统，包括三个向度的约束丛：法律法规及上级政府对村党委的约束，村党委对自身和村域百姓的约束；另一个是以村民委员会为中心的系统，也包括三个向度的约束丛：法律法规及上级政府、村党委的约束和村民委员会对自身和村域百姓的约束。村内的这两个规范系统是主导系统，在大多数情况下，是与上海J村控股（集团）有限公司的规范管理结合在一起的，但在自己特殊的领域，又保持着独

① 吴××：《规范管理工作手册》（内部资料），2005年版序。

立性，从自己特殊的角度，约束和规范着该村各项事业的发展。其功能角色，有时是领导者，有时是协调者，有时还是监督者。

从实际运行结果看，这些规定，既试图规范该村主动城镇化发展模式的整体运转，也试图规范村域内所有主动城镇化参与者的岗位职责、行为方式，甚至规范和塑造着他们的观念意识，希望能够为主动城镇化的健康发展奠定坚实的基础。但是，由于在众多的规范之上，总是有一个若隐若现的“无形之手”——“能人”的思想、观念和行动意愿发挥着约束性作用。所以，对村民来说，各种制度性规范都是被给予的并需要接受和执行的，因此不仅制度制定本身有一个过程，制度被学习和被执行也需要一个过程，再加上制度本身也有一个不断完善的过程，这样，过程中发生的不适和冲突就在所难免，再加上各种制度之间的对接和适应也不是一蹴而就的，甚至各种制度之间本来就存在张力。因此，村落内部复杂的制度体系潜藏着难以消弭的风险性因素。

三　地缘性关系约束产生的风险

这里所谓的地缘性关系，可以包括如下三部分内容，分别指在J村村域发生的地缘关系、血缘关系和业缘关系。因为它们是依托J村行政村这一特定的空间区域而存在的，承载的社会人口——J村户籍人口、原J村村民和外来的市场从业人员——既是该行政村发展的基本力量，也是该村发展的主要受益者，他们与J村集体经济组织已经结成了荣辱与共、兴衰相依的密切关系。因此，同时生活于这一空间之下的人群之间，产生一种新型的地缘性关系，它超越了原来意义上的地缘关系和血缘关系，同时又将原来意义上的地缘关系、血缘关系和业缘关系整合在一起并予以重构，以“新老J村人都是J村人”的话语表达和内心感受为基础，以共同的利益为纽带，建构起一个工作、生活于J村村域的人口整体，这一整体共同成为对该村主动城镇化发展具有关键意义的支撑力量。

J村的这种新的人口关系结构存在明显的张力，在为该村的创新发展提供有力支撑的同时，也影响着该村的创新发展之路，成为另一潜藏的风险性因素。当然，因为人口来源不同，其带来的风险也有较大差异。一般来说，J村户籍人口拥有原来意义上的血缘关系和地缘关系优势，同时拥有股东和村民双重身份，因此，在决策、执行和监督领域，有很大的话语权。作为一个整体来说，他们在功能发挥方面更多的是一种乡情、亲情人际关系的影响和舆论监督，以及参与决策、执行和监督过程中的意见表达。这些功能一般不具有刚性化特点，但是，因为生于斯长于斯的熟人社会特点，这些软约束虽然难以测量与估量，却对整个村域经济社会发展发挥着看似可有可无，实际上却非常巨大的作用。正向发展，则成为主动城镇化的重要依靠；负向推进，则会严重阻碍甚至扭曲城镇化创新发展的进程。实际上，老J村人在村域内的话语权及福利待遇上的高规格和零门槛，不断排斥着村内话语权缺失和福利待遇难以企及的新J村人，时时撕裂着村领导者们有意建构的共同体愿景。因此，与难以融合的新老J村人并行的各种风险是其创新发展过程中，特别是在更高发展阶段、创新发展中需要正视和解决的风险性问题。

外来市场从业人员主要通过利益均衡机制来发挥他们的约束性作用，这主要是由J村特殊的产业结构特点决定的。J村的主打产业，即J村市场，是以租赁经营的方式运营的，其收入状况主要取决于进入市场的客户数量和客户的经营状况。如果能够源源不断地将客户吸引进来，如果能够保证客户获取可观的经营效益，J村就能够拥有稳定的、不断增加的收入来源；反之，则会因为收入源泉的枯竭而失去发展活力。因此，外来市场从业人员与J村已经结成事实上的利益共同体，在该村具有举足轻重的地位。外来市场从业人员很清楚这个利害关系，所以，他们通过不断提出各种利益诉求，争取与尽可能扩大所分得的利益份额，影响J村主动城镇化的发展格局。

> 其实也要感谢我们这些业主，如果没有我们这些业主，哪来的J村的发展?!所以，有许多事情，例如困难啊，J村要能够想到我们，也要帮助我们；这么多年啊，也要我们稳定下来，不要整天这里也搬啊，那里也迁啊。①

---

① 资料来源于我们对J村外来市场从业人员周××、吴××的访谈录音。

J村在应对外来市场从业人员的诉求时，应该从双赢的角度思考问题和制定对策。但是，由于对博弈双方的利益份额并没有明确的规定与边界，再加上外来市场从业人员的高流动性和原子化特点，J村领导层及原住民对前者的地位和利益重视不够，在很多情况下，甚至是以提高租金、压低外来市场从业人员的利润空间的方式谋求自身发展。因此，双方的利益博弈时时处处都在或明或暗的状态中进行，其潜在的风险性因素存在会随时被激活的可能，这是潜伏在J村创新发展中的障碍和难题。

总之，J村存在的这些不同层次的约束因素，既相互联系，又独立发生作用，它们从各自的角度，既可以成为该村主动城镇化的发展助力，又可能成为进一步发展的重大困难，这些风险性因素，考验着J村的领导层，考验着新老J村人，考验着其他各类参与者。

如果站在比较的角度研究J村主动城镇化过程中面临的各种风险，我们还会发现另外的问题。因为与旧型城镇化不同，新型城镇化关注的核心不再是数量、面积、体量等量的规定性，不再依赖外延式的粗放型增长方式，而是着眼于质量、效率和可持续等质的规定性，追求内涵式的高效集约化增长模式。因此，具有更高的操作难度和技术要求，它不仅需要寻找并依赖全新的动力系统予以持续推动，需要农民不断提升行动能力、改变传统角色、积极主动地承担城镇化历史使命，还需要从机制层面建构起可良性运行、协调发展的实现系统，并经由该系统的合理、高效运行。一方面将村域内外存在的新型城镇化促进因素整合起来，使之能够协调行动，降低内耗，促进新型城镇化健康快速发展；另一方面，能够因地制宜地设计自己的城镇化实现方式，合理分解城镇化总体目标，确定阶梯式的阶段性任务，调动村域内外可利用的发展能量，分阶段有次序地推进农村新型城镇化总体步伐。

概言之，在J村探索与实践主动城镇化模式的过程中，始终存在或显或隐的风险性因素，与我国其他地方农村城镇化过程中所遭遇的风险相比较，既有共同的风险类型，也有不同的风险因素。但总体上看，因其特殊的“硬发展”推进方式所导致的特殊风险类型是主要的，即便是同类型的风险，也因为上述原因而比其他地方所承受的风险更大，能够采取的应对之策更受限制，可能的政府帮扶和社会支持更少，风险带来的危机更严重。因此，做好风险管控这篇文章，正视并及时发现、识别各类风险因子，有针对性地谋划好事先预防、事中应对和事后完善与修复的各个工作环节，是J村主动城镇化能够继续健康快速推进的重要保障和有力抓手，特别是事先的风险管控尤为重要。

第六章　风险选择与风险管控

J 村主动城镇化创新发展的成就是突出的，截至 2015 年底，村总资产已达到 35.79 亿元，已经实现了城镇化创新发展的众多目标，引用村前党委书记吴××的观点，就是至少有“四个实现”：“实现了摆脱贫穷的目标，实现了共同富裕的目标，实现了融入城市的目标，实现了巩固基层政权的目标。”[①] 但是，从上文的分析中我们也可以发现，在城镇化创新发展过程中，也存在很多风险性因素与问题，并且，有些潜在和显在的风险已经开始爆发，J 村主动城镇化创新发展进入一个更加艰难的时期。

J 村主动城镇化的发展过程再一次证明了这样一个道理：创新过程充满风险，成功与失败如影随形。爱迪生的“我的成功乃是从一路失败中取得的”经验总结，至今仍有重大的启迪意义，创新的过程就是“不断尝试、不断失败、不断提高的过程”[②]。但是，创新者也必须清醒地意识到，失败是要付出代价的，有时候，这个代价可能是难以承受的，甚至是毁灭性的。因此，未雨绸缪、防患于未然乃是最好的风险预防策略和对策。如何事先识别潜在的和显在的风险因子，并针对目标进行风险选择和风险管控，对于主动城镇化实践推进到较高阶段、各种风险不断彰显的 J 村来说，既是一个及时的经验总结问题，也是一个如何继往开来、真正实现可持续发展的问题；对于我国不同区域、不同发展阶段城镇化的创新实践者来说，也是需要认真思考和慎重面对的问题。

剖析 J 村主动城镇化过程中所存在的一系列风险，我们粗略地将其归纳为两种风险类型：主观风险和客观风险。所谓主观风险乃是指 J 村人意识到的和可以选择的风险类型，包括硬发展的策略选择、村集体产业选择、管理模式选择、股权分配选择，等等；客观风险则是指 J 村人

---

① 参考郑红等发表于《解放日报》上的文章。

② 周三多主编《管理学》（第四版），高等教育出版社，2000，第 279 页。

无法选择的风险类型，包括外部政策、市场风险、外部关系，等等。对可选择的风险实施趋利避害处置，对不可选择的风险实施事先识别并加以不断的管控，以尽可能小的代价，取得最大化的创新成就，实现城镇化的理性发展，是城镇化发展到今天对理论研究和实践探索提出的可以完成的创新发展使命。以 J 村主动城镇化为例，我们认为，可以在四个领域对潜在与显在的风险做出全新的选择与管控。

第一节 边缘化风险永固化的规避与管控

实事求是地讲，J 村创新发展的主动城镇化模式，至今未被主流社会所接纳，包括学界、政界，绝大多数人对主动城镇化抱持否定的态度。在实践中，主动城镇化的经营者们所遭遇到的困难和需克服的障碍远远大于政府主导的自上而下型城镇化的实践者们。所以，自开始之日起，主动城镇化就是一个不被欣赏的“野孩子”，并在此后的发展中长期滞留在主流社会的视野之外，实际上居于社会边缘之边缘的状态，长此以往，其发展的道路一定会布满荆棘和坎坷。改变“野孩子”的社会地位，迅速被主流社会所接纳，避免边缘化风险的永固化结局，争取在一个宽松和谐的氛围中健康快速发展，是主动城镇化风险管控的首要任务和重要目标。

那么，规避边缘化风险的永固化，迅速融入主流社会的方法是什么呢？从战略角度分析，我们认为，主动城镇化的经营者们，特别是他们的领头人，采取主动的姿态和积极进取的精神，在坚持自己固有优点和特点的前提下，主动地、全方位地与政府主导的、自上而下型城镇化模式相对接，力争在两者之间搭建起一条常规化的、具有亲和性的沟通渠道，进而实现二者的和谐共处，甚至是有机融合，是其应该采取并实施的低成本而又高效率的风险管控之道。在此基础上，需要进一步研究和思考的问题则是在具体实践领域中，通过什么途径和措施去实现两者之间的顺利对接。为了回答这个问题，首先需要研究在两种向度不同的城镇化模式之间业已形成的基本格局，然后才能得出相关的具体结论。在实证研究过程中，我们首先比较分析了 J 村主动城镇化模式与政府主导型城镇化模式各自的性质与特点（具体情况可参见表 6 - 1），并试图从中寻找问题的答案。

表 6-1　主动城镇化与政府主导型城镇化比较

		主动城镇化	政府主导型城镇化
本质追求		城乡一体化	城乡一体化
城镇化功能		工具性、推进型	工具性、推进型
最终结果		城乡一体化	城乡一体化
行为主体选择		农民	城市与政府
农民的行动表现		主动作为、积极作为	等、靠、要
成本及其承担者		成本低、农方	成本高、政府
绩效		减轻国家和政府的负担、实现村域经济社会诸方面发展	政府责任大、负担重、城乡关系不和谐，地方政府与农民关系敏感度高
评价	优点	因地制宜地突出个性特色，农民具有主动性、创造性	政府背景、全局性特点和强大的发动力、号召力和推动力
	缺点	对天时、地利、人和的依赖，可能产生本位主义、个人利益、集团利益、局部利益	个性特色不足，在发挥农民主动性、创造性方面流于表面

如同J村主动城镇化一样，具有较高效率和因地制宜特点的、自下而上的城镇化模式，总是在全国各地农村社区不同程度存在，我们认为，这些能够得到农民欢迎和市场认可的基层创造，是推进我国农村新型城镇化健康快速发展不可缺少的重要组成部分。从理论层面分析，它们可以与政府主导型城镇化模式共存，并共同发挥积极作用。如果能够实现这两个发生源不同的城镇化模式的对接与耦合，协同民间和政府这两个新型城镇化发展的积极推进因素，其可预期的效果是：一方面，可以为我国农村新型城镇化的完善与拓展创造出巨大的发展空间，另一方面，也解决了以不同面孔出现的各种自下而上的城镇化生存与发展问题。表6-1告诉我们，从根本上说，主动城镇化与政府主导型城镇化发展模式是一致的，都是为了实现城乡一体化发展整体目标，实现城市居民与乡村居民共享人类文明发展成果，消灭城乡差别、实现城乡之间公平正义等发展目标的工具性手段。J村人，包括政界、学界及社会上方方面面的其他相关者，之所以将J村这种自下而上的城镇化模式称为主动城镇化，而相对应地将政府主导的自上而下的城镇化模式称为被动城镇化，不是因为两种城镇化的目标追求存在什么本质差异，而是因为他们对两

类城镇化的主体承担者的归属问题产生了不同的理解，对其各自应用的不同操作方式产生了不同的判断。

主动城镇化的探索者和实践者们认为，农村城镇化应该是农民自己的事情。例如，具有代表性的J村人对这个问题的回答就是："自己的事情自己不去干，那要谁来干?"由此我们可以确定地推知，在自下而上的主动城镇化发展模式中，农民更多的是在考虑：我应该干什么和我能干什么。可以这样说，主动城镇化是农民对过去很长一段时间以来，发生在他们身上的等、靠、要依附心态和依附行为反思的结果；是谋求以自己的努力既解决自己的生存和发展问题，又减轻国家和政府的负担，同时为国家和集体做一些力所能及的贡献的主人翁意识的体现和行动。所以，我们认为，主动城镇化发展模式是应该被肯定和弘扬的新型城镇化发展的民间创新活动。

政府主导的城镇化发展模式往往更加注重政府的作用、注重城市的极化效应和扩散效应，希望能够通过政府的推动作用和城市的带动作用，完成农村城镇化进程，实现城乡一体化发展目标。因此，政府考虑更多的是"我应该让农民干什么和农民能够干什么"；当自下而上的城镇化模式被农民创新出来后，有些人就习惯性地去思考农民有没有主动城镇化的资格、农民能不能主动城镇化等相关问题。说到底，这还是对农民的能力缺乏了解，对农民淳朴的爱国情怀发现不够，以及计划经济的惯性思维方式在发挥作用。但是，不管怎么说，政府主导型城镇化不是不让农村实现城镇化，而是在思考由谁承担城镇化的主体使命。因此，在根本问题上，两种城镇化模式是一致的，其最终结果应该能够殊途同归。从对两者运行的实际效果的实证研究成果看，它们之间的差异主要体现在城镇化的成本和绩效方面。换句话说，二者之间只有绩效上的不同，而没有本质的差异，这是它们可以共存的社会基础。那么，体量小、灵活性高的自下而上城镇化模式如何主动与政府主导型城镇化模式对接，既是一个需要在理论上思考的问题，也是一个需要在实践中行动的问题，同时也是这一模式实现自身顺畅发展的策略问题；而对主导自上而下城镇化发展模式的政府来说，如何接受自下而上的城镇化模式，并汲取和善用其优点，发挥政府主导型城镇化的优势，整合可得与可及的所有资源推动农村新型城镇化健康快速发展，也是一个需要认真考虑的问题。

而力促两者耦合与协同的种种操作，实际上只是探索实现城乡一体化推进路径等方面的技术性问题，不是什么制度、社会性质等方面的原则性问题。

J村主动城镇化的发展经验证明，做好与政府主导型城镇化发展模式的对接，是自下而上城镇化步入良性发展状态的重要路径选择。那么，应该采取怎样的方法、通过怎样的形式与其对接呢？通过分析J村农民的创造性实践，我们发现，“农方”可以从如下两个方面展开行动：其一是要具有大局意识、承担历史使命，其二是创造性对接。

一　对“农方”的行动管控

对自下而上城镇化中的“农方”来说，具有大局意识，是其实现与政府主导型城镇化对接的最为关键的前提与基础，主要原因在于其中所包含的两个关键性关系管控。其一是需要相对弱势的农民群体突破对局部利益和个人利益的过度执着，并在一定程度上勇于牺牲“小我”而服从“大我”——“小我”与“大我”关系管控；其二是调动政府及社会对自下而上城镇化模式接纳的意愿和积极性——社会关系管控。换句话说，只有“农方”在大局意识主导下，通过实现两个关系的管控，打通并畅通连接自下而上城镇化与政府主导型城镇化的沟通渠道，才能在和谐、健康氛围中实现二者的顺利对接。

从对J村主动城镇化实践的观察分析中，我们看到了“农方”的大局意识，看到了他们能够承担对接与融合两种城镇化发展模式任务的主体条件与特质。主要表现在以下几个方面。

第一，具有从战略高度上把握国内外客观形势的意愿和认识，致力于理解并掌握政策走势，整体意识和全球眼光不断增强；同时，能够做到审时度势、因势利导，从而能够捕捉到两种城镇化模式对接的良机；在对接过程中和实现对接后，既能保证自下而上城镇化的已有成果和发展态势，又能保证与外部整体的良性互动和有机促进。J村人在这方面已经做出了初步的探索性努力，并对这一努力方向做出了明确的规划，村前党委书记吴××在其《十二五J村发展展望》中的解释是：“只有顺应新的需求和趋势，才能实现‘J村’新的辉煌。”

第二，具有政治责任意识和自觉行动能力，特别是在把经济发展作为村集体经济组织首要任务或曰第一要务的市场经济大背景下，自觉的政治责任意识与行动对两种城镇化模式的顺利连接，更具有现实意义。J村在这方面有三个典型的做法，其一，加强“两新”组织建设，为市场建设提供坚强的政治保证；其二，从保护、提升村民和市场经营者的权益入手，化解各种社会矛盾，实现维护党和国家改革、发展、稳定大局的政治责任；其三，以创建全国文明村为抓手，通过力促J村完成形态、功能和素质三个文明的目标，达致村域政治文明、物质文明、精神文明和社会文明的协调发展与同步提高。

在访谈中，我们了解到了一些相关的、具有代表意义的典型案例。其中，一位市场经营者所撰写的《文明经营，我们共赢》反思性文章最具有代表性，他从非常微观的角度、多个侧面地揭示出J村政治责任意识与实际行动的培育过程和社会绩效。全文转录如下。

> 作为一个商人，我的目标就是利润。追逐利润的最大化是我一切行动的动机。至于制度，尤其是管理区的制度，这是管理者的事情，与我八竿子打不着。如果他碍着了我的生意，我在不过分地侵犯它，确保它不会给我带来太大麻烦的情况下，我可以肆意，或是适当地践踏它，漠视它的存在。于是，证照过期、延期缴纳租金等违规的事屡有发生。被管理员找去也只是虚心接受，屡教不改。至于保证书，那更是应付局面的一种形式。管理区是什么，在J村市场众多的商户心中，它只是个收取房租、谋取利益的机构。
>
> 我再次违规。常在河边走，哪能不湿鞋呢！这次是因为我擅自将店面经营本区域不允许经营的商品，我只不过照葫芦画瓢学他人样呗。结果惹来了不小的麻烦。管理区责令我立即终止经营此类商品，还被扣文明经营积分，这钱可是花得冤枉啊！尤其是在这资金紧张的时候。我去找领导求情，经理接待了我。
>
> 这是位女经理，姓卫。那身得体的职业装透出领导者的干练和威严。我有些紧张，也因担心而紧张，害怕她因我的前几次的违规行为强烈地指责我。令我没想到的是，她很耐心地倾听我所谓的“申诉”，淡淡地微笑着。她并没有累积罪行，控诉我的过错。末了，她语气柔和地向我解释管理区之所以这么做的理由，一是为了

工作上的统一，以免造成混乱；二也是为了我好。经营此商品麻烦较多，经常会有客户投诉。一旦发生类似的事，对我的生意也会造成不良影响。之后，她向我解释了文明经营的重要性和它的意义。并对我生意上面临一些困难表示了她的理解，并给出了有益的指点。

从经理办公室出来，我有些释然，又有些顿悟。回去我反复咀嚼着卫经理的话，深刻剖析了"文明"二字。虽然人人都知道"没有规矩，不成方圆"这句话，但鲜有人会深究它真正的内涵。我也是第一次真正意识到"文明"与我的生意之间的关系。做生意的都知道和气生财，在现代生意中是良好的服务态度。这"和气"和"良好的服务"中不就透露着文明的气息。而规章制度则是将这种文明提高到企业内部"立法"的高度来，法律化地将它普及了，制约了更多的不文明、不够和气的行为，一旦文明被普及，将会架构一个和谐的环境，使企业、市场经营有序，增强竞争实力。而我之前的漠视规章制度的行为，则是一个不顾及他人的自私行为。试想，如若人人如此，市场变为无序，表现出一种低素质，谁还会相信他的诚信以及商品的质量呢？另外，虽然市场所制定的规章制度看上去犹如水泥钢筋般的冷漠、无情，但是"文明"二字则体现着对人的理解、尊重和对人权的维护，而卫经理那样耐心地倾听，温婉的笑容，则给这冷冰冰的制度管理注入了一股浓浓的人情味。制度是无情的，在无情的制度中，融入人性化管理，才会营造和谐的、富有亲和力的市场氛围。其次，我们经商的经常听到"企业文化"一词，虽然我们都是些小商户，比不得大企业，但"文化"一词也可以逐渐地渗透到我们的经营理念中，建立属于我们自己的商户小文化，继而构成J村市场的大文化。因为企业文化是一种重视人、以人为中心的企业管理文化，建立先进的企业文化，就是要把管理的重心放在人这个基础之上，坚持把"以人为本"的思想贯彻在文化建设的全过程，寻找人、理解人、关心人、爱护人，最大限度地调动员工的积极性，真正地体现人性化管理。只有这样，企业文化建设才能沿着健康的轨道发展。只有当文明竞争、为社会发展做贡献、尊重与理解人、创新、质量第一、顾客至上等成为全体商户的习惯，成为自然而然的风气，企业文化或市场文化就真正建成了，它就能历代相传，经久不衰。

文明经营与我们的生意是一种相辅相成、水涨船高的关系。管理区是文明的倡导者、宣传者、管理者，我们商户则应该是它的践行者。只有我们认真遵守市场的规章制度，文明经营，诚信经营，共同构建和谐、文明、高素质、高质量的具有人性化的市场环境，才能达到共赢，才能招来滚滚财源，也才可以在做生意的过程中实现我们的价值。

我突然认识到J村的文明经营积分管理制度是集中市场的一种创新管理模式。我在以后也必须遵守它。①

说实话，上述这位市场经营者的文字表达能力并不是很强，但是，通过这篇文字，我们可以领会到J村在日常工作中通过管理和制度建设透露出的政治责任意识和自觉行动能力。小平同志曾经说过，“中国的问题，压倒一切的是需要稳定，没有稳定的环境，什么都搞不成，已经取得的成果也会失掉”②。这句话，言犹在耳，用它来解释这篇文字，J村人的政治责任意识和自觉行动之于村域内的社会历史价值及其启迪意义和借鉴意义，可以一目了然。

第三，履行社会责任。从J村主动城镇化的具体实践看，作为村级集体经济组织，具有强烈的社会责任意识，是其具有大局意识的重要体现；而积极履行社会责任，则是他们为政府分忧，帮助落后地区农村实现“共同富裕”的重要手段和途径，是他们采取积极态度，推动主动城镇化和政府主导型城镇化对接的可靠路径。因为从根本上说，具有殊途同归特点的上述两种城镇化模式，它们的起点和行动方式是有着很大差别的。农民创造的自下而上的城镇化发展模式，更多的是从微观的角度，依靠自身力量和差异化的发展要素，发挥宏观形势利好和利用宏观的发展性要素，谋划自己的发展，在主观上，其发展成果是自利的；政府主导型城镇化发展模式，更多的是将全国或区域经济社会发展视为一盘棋，发展思路是从宏观到微观的，主要解决整体的发展问题，在这一基本思

① 资料来源于J村市场沈长浜管理区经营户曾××《文明经营，我们共赢》（2010年7月23日）。

② 《邓小平文选》（第三卷），人民出版社，1993，第284页。

路主导下，引导个案化的农村集体经济组织，走向城镇化发展目标。所以说，在起点上，两者间是有宏观与微观的差异的；在行动方向上，是相对相逆的。在这一基本格局当中，来自微观的自下而上的城镇化，通过承担社会责任的方式，主动为宏观发展模式分忧解难，承担责任，就能够为二者的顺利对接，提供积极的信号和实际的行动，进而优化对接机制，从而推动最终对接的逐步实现。

总之，大局意识管控是促使微观化的、自下而上的主动城镇化模式对接宏观化的、自上而下的政府主导型城镇化发展模式的关键前提和基础，也是其有意愿和积极承担相应历史使命的关键前提。当二者能够成为村域集体经济组织常规化的工作安排以后，两种城镇化模式的对接，就只是时间问题和具体工作程序问题，两种模式从不同方向共同促进农村新型城镇化健康快速发展，城乡一体化建设目标的实现也就能够水到渠成。

二　创造对接管道

有了对接的基础和条件后，采取怎样的对接策略，就是需要周密谋划和深入研究的关键问题。J村在实践当中总结出来的工作思路和探索形成的实践路径告诉我们，创造性对接是最可行和最经济的对接方法。

实际上，对两种城镇化模式之对接最感兴趣的，是自下而上城镇化模式的创造者——“农方”，他们之所以对这个问题感兴趣，是因其生存理性和发展理性的驱使所然。换句话说，在两种城镇化发展模式各自为政、互不对接的状态下，自下而上的城镇化模式总是处于非正统的、民间的边缘位置，这种民间身份总是处在各种有形无形的压力之下，因而，其生存与发展的环境相对来说较为恶劣。虽然我国市场化趋势的改革已经取得重大突破，与之相对应，政治民主、经济民主越来越健全，社会舆论、价值观念等也越来越具有包容性和多元化，但是，作为一种关系到农村发展全局的城镇化模式，还是有着急于正名的强烈需求。关于这一点，J村人的感受非常强烈，在访谈中，相关的各种意见和诉求总是在他们的谈话中得到时时处处的流露。

有村民提出了这样的疑问：

> 他（指吴××）的雄心是很大的，但他有一个瓶颈，就是上面的领导不认可。到现在为止，M 区的区委书记来过这？我没听说过，上海市哪个在任的副市长来过这？我没听说过。以前有个搞宣传的刘××来过的。不用说市委书记、中央的领导，那是更不用谈。既然我们 J 村搞得那么大，在国内是响当当的，民间组团的荣誉拿了那么多，就是没有政府的荣誉。既然我们 J 村市场已经确确实实存在，已经确确实实把市场搞得红红火火。我想说的是 J 村在全国都有一定的名望，为什么政府就是不认可？①

该村民的这个疑问，在 J 村具有代表性，虽然观点并不一定正确，但是，其希望得到政府认可的强烈愿望，既反映出他们本身存在的强烈的正统思想，也反映出他们的生存和发展压力。所以，这些压力促使他们寻找正统化自己发展路径的一切途径，因之，在两种城镇化对接问题上，农方是积极主动的。

但是，与“农方”的积极主动态度和行动形成对比的，是政府相对谨慎的态度与行动。正如上文所示，政府方面的态度可以划分为三种基本类型，其一是允许试，并予以明确的鼓励；其二是允许试，但不予以明确的鼓励，只是采取默认和不干涉的态度；其三是明确反对，但不过分干涉。正是政府上述三种基本态度类型的存在，导致在两种城镇化模式对接问题上，政府方行动的谨慎和观望。我们认为，政府的这种基本态度趋向是正确的和慎重的，因为对于还处于探索阶段的主动城镇化模式来说，允许尝试就是一种保护。如果在发展趋向还不甚明了的情况下，政府贸然表态，效果会适得其反，这也就是邓小平同志提出不争论、允许试策略的实践理性所在。

正是因为政府的这一立场和策略，所以，在两种城镇化发展模式的对接问题上，不仅需要“农方”积极主动对接，还需要他们创造性对接——因为并没有一个常规化的对接管道能够满足其对接行动的需求，

① 资料来源于我们对 J 村村民（L-jln[1]t）的访谈录音。

所以需要创造性对接；同时，只有创造性对接，才有可能引起政府的兴趣，最后实现顺利对接。

那么，如何进行创造性对接呢？来自J村实践的启发是：“一花独放不是春，万紫千红才是春”——主要通过承担社会责任，来实现创造性对接。他们的具体做法包括如下内容。

动员、发动党员群众积极参加献爱心、救灾募捐和交纳“特殊党费”等活动；资助教育事业；通过“一送、一结、一享、一问增交流”活动，带动经济薄弱村实现共同富裕；资助山东“乐义果菜技术发展计划培训”项目、捐助江西革命老区援建希望小学、为江西吉安县援建饮水工程；扶持中国农促会在J村成立“博士实践基地”；出资支持区妇联、工会、民政局等社会公益事业项目；等等。

分析J村所承担的上述社会责任，可以发现，他们在耗费巨资以承担社会责任的同时，也为自己博得了各种社会美誉，同时，也能够通过与政府职能部门和群团组织合作社会公益事业的形式，介入政府行为。这是他们在政府面前树立自己正面形象的重要举措和重要渠道，在引起政府关注的同时，为其与政府扩大合作奠定了良好的基础。可以设想，按照这种思路和模式发展下去，其主动城镇化发展模式被政府认可和接受，乃至推广的可能性是与日俱增的，再进一步，主动城镇化和政府主导型城镇化对接，乃至并轨运行的可能性也就与日俱增。事实上，正是J村上述种种社会责任承担行为的经常化和高调化，才引起相关各方的关注和研究；也正是因为诸种关注和研究的存在，J村主动城镇化发展模式才得以在不同场合出现和被认知。

总之，规避与管控边缘化风险永固化的潜在风险，需要主动城镇化的经营者们，特别是他们的带头人或者带头人们，采取积极主动的行动，并通过大量创造性工作，实现两种城镇化模式的对接甚至融合，迅速被主流社会所接纳，为自己争取一个能够健康快速发展的宽松、和谐的社会政治氛围。积极主动对接政府主导的自上而下城镇化模式，既是主动城镇化自我发展的需要，也是农村新型城镇化完善与拓展的需要，这是J村主动城镇化发展过程中向我们展示的风险管控的一个成功案例。

第二节　土地制度与村庄建设

“土地问题一直是农村的核心问题”①，从J村主动城镇化的实践历程分析，土地制度与村庄建设、发展的关系非常密切，可以这样说，土地制度规定着村庄的发展方式、发展命运和发展方向，是主动城镇化的首要约束性因素，同时也是首要的保障性因素。因此，如何发挥好它的保障性功能，最小化其约束性功能，理顺土地制度与村庄建设的关系，是主动城镇化进一步创新发展努力中必须管控好的又一个迫切性问题。因为土地制度是由国家宪法规定的、外在于村庄权力控制的规范性基础制度，所以，自下而上的主动城镇化难以通过土地制度改革的方式，管控既有土地制度带来的主动城镇化发展风险。但是，这个风险却不会因为村庄的无能为力而稍有消减，反而会因此而放大，一如J村现在所面临的市场面积从原有的110万平方米缩减为50万平方米的困局。在这种情况下，如何规避风险，实现主动城镇化的健康和快速发展，就存在在创新过程中，怎样和如何选择可以承受的风险，如何制定出能够管控各种风险、具有全局意义和长远意义的风险管控战略策略的问题。在这一问题领域，J村在自己的发展历程中给出了具有启发意义的创新探索。

一　“不撤村”的风险管控策略

J村的“不撤村”选择，实际上是在既有土地制度下进行的一场土地博弈战，在这场“战争”中，双方力量对比悬殊：J村以一村之力，对抗市场经济条件下的外部各方力量，特别是在城镇化快速推进、土地资源日益成为宝贵的稀缺资源时代，因土地之争而引发的土地博弈战就会日趋激烈。在这场力量对比悬殊的拉锯战中，J村可以依靠的主要武器就是宪法和法律赋予农村集体经济组织的土地权利：按照我国现行宪法第一章第10条第1、2款的规定：“城市的土地属于国家所有。农村和城市郊区的土地，除由法律规定属于国家所有的以外，属于集体所有；

① 李培林：《农村发展研究的新趋势、新问题》，《吉林大学社会科学学报》2010年第1期，第5～7页。

宅基地和自留地、自留山，也属于集体所有。”与之相对应，我国现行土地管理法第10条则规定：“农民集体所有的土地依法属于村农民集体所有的，由村集体经济组织或者村民委员会经营、管理；已经分别属于村内两个以上农村集体经济组织的农民集体所有的，由村内各该农村集体经济组织或者村民小组经营、管理；已经属于乡（镇）农民集体所有的，由乡（镇）农村集体经济组织经营、管理。”① 而一旦撤村改居（居民委员会），成为城市社区，他们就不能再拥有对集体土地的所有权，因之也就丧失了对原有土地的经营权、管理权与专属收益权。

当然，撤村改居（居民委员会）也会让原有的农村村民逐渐享受到城市人的各种法定权利和地方政府给予的各种利好及未来的城市发展机遇。因此，对农民来说，撤村与“不撤村”各有利弊。如何借助现行宪法和法律的保护同各相关方进行利益博弈，以及采取何种方式保护和促进自己村利益最大化的发展，是一种风险选择，在这道选择题面前，J村人选择了“不撤村”策略，并在主动城镇化发展过程中始终坚持着这一根本原则：坚守村庄建制而“不撤村”。

J村之所以坚持“不撤村”，原因很多，在众多原因中，充分利用我国现行的土地政策，以谋求村集体经济的发展，是最为重要的原因。而是否能够拥有土地的所有权，以及是否能够经营和管理属于自己的土地，对于农民来说，差异巨大，我们可以用J村的实际经历来说明这个问题。

按照J村前党委书记吴××的说法，他们创新的主动城镇化发展路径的本质就是“经营土地”，也就是“种砖头”——通过在所有权属于J村集体经济组织的土地上建设市场，他们拥有了天然的巨大发展优势，这个优势就是可以无偿地利用土地，因而最大限度地降低了市场经营成本，从而使他们能够采用“三低”（低投入、低租金和低价格）发展模式，创造出J村市场的“洼地效应”优势，因而在市场竞争激烈的条件下，异军突起。

设想一下，如果将J村发展的天然优势，也就是“免费”的土地资源，从该村集体经济中剥离出来，其市场经营的绩效将会出现怎样的变化呢？特别是在“中国经济增长的潜在危险，是增长收益得不到普遍分

① 《中华人民共和国土地管理法》，http://www.china.com.cn/chinese/law/647616.htm。

享，特别是广大的农民被排除在获益之外”[①] 时期。实际上，J村过去发展所遇到的最大瓶颈，也是与土地关联在一起的：一是土地存量太少，满足不了扩大发展的需求；二是限制因素太多，难以充分发挥既有土地资源的经济功能。而上海市人民政府2016年2月15日印发的《关于同意〈上海市M区国美北社区S11-0501单元、振兴社区MHP0-0105单元控制性详细规划（J地区）局部调整〉的批复》（沪府规〔2016〕20号）文件，则极大地缩减了该村集体经济组织所拥有的土地面积，传统发展中所遭遇的最大瓶颈，其风险等级再一次被无限度加大。

正是因为认识到土地之于村集体经济发展的重要性，所以，J村在规划自己的发展道路时，坚持采取“不撤村”发展策略，并通过“种砖头”的土地经营方式，壮大村庄集体经济和混合经济的实力，全方位提升村民的收入水平和生活水平。一方面，管控因“不撤村”而生发的各种风险，另一方面以此证明和保护“不撤村”发展策略，从而实现了在夹缝中长期发展的目标。可以这样说，“不撤村”是他们在分析、比较我国其他农村成功与失败的经验教训之后，所做出的充满风险的理性选择，而这种选择在风险管控之下，又日益显示出它的合理性。

但是，在选择这种发展模式的当初，他们承受的风险是巨大的，风险主要来自两个方面，其一是上海市新一轮城市规划的限制；其二是其区位特点带来的建筑物限高政策的制约。前者将J村村域大部分规划进上海市城区，并且定位为绿地功能区；后者将J村建筑层高限制在两层以下。在这两个制约因素的限制下，J村市场建设就处于违规建设行列，其创新的主动城镇化发展路径就有基础不牢的隐忧。也正是这一原因的存在，才使得J村集体经济组织领导与村民忧心忡忡，急切需要上级领导的认可和支持。尽管如此，风险还是如期而至，沪府规〔2016〕20号文件在压缩该村存量土地面积的同时，也从正面为其“不撤村”发展策略存在的风险提出了严重警示。总之，J村的发展路径选择及其隐忧，从一个特定的角度，诠释出村庄建制与土地经营和主动城镇化之间的密切关联，如何实现这些密切关联性因素的耦合与协同，管控好潜在的和

---

① 李培林：《全球化与中国“新三农问题”》，《福建行政学院福建经济管理干部学院学报》2006年第2期，第5~8页。

显在的风险，为城镇化健康快速发展奠定牢固的基础和发展的舞台，实现城乡一体化有序推进和健康发展，应该是理论与实践都需要认真面对和慎重思考的问题。

二 强化正相关的风险管控策略

土地制度既是村庄建设与发展的约束性因素，又是后者的保护与促进性因素，如何管控其约束性因素，化不利为有利，变被动为主动，并将其保护与促进性功能最大化利用，是主动城镇化发展过程中的又一风险管控策略。在调研中我们发现，强化正相关关系是J村主动城镇化所采取的风险管控策略，并在实践中取得了不错的经济社会效果，其运转过程及研究价值值得重视。

村庄建设是包含着经济社会发展、文化建设、传统继承与改造以及基础设施建设等众多内容的系统工程，J村主动城镇化的发展经验显示，村庄建设与土地制度存在正相关关系，二者在互动过程中呈现出既是对方发展变化的自变量，又是对方发展变化的因变量的关系特点。关于这对既互为自变量，又互为因变量的变量之间的动态关系及互动结果，可以从改革开放以来，J村经历的家庭联产承包责任制和1994年底以来，该村经历的主动城镇化创新发展过程予以阐释。前者是以土地经营方式的变更为起点，以村庄建设的变化为结果，是具有因果关系的一次发展历程。但是，村庄建设并不是单纯以结果的形式而存在，它作为一个活跃的因素，对家庭联产承包责任制产生很大的影响。1995年以后，随着J村集体经济的逐步壮大，这种以家庭为单位的土地经营模式逐渐退出，代之以“种砖头”的J村市场建设模式。随着J村市场的日渐壮大和成熟，J村的村庄建设不断揭示出既存土地制度的缺陷和不足，对土地制度改革的呼声逐渐从一种感觉，显化为一种要求。与之相对应，土地制度对村庄建设的制约作用也在村经济社会发展的各领域全方位地呈现。

家庭联产承包责任制与J村村庄建设的正相关关系，可以从村域基础设施的变化中得到说明。从根本意义上说，家庭联产承包责任制只是土地经营方式的变更，而不是土地所有制度的变更。但是，由于土地集体所有制这一制度本身存在产权主体的模糊性问题，也由于农民只关心土地的使用权、经营权和收益权问题。因此，家庭联产承包责任制被农民认定为是“分田单干”，并将这种土地经营方式与土改前的土地私有制形式相提并论。所以，从农民的角度讲，或者在农民的意识里，家庭联产承包责任制不仅仅是一种土地经营方式的变更，还是土地制度本身的私有化巨变。正是存在于农民群体中的这一主观性社会事实，才使得家庭联产承包责任制发挥了土地制度变更的功能，并带来了J村村庄建设，特别是村域基础设施建设的重大变化。对于J村的发展来说，具有重大意义的事件是SHX路的修建。

20世纪90年代以前的J村，是被周边村庄重重包围着的一个村落，没有直接通往外界主干道的道路，仅有的一条SHX路，也是一条“断头路”——道路南北两端被两个村庄民居所截断。因此，交通问题一直都是制约J村发展的严重障碍。这个久已存在的障碍性因素之所以在吴××担任村党支部书记后被重视起来，家庭联产承包责任制催生的产权意识和因之而产生的主体性以及主动性是关键原因，这几个因素伴随着时间推移不断发酵、扩张和生长，待到时机成熟，就成为村庄建设中的重要动力，其物化载体，在彼时就表现为SHX路的修建。实际上，随着J村市场的建设、发展和完善，各种物化载体不断涌现，显示出土地政策对村庄建设连续不断的推动效应。

随着村庄建设事业的不断发展，随着村民对家庭联产承包责任制土地私有化改革感知和认知的不断深化，既存土地制度的支持效应在不断被挖掘、利用和放大的同时，其对村域经济社会发展的制约影响逐渐显现。从J村发展的实际看，这种制约因素主要表现为土地制度对农村土地的使用方式、用途、流转方式等的刚性化限制，以及城乡土地之间存在的“同地不同价、同地不同权”的差异性制度设计。例如，在村集体谋求将农村非建设用地转为建设用地时，当时的政策规定，即“招拍挂”制度，将农民推到竞争激烈的土地大市场中去。“招拍挂”的具体操作程序是：首先将农村集体所有性质的土地转变为国有性质土地，然后采取“招拍挂”的方式，广泛吸引社会上的各类土地使用者，通过公开竞标等方式，市场化地完成土地售卖过程，从而实现农村非建设用地转变为建设性用地的目标。从这一制度设计本身来看，这是一个控制、管理、保护农村土地，防止土地特别是耕地过快、过多流失的一个预防性的制度设计；同时，在土地流转过程中，“招拍挂”的形式，也能够最大限度地提高土地的转让价格，从理论上讲能够做到保护“三农”利益，保护农村发展动力和潜力的作用。但是，由于农民天生的弱质性特点，由于新中国成立以来形成的城乡二元发展格局，再加上各种制度性限制和“三农”实力的不足，当把从政策设计层面上分析是非常完善的“招拍挂”制度付诸实施后，就出现了一种看似公开、公正、公平的程序和政策，却导致不公平的社会后果的现象。

造成这种事实的原因其实是很容易被发现和理解的：既然“三农”有那么多的劣势存在，在不加保护的情况下，将他们推向市场，让他们作为一个平等的土地购买主体，同众多强力集团公开竞争，其势无异于“螳臂当车”。因此，当某个农村集体经济组织想利用农民集体所有的非建设用地，从事建设性项目时，经过上述土地售卖程序，极有可能会出现买不回自己所有土地的尴尬局面。就算他们能够拼力拿下这块土地，也会因为售卖过程中的竞价而大大提高经营成本。在这种情况下，他们还有没有能力再继续自己规划中的项目，还有没有可能通过这些项目发展农村经济、壮大集体经济实力，以及最终通过自身的努力，实现富民强村目标，是一个非常令人怀疑的问题。当这类问题出现后，我们就会发现，现有土地制度存在让农民继续弱势化的因素，这是二元体制背景下思维模式的继续和出现的必然结果，这就为改革这种包含着不合理因素的土地制度，赋予城乡土地同地同价、同地同权待遇的政策设计提供了事实依据。

那么，改革的着力点在哪里呢？关于这个问题，J村的农民在反思自己主动城镇化发展实践的时候，逐渐有了自己的判断，按照他们的说法，就是：为什么我们自己的土地，还要让别人来“招拍挂”？政府给个政策就可以了。①

J村农民的这个观点，包含着他们对农村土地集体所有制性质的朴素认识，虽然不尽正确，但也给出了些许改革的思路，那就是，既然将农村土地的所有权赋予以集体经济组织为代表的农民集体，那么，可不可以将这种所有权的实现形式再进行某种程度的“改革”“开放”，在坚持“以农为本”的前提下，实现农民土地权益的最大化保护，真正让他

① 资料来源于我们对J村村民（Z－jln[1]t）的访谈录音。

们享受到集体土地之主人的权益？如果做到这一点，目前存在的、制约农村村庄建设的主要因素就能够得以克服，村庄建设与土地制度的良性互动关系就能够确立起来，以此为基础，在充分尊重、发挥农民主体性、主动性的基础上，城乡一体化发展目标的实现，就仅仅是一个时间的问题了。

实践中出现的这些问题、农民发出的土地制度改革诉求，实际上是在农村城镇化推进到一定程度后的特定历史时期必然会涌现的发展性困局与挑战，如何实现村庄建设与土地制度改革的耦合与协同，变风险性因素为促进性因素，成为新型城镇化完善与拓展的关键条件。然而，促成这一关键条件的现实化，却是自下而上的城镇化所无能为力的，它需要自上而下的制度安排。从这个角度讲，政府主导型城镇化的优势得到充分显现，也是我们认为需要将自下而上和自上而下两种城镇化模式对接的原因。党的十八届三中全会在土地制度方面做出了新的安排，决定在全国“建立城乡统一的建设用地市场。在符合规划和用途管制前提下，允许农村集体经营性建设用地出让、租赁、入股，实行与国有土地同等入市、同权同价”①。2014 年的中央 1 号文件，则将这一新的制度安排做了进一步的细化，强调“引导和规范农村集体经营性建设用地入市。在符合规划和用途管制的前提下，允许农村集体经营性建设用地出让、租赁、入股，实行与国有土地同等入市、同权同价，加快建立农村集体经营性建设用地产权流转和增值收益分配制度”②。来自顶层的制度设计，回应了市场的要求，解决了农民的困惑，同时也确定了明确的政策边界，即必须符合规划和用途管制，必须是集体经营性建设用地。我们认为，正是这样既约束规范，又鼓励引导放开的土地政策，成为农村新型城镇化完善与拓展的利好，因为它既反映了市场的理性、农民的理性，又反映了政府的理性，将在场的各种理性有机地耦合，使之能够在新型城镇化推进中协同行动，这样就能够扬三者之所长，抑三者之所短，实现新型城镇化的完善与拓展。我们之所以做出这样的判断，也是基于实践中

① 十八届三中全会《中共中央关于全面深化改革若干重大问题的决定》（2013 年 11 月 15 日）。

② 中共中央、国务院《关于全面深化农村改革加快推进农业现代化的若干意见》（2014 年 1 月 20 日）。

农民理性的自利倾向所导致的局部利益对全局利益的侵蚀和剥夺的事实与可能。例如，J村“种砖头”的土地，并不单纯是该村的集体经营性建设用地，也包括应该被严格保护的耕地，所以，对来自基层的城镇化经验，在鼓励和认可的同时，也必须建立规范和引导机制，只有在政府既不滥权也不缺位的状态中，才能真正实现村庄建设与土地制度的耦合与协同，这就是村庄建设与土地制度双重关联事实所给出的新型城镇化完善与拓展的基本思路和操作路径。

三　形塑集体经济风险化解功能

J村主动城镇化的经验说明，城镇化与村庄建设之间存在直接的关联，其关联形式多种多样，关联的方向也呈现出多向度的发展趋势。梳理这些纷繁复杂的实现形式和发展向度，我们认为，对村庄发展具有重大影响的因素有两个。其一是促进村庄解体的因素，其二是促进村庄的内聚力增强，维持并永久化村庄存在的因素。比较政府主导型自上而下的城镇化模式和农民创造型自下而上的城镇化模式在村庄建设方面所施加的影响，可以发现，前者更与村庄解体的因素相联系，因而它对村庄存在发挥着负向度的功能。当然，这一反功能主要是就村庄存在这一角度来说的，如果将研究的范围扩大到村域经济社会等各个方面，可以发现，政府主导型城镇化发展模式和自下而上的主动城镇化模式都是主要以正功能的方式存在的，并且，正是它们的作用，才促使村域经济社会等各项事业有了发展的动力和发展的前途。

与政府主导型城镇化模式和村庄解体的因素相联系相反，自下而上的主动城镇化模式往往能够提升村域内各群体之间的凝聚力和向心力，并能够使他们产生强烈的归属意识，这是促使村庄维持并永久化村庄存在的因素。而且，村庄这种可以持续发展下去的预期，还能够成为城镇化进一步推进和完善的强大推动力。在这里，自下而上的城镇化和村庄建设形成了“共谋”关系：一方面，城镇化提升了村庄的凝聚力，为村庄可持续发展提供了强大的物质支撑和机制支撑；另一方面，村庄建设为城镇化提供了可靠载体和团结度日趋增强的群众基础，二者相互促进、良性互动。

调研中，我们发现，无论是从土生土长的J村村民身上，还是从外来的市场经营者身上，都能够感觉到主动城镇化和村庄建设的这种相互促进的依存关系。其中，较为典型的是外来的市场经营者对成为J村人的向往和身为新J村人的自豪，关于这个问题，可以从他们的相关言谈中得到说明。

> 想成为上海人，在上海扎根，想在J村扎根。对J村有信任，觉得哪里都不好，就J村好！（章××，到J村11年多，经营窗帘业务）
>
> 为我是J村人感到自豪。（钟××，到J村12年多，在上海有14家连锁店）

还有一位市场经营者，为了表达自己对J村的强烈认同感，跑到村前党委书记吴××面前，谈自己对J村发展的想法，其间，他和吴书记有着这样一段言语沟通。

> 吴总，我们是新J村人了，你认可吗？
>
> 那当然了，你们是新J村人了！

目前，在J村村域生活的土生土长的J村人和外来的市场经营者，都有着这样一个共同的想法：新老J村人都是J村人。这一共同想法的含义虽然非常丰富，但是，其表达出来的对J村的认同感和归属感，是这个村庄能够以传统的村庄形式继续存在下去，并能够发展壮大的丰厚的社会土壤。

问题是，城镇化发展到一定程度，是保留传统的村落好呢？还是让其消失好呢？或者说，城镇化的必然结果一定就是村落命运的全部终结吗？

对于这个问题，不同的人，特别是与之相关的不同利益群体，持有各自不同的观点。就J村村民来说，保留村落不单是一个物质利益的问题，也是一个精神依托的问题，更是一个难以言说的社会认同问题，按照他们自己的解释，就是一个“根”的问题。从目前我国城镇化发展的实际情况看，保存村庄和废除村庄的案例都是存在的，其利弊得失因时因地而差异巨大，既有带来众多社会问题的城中村，也有促进区域社会良性运行的城镇化村落，其中，有些村落希望被城市完全接纳和被融化，有些则希望保留自己的完整和权益。那么，随着新型城镇化进程的不断推进，人们应该如何对待村庄的变化？村庄能不能或者有没有机会按照城镇化发展的历史趋势，积极主动地建设自身呢？

我们的观点是，村庄的去留存废并不是关键问题，关键问题是依托在这片土地上的人和由人组成的这个区域社会的健康发展问题。特别是面对我国农村人口众多、农村地域广袤的现实，不去斤斤计较村庄存废的形式问题，而是着眼于整个社会的健康发展，特别是整个农村区域的健康城镇化，是最为实际的也是最为可行的策略。换句话说，农村新型城镇化的形式和载体可以是多种多样的，只要是能够促进城镇化健康发展的形式和载体，就是可以采取的也是可以鼓励的。从这个方面讲，在做新型城镇化规划和制定城镇化政策时，政府方面决策时的全面考量和以农为本的城镇化政策设计出发点，以及如何促进村庄建设与新型城镇化之间诸发展性因素的耦合与协同的研究、思考及措施，就具有重大的现实历史意义。

通过梳理J村主动城镇化路径探索与推进的过程，特别是其采取的与政府主导型城镇化模式对接的理路和方略，可以得出这样的基本结论，即由农民在实践中摸索创造出的自下而上的主动城镇化，是一条实用而又具有较高效率的农村新型城镇化发展路径。但是，其面临的棘手问题众多，特别是在主流社会并不十分认可和支持的困难背景下，如何通过机制创新，与主流社会对接，并将自身融入社会发展的主流空间，借用成熟的或得到公认的发展通道，借船出海，实现自身的可持续发展，是设计者、实践者们今后需要面对的重大战略性问题。实际上，这个问题本身就是自下而上城镇化路径内蕴的风险性难题，化解掉这个风险问题也是实践者的任务。J村所选择的主动城镇化实践路径，提供了众多解题思路中的一种，也是被实践证明行之有效的一种良好思路，是充分考虑周围社会经济环境和自身力量特点后的理性选择和果敢行动，其核心理念和基本行动方略可以被后发城镇化农村所借鉴，成为新型城镇化完善与拓展的可信赖抓手。

总结以J村为代表的新型城镇化先发村实践经验，可以毫不犹豫地判定，各种类型的强大集体经济的存在，是村庄拥有巨大凝聚力的关键所在，是它们能够化解各种风险从而崛起并不断强大的最关键因素；而那些空心村、半空心村及其他类型落后村，之所以空心化和难以发展的最关键原因，也是没有形成自己的村级集体经济。当然，城镇化先发村集体经济得以形成的原因各有不同，有的是政府力量资助与扶持的结果、有的是村庄能人带动的结果、有的则是市场力量促成的联合行动结果，等等。不管具体原因如何，村级集体经济的有无和强大与否，直接影响着甚至决定着对应村城镇化的进程与质量。近年来，随着村级集体经济的不断发展，各先发村集体经济为应对市场经济的冲击和压力，为自身的可持续发展，或主动或被迫地进行了所有制改革，以股份制为主要特色的混合所有制经济出现并呈现出更为强劲的生命力，继续推动所在村城镇化的进一步发展。基于混合所有制经济在实践中显现出的活力和适应力，党的十八届三中全会提出要积极发展混合所有制经济，认为它是“基本经济制度的重要实现形式”，这为我们研究并建构适合我国农村发展实际的新型城镇化模式，探讨有中国特色的城镇化理论提供了重要思路。基于以上思考与分析，我们认为，农村社区新型城镇化的实现形式应该是基于混合所有制经济的自下而上型城镇化模式。

凝练并汲取以J村为代表的城镇化社区经验的积极成果，反思并剔除其携带的负面因素，以政府顶层设计的最新成果为坐标，从我国农村新型城镇化现实和需求出发，从战略高度思考和科学谋划新型城镇化模式，我们认为，必须探讨和研究的问题有很多。其中，对集体经济，包括集体经济占主导地位的混合所有制经济在新型城镇化推进与推广过程中的风险化解功能，对其所具有的抗风险能力，特别是对其促进村域经济社会健康和谐发展的强大塑造能力和引导能力，必须加以特别的关注和研究。以此为核心，从理论上构建新型城镇化运行模式，既是现存自下而上型城镇化实践的重要战略性需求，也是理论研究的重大任务，更是促进我国新型城镇化进一步推进，促进我国城乡一体化健康发展的重大课题。

第三节　优化主动城镇化的生存环境

由于主动城镇化是一种来自民间的创造性成果，并长期处于边缘状态，它的合法性甚至是合理性问题既没有在理论上得到充分论证，也没能在政策领域得到具体的解释，所以，一直处于一种窘困的尴尬状态。更准确地说，是缺失解决主动城镇化身份问题的制度性通道。因此，其生存与发展得不到稳定的制度性保障，这是影响它后续可持续发展的最大风险。管控这一风险的对症之道，在于主动城镇化的创新者与经营者们能够因时顺势、主动作为、扩展社会影响、拓宽生存空间，从根本意义上优化主动城镇化的生存与发展环境。

一 主动城镇化的生存压力

在前文中，我们已经介绍过各方力量对J村主动城镇化的态度，并指出，怀疑甚至否定类态度所占比例很高，这一事实说明，自下而上型城镇化不太容易为大家所普遍认可，其被认可的道路充满变数和坎坷。实践中主动城镇化的生存状况也印证了这一点：主动城镇化还只是在基层社会实践层面上存在与发展，没有能够实现自下而上的逆袭与嬗变，我们对它的“自下而上型城镇化”特征的表述，只是在逻辑发展的层面、在未来可能的趋势上所做出的解读。主动城镇化这一特殊的生存与发展环境给其带来的压力是巨大的。可以说，面临和承受着巨大现实压力，是自下而上型城镇化现实存在性的一个重要特征。

作为一个新生事物，自下而上型城镇化发展模式本身肯定是不完善的，它既需要先行者的不断探索与实践，又需要来自各方面力量的大力推动和支持。事实上，与其他新生事物所遭遇的命运大致相同，它得到的支持远远小于质疑和否定，其中，来自具有政府背景的相关人员的质疑和否定，对它的存在和发展更具有严重的性质。正如前文所述，一般说来，政界对主动城镇化所持的否定态度主要有两种类型：一种态度认为，在我国，没有存在主动城镇化的必要和可能；另一种态度则宣称，农民没有主动城镇化的资格。单纯理解字面含义，就不难发现，这两类态度，不仅不想给予主动城镇化以生存的空间，就连起码的观点讨论也认为没有必要。由此可以推知，在实际工作中，他们可能给予主动城镇化的排斥和否定，以及在政策设计上所可能形成的倾向性。虽然说这两种态度类型并不能代表政界的全部观点，甚至也不是主流观点，但是，当其他态度类型呈观望态势，或者不积极呈现自己的观点时，这些否定的态度往往就起着决定性作用，由此给实践中的主动城镇化发展所带来的压力往往是巨大的。这些压力的现实状态及其引起的现实后果，J村村民在生活经验中有着充分的体会。

> 现在是“曲线办市场”，所以说J村是冒了很大风险的，整天提心吊胆。到底怎么搞？老百姓不理解。这个一层楼盖好没多久，拆了又盖，这不是浪费吗？J村的干部不能定位啊，干啥都是偷偷摸摸地搞！①

作为一个代表性案例，J村的主动城镇化所遭遇的风险也是其他具有相似发展经历的村镇正面临的发展困局，它们可能有风险系数大小的不同、困难程度的不同，但是，本质上没有大的差异。需要更加注意的是，面临这种风险的村镇并不是为数不多的孤例，也不是行将就木的特例，而是大有燎原之势的众多创新城镇化发展努力的“星星之火”，数量与质量与日俱增，研究优化其生存环境以促其健康和快速发展的必要性也与日俱增。

二　被需求的主动城镇化

（1）主动城镇化的星星之火

在实证研究过程中我们发现，具有主动城镇化特色的自下而上型城镇化实践在现实生活中已经以不同方式存在于众多农村社区，在其存在与发展过程中同样遭遇到巨大的压力，各种各样潜在与显在的风险如影随形般存在。

首先，主动城镇化在现实社会中具有巨大的需求空间。支持这一推论的主要依据是实践中已经出现的、以原子化方式存在并且显示出强大生命力的具体实践案例。在这些具体案例中，J村的主动城镇化是一个比较成功的典型，在我国其他农村地区城镇化实践过程中，以各种各样的方式和名称存在的，与J村主动城镇化具有相同性质的自下而上型城镇化已经有了一定规模，从最粗犷的角度归类，可以总结出三种类型，详情见表6－2。

① 资料来源于我们对J村村民（S－jln[1]z）的访谈录音。

表 6－2　自下而上城镇化类型一览

	明确主张型	沉默实践型	主动融入型	备注
上海 J 村 北京郑各庄村	是（做了之后才主张）	公开主张之前实践状态	主动城镇化探索实践	能人治村
江苏华西村，山西大寨村，北京韩村河村，河南南街村，安徽小岗村，浙江花园村，滕头村，航民村，云南福保村，江西进顺村，陕西西何家村等	实用主义理性，避免与政府主导型城镇化冲突	是（做了之后也不主张）	借被动城镇化之名，行主动城镇化之实	能人治村
天津芦庄子村、河南上官岗村、浙江红联村等	实力不足，难以主张	有致富意愿和实际行动	是（主动融入被动城镇化）	政府能人共存

在表 6－2 中，因“明确主张型”村庄数目较少，故全部列出，其他两类村庄，因为数目较大，所以，仅仅列举出少数在各类媒体中曝光率较高的代表性村庄。在这些村中，不管是公开主张自己的发展模式是主动城镇化的第一类村，还是没有公开主张但城镇化实践模式是自下而上型的第二类村，它们的相同之处都在于依靠农民自己的力量，在村庄能人的带领下，通过自己的艰苦奋斗，实现了各自的城镇化目标；不同之处在于，有些村庄是做了之后才主张自己的主动城镇化发展模式的，有些则是做了之后也不公开自己的主张。第三类村的情况则相对复杂，从行为主体角度分析，村民及村庄能人在村域集体经济中发挥着积极主动的作用，同时，对政府的依赖性还较为突出，但是，这种依赖与纯粹的“等、靠、要”已有质的差异，属于从政府主导型城镇化向主动城镇化实践转变的一个过渡性状态。总之，无论是哪种类型，自下而上型城镇化发展模式在我国以星星之火状态存在，都是一个不争的事实。我们可以从下面两个文章片段中看到相应事实。

片段之一：

进入新世纪，赵建平一直在反思，西何家村绝不应该只是有一点钱、有几间房，而村民生活方式、思想观念仍停留在小农经济时代。在滚滚向前的城镇化大潮中，西何家村人应该走在时代前端。

他对未来有了一个宏伟的规划。

实施旧村改造，让脏乱破败的旧村庄变成一个环境优雅、设施齐全、现代文明的"西荷花园城"。

抱着对西何家村未来发展的坚定信念，赵建平没有放弃他心中的理想。"城市建设飞速发展，城中村改造不可避免。与其被动改造，不如自己先走一步。"

……

赵建平和村委会反复商讨，制定了房屋拆迁安置方案，拟定了西何家村股份制改造实施意见书。村委会还把村里的各种资产量化，向全体村民公布，通过召开村民大会进行讲解，接受村民的监督。①

片段之二：

就在农业高产村的大旗下，无工不富的远见卓识，让吴仁宝开始大胆、巧妙而又坚定地尝试着乡镇工业的探索。在"以粮为纲"和"大割资本主义尾巴"盛行的年代，他魄力敢为，"冒着走资派"被批斗的危险偷偷摸摸地办起"地下"五金厂，搞活了全村经济，也为以后华西的工业化道路积累了宝贵的经验。就是在后来经济发展中，他也表现出不凡的远见卓识：家庭联产承包分田到户时，华西坚持集体承包政策；乡镇企业改革时，华西坚持"抓大扶小"、"抓小放大"的改革思路；中央实行宏观经济政策前，华西坚持投入"急刹车"、技改"开稳车"道路。为什么吴仁宝总能比别人先行一步？他总是谦虚地说只是每天收听中央广播电台和收看《新闻联播》，吃透了中央精神，与中央保持一致。②

上面这两个文章片段，分别介绍的是陕西省西安市西何家村和江苏省淮阴市华西村创业过程中有代表性的案例，及其秉持的一些发展理念，虽然没有提及自下而上或者主动城镇化的有关字眼，但是，他们的整个发展过程，却是基于村民及其村主要领导人因时顺势、因地制宜、主动作为和创新发展的艰辛探索与不懈努力。这与政府主导型城镇化模式中

① 《汗水与大爱浇出西何共富乐园》，《中国村讯》2010年第7期，第4~9页。

② 徐士强：《领头羊的内质》，《中国村讯》2010年第7期，第45~46页。

农民“等、靠、要”的行为模式和基本心态是大相径庭的，其城镇化模式的实质，已经体现出主动城镇化的特点。从具有代表意义的、被称为全国“十大名村”的其余村庄发展历程看，自下而上型主动城镇化的特点也比较明显，其主要特征，也是他们能够跻身“十大名村”之列的关键性因素，与主体性、主动性和创新发展密切相关。所以我们认为，主动城镇化在我国各地已较具有普遍性，并且，其星星之火也开始有了燎原之势。

（2）提升空间巨大

处于星星之火状态的主动城镇化发展探索，能不能够在全国推广，能不能成长为促进我国新型城镇化健康、快速发展的一种可靠的、跻身于主流行列且与政府主导型城镇化模式并列的、公平对话的城镇化新形式呢？基于对J村主动城镇化实践的研究，基于对我国城镇化现状发展的思考，基于对政府主导型城镇化与以主动城镇化为代表的自下而上型城镇化模式优劣的比较分析，我们认为，在未来，在我国农村新型城镇化推进过程中，自下而上型城镇化有被各方认可、推广和普及的可能性，这种可能性的基础就是该城镇化模式现实需求的存在和推动力的强大。从主动城镇化存在与发展的现实土壤看，它拥有着很大的提升空间，具有成长为主流城镇化模式的需求市场。关于这一点，可以从如下几个方面加以说明。

首先，城乡一体化建设与自下而上型城镇化推进之间有着很大的依存关系，这种依存关系，既是由后者本身的特点所决定的，也是由当前“三农”进一步发展的任务和要求所决定的，同时，也与城乡一体化发展的性质和目标诉求相适应。其中，“三农”进一步发展的任务和要求是最关键的原因，决定着自下而上型城镇化被推广和普及的程度、速度及成效。

分析目前我国“三农”发展的基本态势可见，层级化特点非常明显：用常见的空间布局划分，则有东部、中部和西部之分。不同空间区域里的农村，因其资源禀赋的巨大差异，发展程度、速度以及发展模式也存在诸多差异。一般来说，由东向西，发展层级呈阶梯式递减状态；用发展阶段划分，则有发达、较发达、欠发达和不发达等诸种状态。某种状态的农村之所以处于某种状态之中，是与诸多因素联系在一起的，而不仅仅与其所拥有的区位特点相关联，实际上，它与区域空间并不存在必然的联系。例如，在全国十大名村[①]中，地处东部地区的村庄有5个，占到50%，而来自中西部的村庄也有5个，与东部呈平分秋色之势。这种区域空间与村庄发展水平之间存在的事实关系，启发人们去更深入探寻影响村庄发展的诸种内在要素。

总之，无论是按照什么标准划分，我国农村层级化的发展特点是存在的，形成的原因也是多样化的。但是，各种类型农村对自下而上型城镇化发展模式都有着公开的或潜在的需求，确是可以推知的。

以十大名村为代表的发达农村，对自下而上型城镇化的需求表现如下。以J村为代表的已经主张主动城镇化发展模式的村，它们需要的是名正与言顺；其他村则需要名副其实。自下而上型城镇化被认可、推广和普及，不但能优化它们的生存环境，对其未来发展，助益更大：可以表现在政治资源的获取与利用、宽松的经济社会发展环境等各个方面，而这些东西，却恰好是制约它们目前发展的主要障碍性因素。所以说，尽管这些村已经处于发达状态，但是，对自下而上型城镇化也有着自己急迫的需求。

至于其他类型村庄，对自下而上型城镇化的需求应该更为迫切。原因在于，经过多年的实践探索，既有的自上而下型城镇化模式[②]的优势和劣势尽显：农民在政府主导下，已经将该模式的制度性优势发挥得淋漓尽致。例如，政府主导下的生产结构调整、产业结构选择、种植结构优化、村庄建设推进、乡村文明建设，等等。但是，该模式的制度性缺点也不断彰显，成为农村新型城镇化进一步推进的阻碍性力量，最具代表性的是农民的依附心态和严重的“等、靠、要”思想，自身的主体性、主动性和创造性没有得到很好的开发和发挥。再加上以十大名村为代表的发达村提供的示范效应，实践中的农民，已经以个体的方式尝试着变更政府主导型城镇化模式规定下的生产方式和生活方式，具有典型代表性的是“农民工”现象。但是，“农民工”虽然能够在一定程度上改变个体及家庭的收入状

---

① 2005年在山西省晋中市昔阳县大寨村召开的第五届村长论坛上，隆重公布了“中国十大名村”。

② 我们在此是从城镇化是我国农村未来发展的趋势角度分析问题的，实际上，在许多落后的、偏远的农村，新农村建设的提法更符合实际。

况，却难以在整体上改变农村的落后面貌，难以从根本上扭转农民在城镇化中的被动格局，也难以实现城乡一体化的建设目标。相反，因为青壮年农民大量外出，“空壳化”状态下的农村，不但村容村貌没有人去关注，就连村内基础设施、生产方式、社会保障体系等，也仅仅是依靠国家的力量逐步推进。在这些方面，农民自己实际上是处于缺位状态的。所以，无论是农民现在有没有自下而上的城镇化要求，有没有意识到自身主体性、主动性和创造性缺位的状态，从城乡一体化建设角度讲，自下而上型城镇化的现实需求和潜在需求，在非发达的农村还是非常明显的。换句话说，在上述非发达类型农村中，采用主动城镇化推进模式，不仅与农民自身的全面发展息息相关，也与我国城乡一体化建设目标的实现息息相关。

其次，政府对主动城镇化发展模式也有着事实上的需求。我们可以从如下几个方面予以解释。其一，城乡一体化是政府工作的重要内容：一方面，城乡一体化建设需要政府领导；另一方面，城乡一体化建设是政府工作的重要内容，也是考核政府工作的一项重要指标：早在党的十七届三中全会报告中就出现了对这个问题的相关要求：“全党必须深刻认识到，农业是安天下、稳定民心的战略产业，没有农业现代化就没有国家现代化，没有农村繁荣稳定就没有全国繁荣稳定，没有农民全面小康就没有全国人民全面小康。我国总体上已经进入以工促农、以城带乡的发展阶段，进入加快改造传统农业、走中国特色农业现代化道路的关键时刻，进入着力破除城乡二元结构、形成城乡经济社会发展一体化新格局的重要时期。”并指出：“新形势下推进农村改革，要全面贯彻党的十七大精神，高举中国特色社会主义伟大旗帜，以邓小平理论和‘三个代表’重要思想为指导，深入贯彻落实科学发展观，把建设社会主义新农村作为战略任务，把走中国特色农业现代化道路作为基本方向，把加快形成城乡经济社会发展一体化新格局作为根本要求，坚持工业反哺农业，保障农民权益，促进农村和谐，充分调动广大农民的积极性、主动性、创造性，推动农村经济社会又好又快发展。”①

从党的十七届三中全会报告的上述内容中可以看出，构建城乡经济

① 《十七届三中全会报告》（2008 年 10 月 12 日），http://wenku.baidu.com/view/75d1561aa8114431b90dd8db.html。

社会发展一体化新格局是对政府工作的一个“根本要求”，而实现这个“根本要求”的重要途径和手段，是“充分调动广大农民的积极性、主动性、创造性”。传统的政府主导型城镇化模式没有表现出与农民积极性、主动性、创造性的亲和关系，而自下而上型城镇化本身与农民的主体性、积极性、主动性和创造性是密不可分的。换句话说，开发、培育、调动和充分发挥农民的主体性、积极性、主动性和创造性，本来就是自下而上型城镇化的特点与本质。所以，政府在构建城乡一体化新格局的具体工作中，对主动城镇化推进模式存在事实上的需求。

其二，从转变政府职能、降低政府管理成本、提高政府管理绩效角度分析，也存在对主动城镇化发展模式的事实需求。就目前农村城镇化的运转情况看，政府的强力介入，特别是在经济领域的强力介入依然存在，而且，越是不发达的地区，政府介入的力度越大。可以这样说，政府介入的力度与农村发达状况呈负相关关系，是农村经济运行中一个显见的现象。那么，这个现象是不是在暗示这样一个问题，即政府才是农村经济不发达的关键原因呢？在我们看来，这个结论是不正确的、不全面的。事实上，政府强力介入农村经济发展领域的原因主要有两个，一是全能政府的惯性，二是农村不发达的现实状况。前者让政府的介入成为一种习惯，后者则让政府的介入成为一种使命。但是，无论是习惯也好，还是使命也好，都让政府陷入农村经济发展的事务性工作中，政府角色越位为农村经济发展的主体承担者，而本来的发展主体——农民，却成为政府的附属者，只能在政府的驱使下，被动承受着、分解着、履行着政府安排的工作。这种运行方式的结果是：对政府来说，一方面，将大量的人力、物力和财力投入具体事务性工作中，既加重了政府的财政负担，又增加了政府的工作压力，同时还导致机构膨胀——政府在农村的执政成本被无限度放大；另一方面，由于政府介入太深、又太过强势，所以，在从事过多经济性工作的同时，也将农村发展的最后责任和全部责任扛在了自己的肩上：如果发展了，是政府的功劳；如果没有发展，是政府无能。因此，政府让自己陷于一种尴尬的局面：取得成绩是理所当然的，没有取得成绩则会将众多矛盾引到自己身上，这是许多地方农民对政府不信任的最主要原因。

对农民来说，本应自己做主的事情，也要政府说了算，一方面，导致农民对政府的过度依赖，其本身拥有的积极性、主动性和创造性没有了发挥的舞台，因之，创造能力萎缩、主动性消失，“等、靠、要”成为路径依赖；另一方面，农民也会对政府的工作评头论足，在自己最为熟悉的领域，发现了政府众多的工作失误。政府在农民心中逐渐被“祛魅”的同时，也在逐渐增加着不信任、不服气的态度，这种态度进一步增加了基层政府涉农工作的难度。

因此，从理论上讲，政府从农村经济发展领域过多的事务性工作中退出，将属于农民的事情归还给农民，通过开发、培育、调动和充分发挥农民的主体性、积极性、主动性和创造性的方式推动农村新型城镇化发展，就会自然达致转变政府职能、降低政府管理成本、提高政府管理绩效的目的，这是自下而上型城镇化现实需求性的又一表现——主动城镇化是政府管理体制创新的一条基本路径。

（3）推动力强大

主动城镇化不仅有着巨大的提升空间和实际需求，而且还有几个强有力的推手，这是它有可能被各方认可、接受，并被推广和普及的重要原因。

第一个强有力推手来自主动城镇化自身，因其有着显著的发展绩效，所以，在农村新型城镇化发展进程中易于被接受并被迅速付诸实践。在研究 J 村主动城镇化的过程中，我们已经将这种城镇化模式给该村带来的巨大成效做了较为详细的阐述；J 村人自己也用“被动城镇化只能解决温饱问题，主动城镇化才能带来小康”的理论感悟，将主动城镇化的经济社会绩效做了农民式的说明。

主动城镇化能够产生巨大的经济社会效应，这不仅是 J 村的实践经验，在全国其他地方的发达村中，通过不同角度，也能够看到相关的经验事实，并能够从中提炼出具有一致性的发展经验，即开发、培育、调动和充分发挥农民的主体性、积极性、主动性和创造性，能够促进农村经济社会的迅速推进和健康发展。也就是说，主动城镇化在农村的经济社会实践中已经显示出其生命力和适应性，这是自下而上型城镇化可能被认可、接受，并被推广和普及的重要原因。

第二个强有力推手来自更加包容和开放的社会、政策环境。胡锦涛同志在亚太经合组织会议上提到了包容性增长问题，虽然对这个概念的理解还不尽相同，但是，其向外界传递的信息是非常明确的，即“着力转变经济发展方式，提高经济发展质量，增加社会财富，不断为全体人民逐步过上富裕生活创造物质基础”[①]。而在实现包容性增长根本目的的论述中，则提出了“努力做到发展为了人民，发展依靠人民，发展成果由人民共享”的思想。胡锦涛关于包容性增长的相关思想，实际上是改革开放以来党的路线方针政策发展的必然结果，至少包括两个方面的主题，其一是社会主义本质的主题，其二是群众路线的主题。前一个主题反映的是改革开放以来，党和政府在经济社会发展领域的开拓精神和包容气质，是在不断冲破“左”的思想束缚奋斗历程中形成的一切从实际出发、实事求是的思想路线；后一个主题反映的则是“民本主义”精神，其中，“发展依靠人民”思想与自下而上型城镇化推进模式不谋而合。因此，我们可以从时任总书记胡锦涛同志有关包容性增长问题的讲话中体会到日益包容和开放的社会、政策环境，体会到自下而上型城镇化越来越宽广的活动舞台。中共十八届五中全会所强调的“实现‘十三五’时期发展目标，破解发展难题，厚植发展优势，必须牢固树立并切实贯彻创新、协调、绿色、开放、共享的发展理念”，则为自下而上型城镇化的创新发展带来了更大的政策空间，创设了更大的发展平台，成为农村城镇化创新发展的新动能和新推手。

第三个强有力推手来自农村集体经济的存在及其发展的内在需求。改革开放以来，家庭联产承包责任制对村域经济的作用呈现出双重性特点，一方面，极大地解放了农村生产力，农村经济社会诸方面在短时间内取得长足发展；另一方面，对村域集体经济产生了强烈冲击，许多地方集体经济逐渐萎缩乃至消失。其必然后果，则是农民在享受完家庭联产承包责任制解放效应的制度红利以后的原子化和相对应村的全面落后。与此同时，也有部分农村，在村集体经济组织的主导和努力下，在统分结合的双层经营体制抉择中，坚持并充分发展集体经济，从而逐步实现了村强民富目标。来自这些发达农村，特别是J村及江苏华西村、浙江滕头村等全国发达村的实践证明，自下而上型城镇化与村域集体经济发

① 胡锦涛：《深化交流合作　实现包容性增长》，2010年9月16日，胡锦涛在第五届亚太经合组织人力资源开发部长级会议开幕式上的讲话，http://wenku.baidu.com/view/c7332488d0d233d4b14e69ad.html。

展与壮大、强大的紧密关联。“被动城镇化只能解决温饱问题，主动城镇化才能带来小康”的J村经验说明，村域集体经济自主发展、自我完善的诉求和努力，与自下而上型城镇化发展轨迹高度契合。换句话说，农村特别是地处大城市郊区的农村，能否以集体经济为载体，及时、准确和主动承接城市迅速推进所释放出的商机，能否主动迎接背后农村向大城市、中小城市汇聚的各种发展性资源，直接决定着它们的发展态势及发展潜力。这些客观因素与村域集体经济自我发展与完善的诉求和努力不断遭遇，经由村域能人的发现、发掘和利用，从而转化为村域集体经济发展的支撑和凭仗。所以，集体经济与自下而上型城镇化之间有着天然的联系，而由集体经济转型而来的混合所有制经济，不仅发挥了集体经济的固有优势，而且增加了非公有制经济的鲜活生命力，这种鲜活的生命力与自下而上型城镇化更具有天然的契合性，因此，成功命题的路径依赖和成功村落的示范效应，是主动城镇化存在与发展的又一巨大推力。

三　建构主动城镇化的话语支持系统

从我国农村目前的发展实际看，主动城镇化不仅有着现实的需求，也有着巨大的潜在需求；不仅在不同地方出现了发展的星星之火，也存在巨大的发展可能和较为强劲的推动力量；不仅与农村新型城镇化发展要求相契合，也与党和政府的发展目标相契合。因此，探索、完善并推广自下而上型城镇化发展模式，是我国农村新型城镇化进一步推进的内在要求，是实现城乡一体化目标的重要凭仗。但是，由于其创新于民间的草根性特点，再加上在发展过程中对既有政策边界的不断突破，也由于其与政府主导型城镇化呈现出的重大差异，所以其不太容易被主流话语体系所认可，更难以被上升为政府意志和国家意志，因此，生存环境始终尴尬，生存与发展风险如影随形。在这一既定的客观环境中，主动城镇化的创新者与经营者们，应该从最有可能有所作为，也最有可能影响政府政策的话语系统入手，从不同向度切入，在不同领域发声，力争建构起适合自身生存与发展的话语体系，以之作为进一步优化生存环境的主抓手。

从可持续发展角度讲，主动城镇化必须要超越经济层面，积极主动地建构起属于自己的话语支持系统，这不仅是因为它的草根性，也不仅是因为它不被主流话语体系所接受，主要是因为它的新生性所必然带来的话语体系的空白化特点：从基本概念到游戏规则，从基本理念到发展目标，从发展缘起到未来趋势等各个方面，在民间话语体系和主流话语体系中全部处于缺失状态，自己无法说清楚自己，别人更是无法给予恰当的认知和理解，因此，臆测及负面的信息充斥，为本就不利的生存环境雪上加霜。从风险管控角度看，积极主动地建构起属于自己的话语体系，不但让自己明白什么是主动城镇化、如何建设主动城镇化、主动城镇化与主流城镇化的对接与融合、主动城镇化与新型城镇化的关系、主动城镇化与城乡一体化的一体性特点等关键性问题，而且通过影响甚至改变主流话语体系对主动城镇化刻板印象的方法，让主流社会明白和理解上述问题，从而占据舆论高地，为自己赢得和谐的生存环境，削减生存发展风险到最小化，实现经济社会发展利益最大化。为此目的，下列几点需要引起主动城镇化的创新者与经营者们的特别重视。

第一，承担话语支持系统主建构者角色。从理论上讲，建构主动城镇化话语系统的最权威也是最有效的承担者应该是政府机关及其出台的城镇化政策，但是，对发端于民间而又没能够上升为政府意志的主动城镇化来说，这是需要尽最大努力而争取实现的理想目标，而不是建构话语支持系统的依靠。主动城镇化的创新者及经营者们，必须抛弃依赖政府的幻想，靠自己的努力，建构起能让全社会共享的话语支持系统，以为自身的发展营造和谐融洽的生存环境。围绕着这一目标，他们可以从设计目标开始，渐次通过制订行动计划、塑造主动城镇化文化、凝练宣传口号、执行行动计划、教育并动员村民、建设文明村镇、建设幸福精神家园等方法，自内而外地建构起目标明确、结构合理、行动有力、奋发有为、融入时代主旋律的主动城镇化价值体系，以之为抓手，逐渐形塑出让政界、学界及其他社会大众耳熟能详并喜闻乐见的民间话语系统和局域化的准政府语言，进而逐渐改变人们对主动城镇化的成见，使之在认知和理解的基础上，同情并最终接受主动城镇化的创新模式，这是从根本上消弭影响主动城镇化健康快速发展的各种类型风险因素的一劳永逸的可靠手段。

第二，与媒体建立战略性伙伴关系。对主动城镇化来说，媒体，包括传统媒体和新媒体，甚至也包括信息时代的自媒体，是既可以成事也可以伤人的双刃剑。学会利用、善用新媒体和传统媒体，与之建立战略性伙伴关系，并引导自媒体成为主动城镇化话语支持系统的盟友与发挥正功能的积极建构者，是致力于改善与优化生存环境的主动城镇化创新者与经营者们必须有所作为并需要大有作为的重要领域。J村在这一领域一直都在艰辛努力，并通过与新民晚报“联姻”的方式，创办了《新民晚报社区版》，并通过纸质版和电子版的方式，在传统媒体和新媒体上双双发力，取得了不错的宣传效果。但是，也必须看到，J村在这方面的努力还是存在严重的不足的，他们在宣传中更加注重的是商业利益，更多的是在建构属于J村市场的商业文化，没能在主动城镇化的话语支持系统层面做出自己的艰辛努力，建构起属于主动城镇化的特色文化。所以，他们与媒体的联盟还是处于低层次的市场生存方面的联盟，如何将这种联盟上升为主动城镇化战略意义上的联盟，是他们在接下来的工作中需要更加注意的问题，特别是在市场面积急剧减少，主动城镇化面临严重挑战的背景下，更应该在这方面投入更大的精力、制定更加实用高效的策略和方法，为主动城镇化的可持续发展塑造优良的话语环境。

第三，深化理论研究。有关主动城镇化方面的理论研究，在国内外学界中还处于不成熟的边缘化状态，不管是从事该研究的人数，还是研究的理论成果，都难以成为实践领域中主动城镇化模式的有力支撑。在这方面，存在一个双重制约机制：实践领域的主动城镇化创新行动尚处于探索发展的不成熟时期，难以为主动城镇化的理论研究准备充足的材料和丰富的案例，后者难以通过发现问题、研究问题及解决问题的简单思路进行深入的理论研究，许多研究及其成果是建立在预判与推测的基础之上的，其猜想性和不成熟性是显而易见的；而理论上的不成熟也让实践领域的主动城镇化探索者缺少了用以指导实践的强大理论武器，在没有理论指导的背景下，艰难地探索前行。更有甚者，在很多情况下，主动城镇化的实践活动可能是在错误理论的影响下进行的，此时的理论“指导”蜕变为理论“误导”。这一因为理论与实践的双重不成熟所产生的双重制约机制的闭路循环埋藏着难以估计的显在与潜在的风险，必须予以破解，而破解的关键所在是理论研究方面的创新发展。事实上，J村在主动城镇化的探索过程中是比较注意引进外智，致力于该村主动城镇化实践的理论研究的，我们的研究团队就是其中的一个重要组成部分，承担着对该村主动城镇化内涵的挖掘和理论的解读任务。但是，课题的委托者，即J村的主要领导人，关注的是个人形象及村庄形象的正面化和进步性问题，关注的是通过课题研究引起并博取上海市主要领导好感的问题。所以，研究目标被预先锁定，研究领域被严格限制，与之相对应的理论研究成果必然会出现异化现象。这是一个警示，今后的主动城镇化创新者和经营者们，必须立足于主动城镇化的本质与规律，尊重科学研究的实质和规律，放手于研究人员，保护和推动创新研究成果的不断产出，从而营造出百花齐放、百家争鸣的主动城镇化理论研究格局，这是消弭主动城镇化各类风险、优化主动城镇化生态、保护和促进主动城镇化健康快速发展的重要前提。

第四节 “三大关系”风险管控分析

在主动城镇化发展的实践过程中，存在事关全局的“三大关系”，分别是：地方政府和“三农”之间的关系（在下文中称之为地方政府和“农方”关系）、城市和农村的关系（在下文中称之为新型城乡关系）以及主动城镇化和工业化、现代化与市场化的结构性关系（在下文中称之为主动城镇化与“三化”的关系）。从战略的高度思考和谋划这三组关系，管控并消弭其潜在与显在的风险性因素，建构和谐的全局性关系生态，既是主动城镇化模式健康发展的前提与基础，也是主动城镇化融入主流社会，对接政府主导型城镇化的重要路径。

一 地方政府和“农方”关系

在这组关系中，地方政府是关系体的一极，是一个总括性的要素集，既包含着国家意志要素，也包含着不同的权力机构要素，同时还包含着地方政府职能部门及具体工作人员等多个具体因素，是一个悬置于“农方”上空的刚性化约束力量集群，它们在与农民发生关系时，有时候既分又合，有时候只合不分。在“农方”这一关系极中，村集体经济组织具有决定性意义，它不仅是“农方”发展的载体，更是将“三农”整合进村域内外宏观经济社会制度中的载体，其主要凭借集体经济组织所拥有和经营的集体经济。在主动城镇化的具体实践过程中，处于两极的各要素间关系纷繁复杂，总体上看，在根本利益一致基础上也存在众多的矛盾和利益冲突，影响甚至左右着主动城镇化的健康快速发展，在这众多的不和谐因素中，需要重点理顺五个大的风险性关系，它们分别存在于地方政府和“农方”在主动城镇化的主导、主体、运转机制，利益分割机制和评价机制中的地位与角色间关系之中，并对应生成了五大风险性关系。对这五个风险性关系的管控程度和管控成效，直接决定着主动城镇化能否持续存在和健康发展。

从上文的论述中我们可以发现，由于在农方是否能够和应该能够成为主动城镇化的主体问题上存在根本的争议。所以，形成了从主导这一问题开始，一直延续到评价机制问题的争议链条，这个争议链条的存在说明，实践中主动城镇化的创新者和经营者们并没有处理好，或者说没有能力处理好这五大关系，由之形成难以克服或者难以避免的发展困局就在情理之中了。从主动城镇化可持续发展角度研究问题，我们认为，着手解决这五个风险性关系需要关注下面的思考和讨论。

为了更有针对性地研究这五个风险性关系问题，我们仍从解读J村主动城镇化开始。J村的实践告诉我们，地方政府和“农方”在这五个问题领域中所占据的位置、所扮演的角色，直接决定着它们之间的关系性质，决定着主动城镇化的整体发展轨迹；J村的实践同时告诉我们，管控五个风险性关系并不困难，问题的解决方案亦相对简单，概括起来可以描述如下。

地方政府是主动城镇化的主导，农民是主动城镇化的主体，主动城镇化的主要动力源泉是农民的创造力和实干精神，农民在地方政府的导引、帮助下，利用自身资源推动新型城镇化发展，“发展成果由人民共享”，评价机制建立在发展成果之上，评价标准建立在综合评价指标之上，评价主体具有复合性特点。

（1）地方政府是主动城镇化的主导

按照现代汉语词典的解释，所谓主导，就是：“①主要的并且引导事物向某方面发展的；②起主导作用的事物。”[1] 这种意义上的“主导”，是

① 中国社会科学院语言研究所词典编辑室：《现代汉语词典》，商务印书馆，1978，第1510页。

地方政府在自下而上型城镇化发展领域所应该占据的位置和应该扮演的角色，这既不同于传统意义上的全能政府，也与新公共管理所提倡的服务型政府有区别。换句话说，这既不是“小社会、大政府”模式，也不是“大社会、小政府”模式，而是主导型政府模式。这种模式的政府，应该是介于“大政府”和“小政府”之间的一种新型政府运作形式，其职责与功能，主要偏重于服务型政府特点，但同时，其公共权力的触角，也会深入事关自下而上型城镇化发展方向与前途的“关键性”领域。

J村主动城镇化实践证明，在农民中间蕴含着巨大的创造潜力，农民也是最吃苦耐劳的一个群体。因此，如果能够挖掘、利用好农民的创造力，其经济社会产出是惊人的。但是，它同时也证明了这样一个问题：集体经济组织中的农民也是一个利益群体，其群体边界具有刚性化特点，范围很难超越行政村边界。因此，群体利益主导之下的创造活动，往往具有很强的排他性和自利性特征。因之，不加约束与规范的自下而上型城镇化，往往会对涉及村域之外的他方利益，特别是具有整体性、全局性的公共利益重视不够，甚至还会发生以损害公共利益为代价的所谓“创造活动”。在这样的情境下，如果没有主导型政府的强力介入，单个村自下而上型城镇化的外部负效应就会在所难免，因之产生的连锁性风险最终必定会以各种方式施加到加害者身上，由此给主动城镇化带来的风险往往就是毁灭性的，这为主导型政府公共权力的触角深入自下而上型城镇化内部提出了客观要求。当然，由于集体经济的集体所有制特点，其内部关系更多的是村集体经济组织主导之下的活动与互动，所以，公共权力的触角只要在必需的“关键性”领域出现，而不必像全能政府那样，事无巨细，全面介入，就可以很好地发挥自己的作用，实现对村域经济社会的主导功能。这是集体经济存在所可以形成的地方政府与“农方”的关系模式，是管控这对关系潜在风险的主渠道。

（2）农民是主动城镇化的主体

所谓主体，现代汉语词典的解释是这样的：“①事物的主要部分；②哲学上指有认识和实践能力的人。”[①] 与这一界定相对应，作为主体

① 中国社会科学院语言研究所词典编辑室：《现代汉语词典》，商务印书馆，1978，第1511页。

意义上的自下而上型城镇化中的农民，其身份和功能就是该发展模式的主要开拓者、实践者和责任承担者。换句话说，农民就是自下而上型城镇化的无限责任者，他们既需要依靠自己的聪明才智和创新能力，探索、寻找适合自己的城镇化路径，也需要依靠自己的实干精神和吃苦耐劳特点实践这条发展路径，同时，这一实践的结果，无论是成功还是失败，都要由他们独立承担。当然，必须明确的是，这里的农民，并不是指原子化的个体农民，而是指作为集体经济所有者、经营者和责任主体的集体经济组织意义上的农民群体，借助于组织和群体的力量，自下而上型城镇化的农民，既被赋予了探索与实践的权利，同时也被要求承担相应的义务和责任，这就是农民作为自下而上型城镇化主体的内蕴。

地方政府是自下而上型城镇化的主导和农民是自下而上型城镇化的主体，实际上是一个统一的命题，是一个问题的两个方面：从实践角度看，对政府来说，这是一个放权、赋权和解负的过程；对农民来说，这则是一个受权、确权、解负和承担责任的过程。从责任履行角度看，对政府来说，是有所为有所不为，是应该做的事情做好，不应该做的事情和农民能够做得了的事情放手让农民去做；对农民来说，则是做好自己分内的事情和做好能够由、可以由自己做好的事情。总之，自下而上型城镇化中的地方政府与农民的地位和功能是明确的，简单地说就是以地方政府为主导，以农民为主体，前者与后者就是主导与主体之间的关系。他们之间各司其职、各尽其职的工作模式，就是管控其内在可能性风险的最佳路径。

（3）主动城镇化的主要动力源泉来自农民

在上文中，我们已经谈到，构成J村主动城镇化的主要动力有内外两大类四要素，如果从动力的“发生地”角度对这两大类四要素做进一步的分析，则可以将之归类为来自地方政府的动力和来自农民的动力两种类型。在这两类动力源中，前者是促进该村主动城镇化发展的外在因素，是发展的外因；后者才是决定该村什么时候、如何走向以及怎样做好主动城镇化的内在因素，是发展的内因。按照辩证唯物主义内外因关系的理论，可以得出这样的结论：来自农民的动力是该村主动城镇化的依据，来自地方政府的动力是该村主动城镇化的条件，后者通过前者而发生作用。实际上，分析J村主动城镇化的发展过程，可以发现，它就是辩证唯物主义内外因关系理论的现实版：农民借助于外力提供的各种有利条件，基于集体经济的资源和有组织的探索与努力，成功走向主动城镇化发展道路。在这里，集体经济成为一个载体，将内外因素整合在一起，地方政府和农民在这里的关系，就是内外因的关系；其各自占据的社会位置和发挥的社会功能与内外因关系一一对应，这既是理论上已经明确的，也是现实中二者应然关系的最好模式。

(4) 发展成果由人民共享

能不能做到"发展成果由人民共享"，如何实现"发展成果由人民共享"，以及共享发展成果的"人民"如何界定，是自下而上型城镇化发展模式下处理好地方政府和农民关系的一个非常重要的环节。主动城镇化实践中的J村人，对这个问题的理解是："确保国家的、支持社会的、留住发展的、剩下的是农民的。"[①] 他们的这个理解，一方面是套用了小岗村人"交足国家的、留够集体的、剩多剩少归自己"的提法；另一方面也是根据发展了的客观形势和自身发展需要的一个创新性观点，蕴含了农民对政府和农民关系的理性认知。

需要指出的一点是，J村人在这里所说的"农民"，特指J村村民，而不是泛指一般意义上的全国农民，所强调的国家、社会和内蕴的村集体也有明确的目标指向。也就是说，在界定共享发展成果的相关者时，J村人使用的概念边界是非常清晰的，至少在他们的理解中，概念边界是明确的，并且是刚性的。例如，他们所说的国家，就是指以地方政府为代表的各种税费的接受者；所说的社会，就是指需要帮助的村庄与人群，等等。对于边界以内的分享者和分享行为，他们是心甘情愿的；对于边界以外组织、个体分享发展成果的行为，则持有强烈的抵触和对立情绪，较为典型的案例是村民对传说中镇政府持有村集体20%股份行为的非议和强烈的不满。一般村民对应聘进村的"新J村人"拥有岗位股，也持否定态度，几乎所有的村民都持有这样的观点："他们是高薪聘进来的，

① 资料来源于我们对J村前党委书记吴××的访谈录音。

给他们什么股!?”①

J村人主动城镇化的实践经验告诉人们，在成果分享领域，正确理解和处理“发展成果由人民共享”命题，与恰当处理地方政府和农民关系具有重要的关联。其中，具有决定性意义的是这一关系体中，代表国家与地方政府一极的地方政府，在村集体经济发展成果分享领域中地位与角色的恰当界定与合理处置问题，即如何做到不越权、不趋利和保护国家利益不受损失的问题，同时还有引导农民正确认识“发展成果由人民共享”的问题。对于关系体的另一极农民来说，超越狭隘的村庄本位主义，从更高的境界理解“人民共享”的命题，是在自下而上型城镇化未来发展中需要认真对待的课题。

总之，“发展成果由人民共享”，实际上就是正确对待和处理国家与地方政府和农民关系的问题，J村人总结出的“确保国家的、支持社会的、留住发展的、剩下的是农民的”观点，较好地阐释了这个关系体中各方的利益地位和利益关系，是值得研究和推广的有关国家与地方政府和农民关系的恰当表达与处置。

（5）评价主体及评价标准

在地方政府和农民的战略性关系中，评价主体、评价标准的甄别、确立及运行方式，也是关系自下而上型城镇化良性发展的一个具有全局性和战略性意义的重要问题。

从表面上看，对于政府主导型城镇化发展模式来说，这可能形成不了一个问题，因为政府大包大揽的角色和农民的缺位状态及其被动的特点，决定了只有地方政府，才是城镇化的评价主体，评价标准也只能由它们来制定和执行。但是，实践中反映出的问题说明，正是这种政府和农民的城镇化关系模式，让国家与地方政府背负上过多的责任。

反思政府主导型城镇化发展模式的经验与教训，我们认为，在自下而上型城镇化发展模式中，评价主体应该具有复合性特点，凡是与自下而上型城镇化具有直接利益关联的群体，都应该被纳入评价主体行列。其中，基于农民传统的弱势者地位，他们的评价主体角色应该得到特别

---

① 资料来源于我们对J村村民（L－jln[1]t）的访谈录音。

的认可和保护。换句话说，有资格评价自下而上型城镇化得与失的，不仅仅是国家与政府，身在其中的农民，也有资格对自己选择的发展道路予以评价。因为，从某种意义上说，只有他们才是自下而上型城镇化的直接受益者或者是直接受损者，只有他们才能够根据自身的实践经验做出入木三分的点评。基于此，我们认为，双方都成为自下而上型城镇化的评价主体，是地方政府和农民构建战略性关系的一个重要内容。

与之相对应，评价标准的制定、确立和执行，就应该是地方政府和农民两者共同参与和协商的结果。其中，地方政府扮演的是发起者、组织者、协商制定者和监督者的角色；农民则扮演着参与者、信息提供者、政策制定参与者和监督者的角色。而执行者，既不应该是国家和政府，也不应该是农民，而是引入具有相关专业资质的第三方独立机构和专业人员，从而在规范化运作、专业化运作的基础上，建构地方政府和农民的新型战略关系。

二 新型城乡关系

从整体上看，改革开放后我国的城乡关系处在被不断理顺的过程之中，并发生了许多可喜的变化，但是，城乡二元格局并没有从根本上被扭转，城市与乡村的发展差距依然存在，在有些地方甚至出现了进一步扩大的趋势。另外，随着城市化的快速推进，城市病和农村病同时暴发，各种灾害性天气，如千里飘烟、万里雾霾警示着城市病的严重；而空心化的现象警示着农村濒临险地。城市病和农村病的“症状”虽各不相同，但是，它们的源头却有很大的关联，或者说，正是存在“摊大饼”式的粗放型城镇化发展方式，才导致了城市与乡村间的离散关系，在制造着人口膨胀、城市污染、交通拥堵及就业困难等城市病的同时，将农村的青壮年劳动力、资金、资源等主要发展要素吸进城市，制造出农村病的流行和泛滥。虽然新型城镇化发展路径正在努力为旧式城镇化纠偏，但是，“久病无良医”式困境还难以使之发挥立竿见影并根除病灶的功效，城乡二元格局还将持续下去。虽然这并不是主动城镇化的结果，但却使它的生存环境充满着变数和风险，再加上由它本身造成的城乡间矛盾、型构的新型城乡关系也就成为其管控风险、优化生存环境的重要内容。

解读以J村主动城镇化为代表的自上而下型城镇化实践历程，我们发现，它们从一个特定角度，诠释了城市和农村关系的一个可能的新格局，我们可以从这个新格局入手，寻找破解固有的城乡间二元关系格局，型构新型城乡关系的战略性对策。基于实证研究中的发现，我们将这个新格局概括如下：城市和农村是一对矛盾体，以竞合互动的方式，实现和推动着城乡一体化的建设与发展。

从矛盾体这个角度分析，城市和农村基于完全平等的主体资格，既对立又统一、既竞争又合作，这才是其应有的本来面貌。但是，计划经济时期形成的城乡分割二元格局，使得现实中的城乡关系，完全背离了矛盾统一体的应有之义，异化为不平等权利主体之间不对等的互动格局，进而形成了农村附属城市、城市剥夺农村这种扭曲的关系模式。事实证明，这是一种既不利于城市，更不利于农村的城乡互动模式，我们结合对城市病和农村病同时集中暴发原因的理解，做出了如下简单的总结：城市因失去充满生机与活力的生产性、消费性农村市场而发展受限；农村因为城市的剥夺而失去自我发展的能力与动力。从城乡一体化发展角度分析，只有用一种新的城乡互动关系，取代这种既存的关系定式，才能取得突破性进展，才能达到预期的目标。那么，这种新的互动形式到底是什么呢？关系双方的地位、功能、互动样式究竟怎样？直到今天，它们还是一个争论不休的话题。在这样的背景下，J村用自己的探索性实践和不菲的现实成就，为人们的思考提供了有价值的思想材料和可操作的现实路径。

（1）完全平等的主体资格

将城市与乡村称为完全平等的权利主体，更多的是从发展理念的角度，从政策设计的角度，或者进一步说是从法理的角度来看待二者之间关系时的一种理性视角，是一种虚拟化的理论解释，不具有法律意义上“平等主体”所拥有和指涉的物质化含义。但是，基于过去我国长期存在的城乡二元体制背景，基于事实上还拥有强大活力和覆盖面宽广的城乡对立运行惯性，从理论务虚的角度强调和确立二者之间完全平等的权利主体资格，对于顺利推进城乡一体化发展，对于尊重、保护农民的权利和利益，具有重大意义。我们可以从以下几个关键性环节上来解读它的意义。

首先，可以建立平等协商的城乡对话机制，确保双方各种正当权利的维护和不受侵害，从而构建互信共赢的城乡发展机制。亚当·斯密在《国富论》中强调："任何一种学说，如果试图通过特别的鼓励，违反自然趋势将更多的社会资本吸引到某一特定产业，或试图通过特别的限制，将本来有可能投入某一特定产业的资本抽走，实际上都是和它想要促进的主要目标相违背的。它将阻碍而不是加速社会真正富强的进程，降低而不是增加其土地和劳动的年产物的真正价值。"[①] 亚当·斯密的上述警示可以用来理解我国城乡二元制的最大病因，就在于以牺牲农村利益为代价，谋求城市单方面的发展。其结果是在造就一个相对强大城市的同时，制造出一个极度羸弱的农村。由于后者的羸弱，前者既失去了进一步发展的动力，也失去了进一步发展所依托的广大市场，其最终结果就是二者的不可持续发展。拥有自身难以克服弊端的城乡二元体制之所以产生和被维持，政府主导之下的城市与乡村不对等的权力格局，是主要原因。因此，赋予城乡完全平等的权利主体资格，是消弭城乡二元体制、建立平等协商的城乡对话机制、进而实现城乡一体化发展的关键举措之一。

其次，可以减少城市盲目发展的冲动，确保农民的土地权益。之所以出现城市盲目发展的冲动，原因有很多。例如，有来自地方政府片面追求 GDP 或财政收入的原因，也有来自形象工程泛滥的原因，更有来自房地产开发商追逐垄断利益的原因，等等。但是，无论原因有多少、牵扯到的利益主体有多少，在其成分构成中，都不会出现农方的身影。相反，正是农方在城镇化推进过程中的缺位，或者更确切地说，正是农方在这个过程中处于可有可无的状态，所以，才导致了上述原因的出现，导致了它们出现之后，"三农"利益受到损害，谋求自己的所谓"城镇化"。

通过确立农村与城市完全平等的主体资格，将"农方"纳入城镇化发展的决策体系和执行体系，赋予"农方"与城市系统博弈的同等权利，就能够做到在城镇化推进过程中，既可以抑制城市盲目发展的冲动，又可以最大限度地保护农民的土地权益，使城镇化在理性的掌控下合理

① 亚当·斯密：《国富论》，莫里编译，中国华侨出版社，2013，第 227 页。

推进。虽然影响城镇化理性推进的干扰性因素有很多，确立农村与城市完全平等主体资格的事实效应，可能会被各种干扰因素所影响或削弱，但是，就目前看来，起码在理论上说，这是减少城市盲目发展的冲动、确保农民土地权益的一个行之有效的设计。

最后，可以真正构筑城乡一体化的发展基础。十七届三中全会强调指出，我国已经进入“形成城乡经济社会发展一体化新格局的重要时期”，这是党中央向全国人民提出的一项战略性任务。据我们看来，完成这项任务，需要解决两方面的问题，其一是农村自身的发展问题，其二是现存二元体制的破除问题，只有在这两个问题真正解决基础之上，才可能有城乡经济社会一体化发展的可能。这是因为，如果没有农村的发展，削城市发展之足，适应农村不发展之履，实现城乡经济社会低水平基础上的一体化发展，既是荒唐的，也是不可能的。所以，只有农村的发展才是实现城乡一体化发展的基础和前提；另外，影响依然巨大的城乡二元体制制约农村经济社会发展，已经是普遍的共识，如果不能破除这一阻碍性因素，也不可能有农村经济社会的发展，也就难以实现城乡一体化发展目标。

然而，无论是发展农村经济，还是破除城乡二元体制障碍，都需要在政策上、行动中给予农村以充分的权利和尊重。这是因为，上述两个问题之所以形成，根本原因都在于过去采用的牺牲农村发展城市的制度设计，而能够从根本上扭转这种制度的力量，既不来自城市，也不来自农村，而是来自新型的制度和制度设计理念，它通过赋予乡村与城市完全平等的权利主体资格，使城乡互为依托、共同促进，进而实现城乡一体化发展目标，而不是通过牺牲一方利益成就另一方的发展。因此，我们认为，赋予城市与乡村完全平等的权利主体资格，是真正构筑城乡一体化发展的基础。

（2）对等的利益互动

在确立了城市与乡村之间完全平等的权利主体资格之后，对等的利益互动既是顺理成章的，也是必然的。一方面，作为不同的权利主体，必然存在各自的特殊利益；而作为完全平等的权利主体，在双方的互动过程中，各自保持自己的利益并为自身利益运筹与谋划，既是正当的，也是必需的。在这个过程中，如果存在牺牲一方利益去成就另一方发展的现象，只有在两种条件下是可能的，其一是为了双方长远的共同利益，通过契约的形式，由某一方短时间内，或某一次利益博弈中，在保证其基本利益不受损害的前提下，临时承担更多的发展成本，暂时做出某种程度的牺牲。其二是互动中的利益牺牲者，不是固定的某一方，由哪一方承担更多的发展成本或交易成本，具有随机性或契约性，即根据互动时的具体情况确定由哪一方做临时性的利益牺牲者；或者根据事先的约定，轮流做出一定程度的让步或牺牲，以谋求双方长时间的共赢。

另一方面，如果没有对等的利益互动，所谓完全平等的权利主体资格是不成立的，也就是说，确保两者互动中各自的特殊利益，既是双方互动能够存在的前提，又是双方互动产生的必然结果。从我国城乡之间现存的关系格局分析，对等的利益互动是保证农村权益，特别是农民的土地权益不受侵害的又一关键环节，是确保城乡一体化不流于口头、不流于形式的一个基本机制保障。

（3）互生共赢的利益机制

从城乡一体化建设角度分析，或者从城市与乡村各自的发展利益角度分析，建立二者之间互生共赢的利益机制，既是必要的，又是可能的。从必要性角度分析，可以发现，我国的城市和农村都需要对方的支撑与支持。例如，城市需要农村扮演原料供应者角色、消费者角色和廉价劳动力提供者角色，等等；而农村则需要城市的智力支持、技术支持、生产资料支持、消费资料支持，等等。如果其中任何一方失去了另一方的存在与支持，其失去的，不仅是发展的机会，就连生存能力也会遭到巨大的挑战。所以，在现代社会中，特别是在市场经济条件下，双方实际上已经在不经意间结成了一荣俱荣、一损俱损的利益联盟，这是在它们之间构建互生共赢利益机制必要性之所在。从可能的角度分析，可以发现，我国地域广阔、人口众多的基本国情，为二者之间互生共赢利益机制的建立提供了无限的可能性空间，最具有代表性的是吸纳能力巨大、潜力同样巨大的广阔市场的存在。这个广阔的市场，既存在于地域广袤的农村，也存在于人才济济的城市，它们随时随地为城市和农村提供商机。换句话说，我国的国内市场既幅员辽阔，又需求巨大，而且需求的种类繁多，完全可以为城乡的发展提供足够的空间，再加上城乡之间的互补性强，没有根本利益冲突，所以，利于和需要互生共赢利益机制的构建。

实际上，二元体制的最大败笔就在于割裂了城乡之间的利益交流和基于各自利益基础上的协商与对话，在牺牲农村的同时，也牺牲了城市需要的消费群体和高质量、高素质的发展支撑。从某种程度上说，城市对农村的需求更大于农村对城市的需求，因为“与天然产物最重要的部分相比，制造品需要一个大得多的市场”①，所以，构建互生共赢的利益机制，在相互承认对方特殊利益的同时，建立双赢的发展体系，是构建城乡一体化发展的真正动力之所在。

（4）城市与农村的竞合互动

在城乡一体化建设过程中，作为矛盾体既相互依赖又各自独立的双方，城市和农村应该以竞合互动的方式，实现和推动城乡一体化的建设与发展。所谓竞合互动，就是一种既承认竞争的合理性，同时又推崇合作的重要性的一种新型互动方式，它将竞争融于合作，将合作融于竞争，是在充分尊重各参与方谋求自己权益的正当性基础上，通过良性竞争、公平竞争、合法竞争，既保护自己的发展权益、实现自己的发展目标，又不损害对方的发展权益，不妨碍对方发展目标实现的一种有竞争、有合作，既竞争又合作的平等权利主体间的理性互动形式。

无论是从历史角度分析，还是从现实需求角度分析，竞合互动都特别适合于我国城乡之间的关系模式。从历史上看，姑且不论城市在形成和发展过程中与农村难以分割的鱼水关系，就是单从新中国成立以来，特别是计划经济时期，城市对农村所欠的历史旧账角度分析，作为仍处于绝对优势地位的城市，停止索取式的，甚至是寄生性的互动方式，“坚持工业反哺农业、城市支持农村和多予少取放活方针”②，是建立平等的城乡关系，促进我国城乡一体化发展的重要前提。当然，要求“工业反哺农业、城市支持农村”，并不是要建立一种农村依附城市的关系格局，而是城市还自己所欠农村的历史旧账，以之为动力，

① 亚当·斯密：《国富论》，莫里编译，中国华侨出版社，2013，第225页。

② 《中共中央关于制定国民经济和社会发展第十二个五年规划的建议》（2010年10月18日中国共产党第十七届中央委员会第五次全体会议通过）。

推动农村建立起独立发展的强大基础。因此，在城市“反哺”“支持”农村的过程中，逐步构建竞合互动的关系模式，对形成相互促进、良性运转的城乡关系，至关重要。

从现实需求角度分析，目前我国农村虽然已经有了一定程度的发展，有些村集体经济和个体经济发展速度还较快，混合所有制经济发展态势也呈现出可喜的状态。但是，总体来看，受二元体制的影响和控制还较为严重，在许多领域，农村难以同城市进行公平竞争，农村从属于城市、牺牲农村发展城市的现象仍然或多或少地存在，这是制约农村经济社会进一步发展的体制性障碍。虽然中央不断推出各种各样的惠农政策，力图构建农村与城市同质的发展环境，但是，在二元体制没有从根本上废除的大环境里，农村的从属性和依附状况很难得到根本的扭转。在这种情况下，城市与农村的竞合互动模式，不仅对农村具有松绑的效应，而且还具有从实践层面上，从可操作层面上，化解二元体制影响，乃至逐渐消弭二元体制的制度改革效应。

总之，以J村主动城镇化为代表的主动城镇化实践，在给目前实际运行的城乡关系模式以有力冲击的同时，也给构建更加健康、高效、和谐的城乡关系提供了良好思路和有益启迪。通过构建新的城乡互动关系，管控好各种潜在和显在的风险，促进城乡间的互利互惠和良性运行，为城乡一体化目标的最终实现积累宝贵经验，是主动城镇化在优化自身生存环境方面正在做出的和需要继续做出的创新性贡献。

三　主动城镇化与“三化”的关系

追根溯源，主动城镇化与工业化、现代化、市场化具有天然的契合性：主动城镇化本身就是现代化和市场化的产物，而且，主动城镇化并不排斥工业化，相反，它需要工业化的产业支撑，纵览J村主动城镇化的实践历程，可以很清楚地发现，J村主动城镇化的最早的努力之一就是追求工业化，只是因为技术力量的约束才被迫改弦更张，走市场兴村的道路。从可持续发展的角度研究问题，我们认为，主动城镇化的创新者和经营者们在这一领域实施的风险管控，和政府主导型城镇化的经营者们施行的应该是大同小异的，用一句话来概括，就是抢抓机遇，创新发展，趋利避害，降低风险，实现主动城镇化的健康快速发展。

在《中共中央关于制定国民经济和社会发展第十二个五年规划的建议》中，对于工业化、城镇化和农业现代化的关系做了这样的简单说明："在工业化、城镇化深入发展中同步推进农业现代化，是'十二五'时期的一项重大任务，必须坚持把解决好农业、农村、农民问题作为全党工作重中之重，统筹城乡发展，坚持工业反哺农业、城市支持农村和多予少取放活方针，加大强农惠农力度，夯实农业农村发展基础，提高农业现代化水平和农民生活水平，建设农民幸福生活的美好家园。"[①] 从这段说明中，我们做出的最简单、最直观的理解就是，工业化、城镇化和农业现代化是同步推进的关系。进一步思考则可以发现，在这三者之间，还存在更深层意义的关系：由于"三农问题"是"全党工作重中之重"，因此，农业现代化也被赋予了特殊的地位，成为三者之间重点推进的工作对象，工业化和城镇化在自身发展的同时，要带动、支持和推进农业现代化的发展。从已取得的发展成就和三者之间的互动关系结构看，工业化是龙头、城镇化是关键、农业现代化是基础，工业化的发展带动、推进和装备着城镇化与农业现代化的发展，城镇化为工业化与农业现代化的发展提供着深层空间和重要的推动力，农业现代化则为工业化和城镇化提供支撑和保障——三者之间是相互影响、相互支撑的一个循环式的、开放的关系体系。

"尽管工厂、城市可能是现代化的摇篮，但它们并不能解决现代化所面临的一切问题，它所包含的只是现代化的某些重要领域，而不是一切领域。"[②] 农业虽然是一个非常传统的产业，但也应该是现代化的重要领域，虽然它不可能像重农主义学说宣称的那样"是一国收入及财富唯一或主要来源"[③]，但其不可替代性是不言自明的，起码是在可预见的未来，很难有什么产业能够取代农业而独善其身，因此现代化的推进和发展，一定需要农业现代化的同步偕行。在社会主义市场经济氛围里，完全可以通过采取积极可行措施，实现三者良性互动和功能互补，这也就是"十二五规划建议"提出"在工业化、城镇化深入发展中同步推进农

① 《中共中央关于制定国民经济和社会发展第十二个五年规划的建议》（2010 年 10 月 18 日中国共产党第十七届中央委员会第五次全体会议通过）。

② 郑杭生：《中国特色社会学理论的探索》，中国人民大学出版社，2005，第 274 页。

③ 亚当·斯密：《国富论》，莫里编译，中国华侨出版社，2013，第 219 页。

业现代化”建议的原因和考虑。

基于对工业化、城镇化和农业现代化关系的上述理解，基于对以J村主动城镇化为代表的自下而上型城镇化的经验研究，我们认为，在自下而上型城镇化与农业现代化、工业化和市场化之间存在结构性关系。其中，自下而上型城镇化与工业化和农业现代化的关系，不能替代或继承城镇化与它们二者之间既有的关系模式，因为它既没有“城镇化”的官方背景，也没有“城镇化”的现有成就和辐射范围，只是刚刚兴起的、局部的、民间的城镇化创新经验。根据其与工业化和农业现代化的互动实际，可以将三者之间的关系做这样的描述：工业化催生、带动和装备着自下而上型城镇化；自下而上型城镇化吸收、利用工业化的成果，并为工业化发展提供新的发展空间和市场支持，同时，带动与促进和引领着农业现代化的发展；农业现代化则为自下而上型城镇化提供物质支撑、人力资源支撑和发展的基本保障。

如果再将市场化加入上述三者之间的关系网络中，则出现了一个由四大基本要素构成的、具有开放式特点的结构性关系体，市场化作为社会主义市场经济条件下经济、社会诸领域主要的运行方式，与前述三者形成了特有的互动关系，其基本作用是为它们提供开放性市场空间和灵活多样的市场化工具。可以说，市场既具有工具性特点，也具有某些目的性特点，而归根结底是一种发展的工具，市场化与自下而上型城镇化、农业现代化、工业化是一种相互影响、相互支撑和相互建构的多元互动关系。

总之，主动城镇化与工业化、农业现代化和市场化是密切关联的，自下而上型城镇化产生、发展的过程，就是与另外三大因素密切互动的过程，自下而上型城镇化的壮大与成熟，也必将依托另外三大因素，并在它们的支持与支撑下实现自身的发展与完善。当然，自下而上型城镇化在自身的发展过程中，也对工业化、农业现代化和市场化的发展提供着自己的贡献。例如，提供创新发展的思路，提供更加自由开放的发展空间，提供更加灵活稳定的市场，提供更加和谐的社会环境，等等。总而言之，研究、运行、利用好四者之间的关系，对于推进和实现我国城乡一体化建设的目标，是至关重要的。

综合分析主动城镇化所应对的三大关系，有一点非常明显，即作为相依存的关系极，政府、城市及工业化、现代化和市场化，都是以整体性、宏观性特点而强势存在的。所以，作为关系体的另一极，主动城镇化的行为主体不可能以个体的形式大面积、长期存在；农民的个体城镇化可以作为补充形式、暂时性现象产生与维持，却不能跃升为整个农村的自下而上型城镇化。并且，这类城镇化对政策、法律、市场等客观条件的依赖极为严重，客观环境稍有变化，就会遭到极大的挫折，而且，其自我完善程度也难以尽如人意。目前，以农民工为代表的、以半城镇化为基本特征的不完全城镇化现象和困境，就是个体主动城镇化的现实注脚。因此，以整体性、宏观性方式存在的上述三大关系极，需要自下而上型城镇化的行为主体也必须是整体性的。正是因为存在这样的内在事实逻辑，所以，到目前为止，在我国农村，能够取得成功的自下而上型城镇化典型，都像J村这样，以村落的形式存在，而且，其工具性和价值性载体，皆为村级集体经济，或者是改制成功的村域混合所有制经济。从目前的发展态势分析，基于混合所有制经济的自下而上型城镇化模式，既是农村新型城镇化现实存在的主要形式与特征，也是其应对三大关系风险的主要凭仗。

第七章　城镇化的理性与理性的城镇化

发端于草根阶层的J村主动城镇化是农民创新能力的一次集中爆发，在其众多的创新行动中，农民的城镇化理性是一条主线，贯穿于过程的自始至终，农民站在自己的特定位置、基于自己的利益算计来规划、统筹和推动主动城镇化的进程。所以说，J村主动城镇化的过程，也就是J村人城镇化的理性物化的过程，J村主动城镇化的得与失、成功与挫折皆源于其特定的城镇化理性。实际上，在J村区域，发生作用的不仅仅是J村农民的城镇化理性，牵扯其中的还有政府的城镇化理性及第三方力量的城镇化理性，它们在J村区域交汇，既有契合点，又有冲突，其结果，正如我们上文分析所显示的，让J村主动城镇化既取得重大成就，也存在众多的风险性因素。所以，我们认为，管控主动城镇化创新风险应以管控城镇化理性为核心——管控各利益主体基于自身利益的城镇化理性，推行真正意义上的理性的城镇化：按照城镇化发展的内在规律及本质属性来认知城镇化、规划城镇化、推动城镇化和实现城镇化。

那么，应该如何从概念意义上来理解与界定理性的城镇化呢？我们认为，理解理性的城镇化概念应该首先明确城镇化的主体归属，明确界定城镇化的承担者，即行动主体是谁；其次，既要关注行动主体的工具理性，也要涵盖行动主体的价值理性，唯有两种理性的行动协调、目标一致，才能够推行与实现真正意义上的理性城镇化；再次，理性的城镇化应该是各类城镇化理性的合力，实现的是剔除不同城镇化主体的局部利益之后的整体利益；最后，理性的城镇化应该是“四化”协同的新型城镇化，即在实现自身发展的同时，与我国的新型工业化、农业现代化和信息化相映成趣、相得益彰。这是本书希望寻找到的既保护城镇化的创新努力，又能够管控好城镇化创新风险的城镇化最佳模式。基于这样的理解，我们对理性的城镇化概念做出如下的尝试性界定：理性的城镇化是政府主导下的城市与农村两大利益群体的协同行动，是在宪法、法律框架体系内的城镇化创新行动，通过发挥自上而下和自下而上的两个积极性，实现城市与农村协调发展、共同繁荣，实现农村文明化、城乡一体化和城乡可持续发展。

构筑理性的城镇化模式，需要管控各利益主体不同的城镇化理性，因之就需要有强有力的抓手和切实可行的方法，否则，只能流于纸上谈兵，难以建构起满足城镇化本质要求的理性城镇化模式。基于对J村主动城镇化的实证研究，借鉴我国其他地区自上而下、自下而上式城镇化的经验与教训，再加上我们的理论思考，我们认为，政治支点、体制支点和基于混合所有制经济的模式创新是以农村社区为单位，通过自下而上的方式建构理性的城镇化不可或缺而又共同发生作用的结构性要素。

第一节　理性城镇化的支点探讨

从实际存在状态看，伴随着上海市城镇化步伐的快速推进，J村村域所有物理空间部分早已经变身为上海市城区的一部分。因此，J村已经完成了自己的城镇化使命——原有的农村区域被城市区域吞并，因之，可以说，该村的城镇化，从形式上看，是以农村性质的物理空间消失和城市性质的物理空间扩张而被动实现的。但是，与全国其他地方的城郊村不同，在空间上被城镇化之前，J村无论是在生产方式方面，还是在生活方式方面；无论是在物质形态方面，还是在精神层面上，都已经提前实现了城镇化。因此，在空间上被城镇化以后，J村没有成为城镇化的夹生饭、没有成为问题重重的“城中村”，而是实实在在地融入了上海市城区，成为促进上海市城区良性发展的特殊功能区域。在本书的调查阶段，我们就城镇化问题与部分村民进行过沟通，他们的心态和观点，非常好地诠释了目前J村城镇化的实际效果。例如，村民们这样描述自己的日常生活轨迹。

> 周一到周五工作时间，周六加班，礼拜天会带孩子出去玩一下，以家庭、朋友聚会为主，晚上会上网、看书、看报纸等，主要还是联络家庭成员的感情，对生活质量感到非常满意。[①]

---

① 资料来源于我们对J村村民（L－jzn^2z）的访谈录音。

还有村民这样说：

> 现在房子、车子、儿子都有了，经济上去了，福利也上去了，村治理得也很好。老宅基地拆迁，每户500万搬迁费，住上了商品房，不是货币分房的都是集中住在一起，每月有1800元的物业补贴费，还有分红。小孩从出生开始就有福利，幼儿园有50元每月的补贴，此外，小学、初中都有奖学金，读大学的每年6000到8000元，老年人每月有300元，过年时节，家家户户有购物卡。老年人文化娱乐活动非常丰富，有图书室、棋牌室等。①

从村民的上述描述中，很容易发现，目前J村人，无论是在生产方式方面，还是在生活方式方面，抑或是在精神生活方面，既与传统农村有着根本的差异，又与许多地方的城中村有着根本的差异，已经在事实上完成了由传统意义上的农民向现代都市居民的华丽转身。但是，正如我们在上文中所看到的，J村在城镇化推进过程中有一些“打擦边球”式违规的技术性操作，遇到一系列影响进一步发展的瓶颈，这是整个J村在以后的发展中需要直面的隐患。在调研中我们发现，该村对其存在的上述问题既有清醒的认识，又一直在试图逐步化解，以期摆脱现存的和潜藏的发展危机。

一 政治支点

对于主动城镇化的创新者和经营者来说，管控基于自身利益的城镇化理性，走向理性城镇化发展道路，首要关注的应该是对政治支点的把握和追求。这里所说的政治支点，是指以社区党建为抓手的党对基层社会的领导。在主动城镇化深入推进过程中，坚持党的领导既可以保证主动城镇化创新者和经营者们树立和践行大局意识与全局意识，又可以保证主动城镇化与主流城镇化的和谐关系和协同发展，同时还可以保证村域内部健康活泼的政治生态，促进主动城镇化的健康和可持续发展。

实事求是地讲，有不少人并不能真正理解推进理性城镇化发展和坚

---

① 资料来源于我们对J村村民（$J-jzn^2z$）的访谈录音。

持基层社会党的领导的关系，更加不理解我们在此所说的几个“保证”。不过，只要结合J村主动城镇化的发展历程，认真思考中国共产党的最高理想、最终目标、根本宗旨及党在新世纪新阶段的奋斗目标，就能够窥知其中的部分奥妙；如果再从民主集中制根本组织原则角度思考村域党建同村域政治生态的关系，就能够更进一步了解党的领导之于理性城镇化发展的重要关联。我们可以通过解读J村主动城镇化过程中的一些具体做法来思考这些问题。当然，J村在实践中所做的相关工作还不是很到位，还存在一些问题，但是，它能够给人们一些启发，启发人们关注和重视政治支点对于理性城镇化发展的重要意义和重要价值。

纵览J村主动城镇化发展历程，可以发现，J村城镇化道路的探索之所以取得成功，党的领导的强力存在和全方位、全覆盖领导，是最为关键的因素。换句话说，如果没有以吴××为代表的村党委（2008年12月12日，J村党支部升格为J村党委）的强有力领导，就不会有主动城镇化的路径探索，更谈不上J村今天的大发展。所以，J村的一个重要经验，J村给出的促进我国城乡一体化健康发展的一个重要路径启示，就是“坚持以党建促发展、建立高效务实民主的管理体系”。

J村全方位、全覆盖式的党的领导实现方式，主要表现在两个方面，其一是根据工作对象的不同，设立了两个党委：针对J村村民的J村党委和针对市场经营者的市场党委。通过这两个党的基层组织，把J村村域范围内的所有党员，包括外来务工者党员，全部纳入组织体系；并通过统一的组织生活，将党员的先锋模范带头作用日常化于日常工作、生活之中。其二是在每一个党委下面，分别设有党支部和党小组，通过垂直关系，既做到了将每一个党员置于村党委的领导和监督之下，又做到了通过党员的模范带头作用，将村域内的每一个个体成员团结在党的周围，从而大大提高了基层党组织的领导能力，使J村主动城镇化的探索实践走向健康和快速发展的轨道。

所以说，坚持党的领导既是J村摆脱沉重债务负担的关键，也是其实现富民强村目标的关键，对我国其他农村区域通过城镇化缩小城乡差距、实现城乡一体化目标也具有很强的启迪意义。实际上，对致富以后的J村来说，其进一步发展的关键因素，也是党的领导：一方面是因为该村成就是在始终坚持党的领导前提下取得的，党的领导本身的进一步完善和拓展，既可以提升党的基层领导本身的领导能力与水平，增强党的基层组织战斗堡垒作用，进一步发挥基层党组织在经济社会发展中的中坚作用，又可以通过党的自身建设，保持党的基层组织本身及人才建设的连续性；另一方面是因为，以吴××为首的J村党委始终将该村未来的发展作为头等大事考虑，包括发展规划的提前制定、接班人的提前培养、党组织自身的建设，等等。其中最为重要的是党组织自身的建设，使得该村党组织始终能够带领村民，在正确的道路上健康和快速发展。

在坚持党的领导、加强基层党组织建设的同时，加强基层民主制度建设，是J村主动城镇化实践成功推进的又一个重要抓手，也是其未来发展的又一个至关重要的环节。

在J村，基层民主制度建设的途径和手段比较丰富多彩，其常规性措施包括村民代表大会、股东代表大会、全体职工代表大会、团代会、妇代会、"村两委"班子成员述职及民主测评会，等等；其创新性措施包括村民和股东交叉参加对方的代表大会，老党员、老干部座谈会，各种形式的知识竞赛，等等；其载体包括代表大会制、团委、妇联、J村商会、J村报，等等。通过上述各种形式的、全方位的建设性努力，J村基层民主制度建设沿着正确的发展方向，被不断向前推进。

J村民主制度建设的一个重要启示就是：在农村，当村民的民主意识和民主行动能力较为低下的时候，以村党组织为载体，以党组织的领导、成员和普通党员为行动主体，通过各种途径，利用各种载体，对村民进行行之有效的培养和锻炼，不仅能够迅速提高村民的民主意识和民主行动能力，而且能够提升村民的整体素质，并且在这个过程中，让村民切身感受到党组织的战斗堡垒作用和党员的先锋模范带头作用，从而增强整个村庄以党组织为核心的凝聚力和向心力，能够整体提升村集体经济组织的市场竞争力。J村的发展实践证明，当基层民主因种种原因暂时滞涩的时候，正是村域经济社会陷入低谷的时期；而当基层民主健全发展和良性运行的时候，就是村域经济社会健康发展和迅速推进的时候——这里实际上蕴含着这样两个发展逻辑，按照J村人的理解，就是："群雁高飞头雁领"和"众人拾柴火焰高"。前一个发展逻辑与该村经济社会因为党委的强力存在、因为党委一把手的个人能力而异军突起相呼应；后一个发展逻辑与该村主动城镇化的整个过程相呼应，与人们的生活常识相呼应。

总之，J村主动城镇化的实践经验告诉人们，理性城镇化的政治支点是坚持党的领导、完善基层民主。政治支点的坚持和完善，对于城镇化的健康和可持续发展具有决定性意义，它对内可以优化社会生态，建筑起极富竞争力的战斗堡垒、工作团队，并形成团结活泼的融洽氛围，对外可以优化政治生态，优化生存环境，建构起融洽的外部关系。因此，完善与拓展新型城镇化的政治支点是我国农村理性城镇化健康快速发展的首要条件。党的十九大报告中强调指出的“党政军民学，东西南北中，党是领导一切的。必须增强政治意识、大局意识、核心意识、看齐意识，自觉维护党中央权威和集中统一领导，自觉在思想上政治上行动上同党中央保持高度一致，完善坚持党的领导的体制机制，坚持稳中求进工作总基调，统筹推进‘五位一体’总体布局，协调推进‘四个全面’战略布局，提高党把方向、谋大局、定政策、促改革的能力和定力，确保党始终总揽全局、协调各方”①。党的统一领导不仅是我们党和国家整体事业成功的关键，不仅是整个新时代中国特色社会主义成功的关键，对局部区域，乃至对以村为单位的城镇化建设事业来说，同样具有决定性作用，具有战略性意义；而其操作性意义，则更能引导与推动村域城镇化的健康和可持续发展，这正是J村主动城镇化的成功经验所彰显的、保证我国城镇化建设事业健康快速发展的经验事实，是J村经验启迪中具有普适性的成功命题。

二　体制支点

良好的村内外政治生态是理性城镇化发展的重要保障，而良好的体制则是理性城镇化健康快速发展的重要载体和关键因素，政治正确固然极端重要，技术正确同样事关成败。纵览J村主动城镇化发展历程，我们还可以发现，J村城镇化道路的探索之所以取得成功，除了坚持党的领导、完善基层民主这些最为关键的因素以外，还有一个重要的、事关发展全局的关键性因素：体制创新。在J村20多年的发展历程中，体制创新不仅持续完善着J村的管理架构，而且持续创新的体制还发挥着日

① 习近平：《决胜全面建成小康社会夺取新时代中国特色社会主义伟大胜利——在中国共产党第十九次全国代表大会上的报告》（2017年10月18日），人民出版社，2017，第20~21页。

益强大的外部正效应。

20多年来，J村体制创新成果不断，具有全局意义的体制创新集中于三个领域，其一是村党组织运行体制的改革与创新，其二是村域行政管理体制的改革与创新，其三是村集体经济管理体制的改革与创新。

正如上文所述，J村党的组织体系和组织结构呈现出与时俱进的创新特点。例如，根据村域人口特点和党员构成特点，设立了针对J村村民的村党委和针对市场经营者的市场党委，从而很好地将J村户籍党员和外来人口党员分别组织起来，并通过J村党委而将两部分党员有机地整合在一起。再如，在每一个党委下面，分别设有党支部和党小组：J村市场党委下设9个党支部、J村党委下设6个党支部，然后，再通过党小组，将260多名流动党员、近150名村民党员，紧紧组织在一起，既形成了村域内流动党员和村民党员各自的活动平台，也形成了二者之间的有机互动，从而既解决了流动党员因经常失去与组织的正常联系而陷入"无组织""无领导""无监督"的困境，也解决了两个党员群体因缺乏互动而形成的"各自为政"、互不相干，甚至是"彼此对立"的无组织状态困境；使村域内党的组织领导真正做到了纵向到底、横向到边的全覆盖，进而保证将流动党员和村民党员融合在一起，共同成为该村的主要建设骨干和依靠力量，齐心协力地为该村发展劳心费力、共举大业。

村域行政管理体制的改革与创新也呈现出与时俱进的特点，主要创新举措表现在两个方面，其一是实行"集体领导、民主集中、个别酝酿、会议决定"的十六字方针；其二是实行村民代表和股东代表交互参与对方会议制度。这两项改革，不仅改变了村域行政管理体制结构的组成因素，而且也形成了新的互动关系和互动模式，从根本上推动了村域行政管理的民主化进程。同时，在这个进程中，能够不断集合全体村民的智慧和资源，从而保证了村集体经济社会各项事业的顺利推进。

村集体经济管理体制的改革与创新，是J村体制创新的一大亮点，突出成就表现在以下三个方面，分别是"五本台账"①制度、"五堂会

① "五本台账"，即资产台账、土地台账、综治台账、社事台账和动迁台账，是J村为加强村级经济事务管理的创新性措施。

审”[①] 制度和引进 ISO9001：2008 国际标准化质量管理认证举措。前两者既保证了经济管理决策的科学性和有效性，又有效地杜绝了经济领域中易于出现的各种违规和违法行为，从而保证了村集体经济的健康、有序和高效发展；后者则利用国际上先进的、标准化的管理理念和管理流程，改造、改进和优化 J 村集体经济管理体制，从而使 J 村人能够借用最先进的管理智慧和管理工具，在巩固自己发展成就的同时，保证未来集体经济沿着理性、理想的道路推进。

总之，J 村体制创新的过程和成效启示我们，理性城镇化的推进需要合理体制的保证，合理的体制支点是正确的理性城镇化技术的最主要代表。当然它不仅指既存体制的合理性，还指需要根据时代形势、经济社会发展的客观需要和内在逻辑，创新出新的体制。J 村体制创新的成功经验给出了既具有参考价值、推广价值，同时又具有很强可操作性的路径启示。从已有的实践经历分析，在我国许多后发展农村，体制问题往往是制约其发展的最关键性因素。借鉴并创新利用 J 村经验，进行适宜的体制创新，合理配置体制内各要素的结构性地位与功能，优化其结构性关系，利用并充分发挥新体制的解放与保护效应，并根据客观形势的发展变化，立足自身，创新发展，才是迎接我国新一轮城镇化推进浪潮，实现自身发展，完成城乡一体化发展目标的关键举措。

第二节　理性城镇化的本质追求

时至今日，农村经济的组织形式已经发生了巨大的变化，新中国成立后一统天下的集体经济组织逐步被多样化的经济组织形式所代替，呈现出多种形式并存的竞争性局面：有些地方，集体经济仍占据优势地位，是主流的经济组织形式；有些地方，则是非公有制经济占据更大的份额，集体经济在其中发挥着主导但非主体的作用；有些地方则呈现出以集体经济为核心的混合所有制经济的组织形式；有些地方则是集体经济萎缩，其他经济形式逐渐上升到主流位置，发挥着主要作用；当然，还有一些

① 为加强项目建设和资金管理，J 村创立了“五堂会审”制度，即村干部、财务、质监、验收、结算人员共同参与，从而极大地增强了村级财务管理工作的透明度。

其他的占比较小的经济组织形式在各地悄然出现。不同的经济组织形式带来的经济、社会效益是有显著差异的，在比较这些差异后我们发现，有三个突出的现象值得关注，其一，集体经济仍是主流经济组织形式的村社，其经济社会发展成就往往比较突出，甚至总是走在全国其他农村社区的前列，村级集体经济实力强大，村民人均收入及各项福利性待遇远远超过城市人口的平均水平，其典型代表是包括J村在内的全国十大名村；其二，经济发达地区的去集体化的农村社区，集体经济实力十分孱弱，甚至呈现负资产状态，但是村民的人均收入非常高，其典型代表是包括东南沿海地区的一些发达的农村地区，本书曾调研过的浙江省杭州市临安区“富丽山村”① 工程下的众多农村社区较为典型；其三，数量众多的经济欠发达地区的农村社区，集体经济组织疲软，集体经济逐渐式微，农民逐渐以原子化状态从事各类经济活动，在这类农村，农村病日趋严重，空心化现象难有改变的希望。这三个突出现象对应着三种类型的农村社区，对应着不同的村庄发展状况，也对应着不同的城镇化发展水平和发展路径，它们从不同的向度诉说和揭示着城镇化的本质追求。

① “富丽山村”是临安区农村社区推进新型城镇化发展的主要路径，它反映了该市全力推行的“绿色家园、富丽山村”美丽乡村建设的理念、载体与行动模式，代表的是在一个县级市全域范围内，农村社区组团式发展的新型城镇化模式，这是一条不事浮华，立足自身资源禀赋特点和发展优势，在主动规避并解决旧型城镇化催生的农村病的同时，促进新农村在既“富”又“绿”的轨道上健康快速发展的就地城镇化道路，是创造性地贯彻、执行和实践新型城镇化战略的典型案例，是在县级行政区域内率先实现城乡一体化发展的重要尝试。基于这样的观察和理解，我们认为，界定“富丽山村”的概念时，应该包含着如下四个关键词，即“富”、“丽”、“绿”与“山村城镇化”；临安区官方曾就“富丽山村”做出过自己的界定，他们认为，“富丽山村”是指富裕美丽的山区农村——“富”指的是农村居民生活富裕和村级集体经济逐步富足，“丽”指的是人居环境的不断优化和村民之间的和谐相处，“山村”体现的则是“九山半水半分田”的地貌特征。在实证研究过程中我们发现，临安区官方给出的这个概念并没有真正反映“富丽山村”的内在本质，因为“富丽山村”追求的真正目标，是新型城镇化了的“山村”，是能够分享城市文明优秀发展成果的“山村”，因此，这里的“富丽山村”建设过程，实质上就是农村城镇化的建设过程，并因为它对“富”与“丽”的双层追求，而使其城镇化揖别了旧有城镇化的诸多弊端，走向了经济与生态共赢、人与自然和谐的新型城镇化道路。基于我们的研究，结合临安区官方给出的概念，我们最终将“富丽山村”概念界定如下：“富丽山村”是山区农村新型城镇化的主要载体和实践形态，它以“绿”为底色，以“富”与“丽”为驱动，以经济与生态共赢、人与自然和谐为准绳，旨在发挥新农村建设和新型城镇化的双重优势，实现传统“三农”向现代“三农”的转型，建成与城市文明接轨的城市化农村社区。

一　农村经济组织形式的理性选择

通过比较农村社区现有的这三个突出现象，我们很容易就可以做出这样的判断：第三个现象绝非农村发展的方向，原子化的农民难以适应社会主义市场经济的发展要求，势必会成为被市场抛弃和淘汰的对象。因此，原子化的农民需要一种经济组织形式，需要依靠组织起来的集体力量，抗衡市场风险，参与市场竞争，并最终成为市场竞争的赢家。问题是，怎样的经济组织形式才是农村应有的选择呢？关于这个问题，我们可以分析第一和第二个突出现象，从中求得问题的答案。

关于第一个突出现象，我们已经以J村为案例做出了大量的分析，回顾J村主动城镇化发展历程，可以发现，改制前的村级集体经济和改制后的股份制经济在其中扮演了至关重要的角色。从起点上看，主动城镇化是由集体经济组织领导人，发现并利用转瞬即逝的发展机遇，带领集体经济组织成员——J村农民，经营集体经济组织最主要的自然资源——土地，来推动并带领该村走出困境的。换句话说，是集体经济的三大发展要素，即领导人、劳动者和土地资源的有机结合，创造出主动城镇化发展模式，实现村强民富的目标。从过程上看，J村主动城镇化整个发展历程与村集体经济（改制后则为集体经济占主导的股份制经济）牢牢地捆绑在一起，特别是在发展的重要节点和转折时期，例如“三场一路”的探索、产业形态的转换，乃至后来的股份制改革，都是以集体经济所携带的各种资源为支撑，并科学合理地经营集体经济而实现的。从经济社会效果看，主动城镇化更是以集体经济的发展目标为追求，表现在集体经济实力的壮大，村民共同富裕目标的实现和村域整体城镇化的推进等各个方面。总之，归结到一点，J村主动城镇化模式，是一种具有强烈集体主义色彩的城镇化推进方式，在社会主义市场经济条件下，它的推进与实现过程，实际上就具有了两个基本属性，其一，它是农村城镇化的一种实现形式，其二，它是公有制的一种实现形式。因此，我们可以将J村的主动城镇化称为集体主义的自下而上型城镇化模式。

关于第二个突出现象，可以从“富丽山村”的运行机制中窥见端倪。从各城镇化主体在“富丽山村”实践中发挥的作用来看，这实际上是政府主导型的一种城镇化模式，我们可以从其运行机制中的几个主要因素进行解读。

第一，“富丽山村”是临安区政府根据中央顶层设计的政策精神，特别是响应浙江省委省府相关政策之后，结合临安区自身特点创新出的一种新型城镇化模式，然后将这一模式分解为具体的任务和行动步骤，并借用镇（街、乡）政府的力量，发动和调动农村社区党组织和居委会（村委会）的力量及积极性，在市域范围内着力推行的一项“政府工程”。详情可以从该区政府组织编制的《临安市绿色家园、富丽山村建设规划》（2010～2019 年）中得到说明，该规划既明确了建设目标，也明确了行动步骤：其目标是“以‘一轴三纵五区’为重点建设区域（‘一轴’指杭徽高速沿线，‘三纵’指长西线至 14 省道、16 省道、18 省道至昌文线沿线，‘五区’指青山湖、太湖源、天目山、清凉峰、大明山五大景区）。规划通过十年努力，逐步把临安区农村建设成为生态环境优美、村风民风和谐、产业模式多样、社会保障健全、乡土文化深厚、农民生活安康的新农村，实现‘村美、家富、社兴、人和’”。其行动步骤是“以十年（2010—2019 年）为规划期限，按近期、中期、远期三步实施：近期（2010—2011 年）为打造精品树立品牌阶段；中期（2012—2016 年）为以点带面全面覆盖阶段；远期（2017—2019 年）为完善提升健全机制阶段”。

因此，区政府辖区内各级政府及相关政府职能部门成为“富丽山村”的主要推动者、规划者、领导者和监督者，农村社区“两委”是主要的行动者，农村社区居民被动员起来，成为完成各具体任务的主要行动者，社会及市场力量在其中几乎没有发挥实际性作用。

第二，“富丽山村”是依靠政府财政支撑的一种城镇化推进模式。建设“富丽山村”的最终目的是在临安区域范围内各农村社区实现新型城镇化，但是，由于临安区农村集体经济非常孱弱，因此，推行政府主导型城镇化发展模式的临安区，将政府财政作为撬动“富丽山村”的主要力量。具体来看，有来自三个层级政府的财政资金推动着“富丽山村”的建设与发展：其一是来自省政府的财政奖励。2008～2013 年，采用奖补政策鼓励省内美丽乡村建设，奖补方式分为四种类型：①每年每个地区评选产生“全省美丽乡村创建先进县”，各奖励 1000 万元，奖给县（市）政府；②整乡整镇推进的镇乡，每个乡（镇）奖励50万元；③整治村（按2007年行政村计算）奖励12.2万元/村；④省重点培育示范中心村奖励40万元/村。自从2014年开始，奖励重点调整为两个领域，分别是：农村生活污水治理和历史文化村落保护利用，按照重点村和一般村区别对待、分年申报，建设周期为三年，重点村补助500万元、带15亩土地指标，一般村补助30万元。其二是来自杭州市政府的财政奖励，按照九种途径实施以奖代补政策。2013年之后不再执行的项目有两个，分别是：①杭州市级整治村（按2007年村数），以奖代补10万元/村；②整乡整镇推进的镇（街道），每年选择5个乡（镇）左右，以奖代补50万元/个（省补资金）。另外还有七项举措，分别是：①长效保洁专项扶持资金，以2012年底农村户籍人口数（43万元）为标准，每人每年10元；②中心镇培育项目，全杭州市培育26个，每年财政补助3亿元（临安区被选中4个镇：於潜镇、昌化镇、太湖源镇、高虹镇）；③中心村项目，对2010年确定的杭州市193个村进行奖励，分一般推进村和重点推进村（必须有农村土地综合整治和农民安置点建设），在2011~2015年周期内，财政每年补助4亿元（临安区有29个村被选定，每年奖励8000万元左右）；④美丽乡村精品村项目，该项目从2011年开始，杭州市每年建设50个，补助4亿元（临安区有10个村，每个村以奖代补400多万元）；⑤风情小镇项目，建设周期为两年，以奖代补400万~500万元（杭州市在建和已建15个，临安区有3个：河桥村、青山殿村、湍口村）；⑥历史文化村落保护利用项目，临安区的清凉峰镇杨溪村被选中，建设周期二年，奖补约450万元；⑦杭州市委、市政府年度重点推进项目，2012年：临安区河桥风情小镇提升工程被选中，奖励1000万元。其三是来自临安区政府的财政奖励，按照十年建设规划，五年累计建设了99个村：2010年10个村，2011年20个村，2012年20个村，2013年至2014年30个村，2014年至2015年19个村；同步推进29个中心村建设；同步推进50个杭州市美丽乡村建设；叠加以后，每个创建村累计奖补资金（平均）700万元以上。因此，来自上述三级政府财政资金的强力推动，既引领、规范着临安区农村城镇化的发展方向，又塑造着临安区农村城镇化的发展路径，更成为该区农村城镇化发展程度、水平和成就的最重要动力。

第三，“富丽山村”是一种不均衡发展模式。“富丽山村”的实际运行方式是“小马拉大车”式的：通过奖补政策，利用有限的政府财政资金的撬动作用，激励整个区域农村社区“两委”、居民乃至市场力量，利用各自的人财物资源，群策群力，推动社区农村城镇化的快速发展。在这种运行模式下，不同农村社区城镇化进程呈现出不均衡发展状态：自身条件较好、发展优势明显的社区，符合政府奖补政策的要求，因而得到政府财政的支持，城镇化发展迅速、经济社会运行态势良好，成为临安区新型城镇化发展的排头兵；不符合政府奖补政策要求，但自身经济实力较为强大的农村社区，为争取政府奖补政策，按照政府相关政策要求，修正和完善旧有的城镇化发展方式，逐渐形成临安区第二梯队的城镇化“方队”；不符合政府奖补政策要求，自身经济实力又比较孱弱特别是集体经济实力弱小的农村社区，新型城镇化尚处于待启动状态，城镇化水平低下，成为临安区“富丽山村”发展模式的非受益者，甚至是变相的利益受损者。

政府主导型城镇化发展模式决定了“富丽山村”的基本运行方式，这既是该模式在较短的时间内迅速取得较大成就的原因，同时也是“富丽山村”工程遭遇诸多困难和存在问题的原因。实事求是地说，“富丽山村”模式在运行过程中面临的困难是众多的和全方位的，既有人才、资金、资源等方面的困难，也有体制机制等方面的限制，更有农村居民参与度不高等方面的制约。

第一是创新性事业所面临的一般性挑战。浙江省美丽乡村建设实践走在了全国前列，不仅指其取得的经济社会效果，还指其在时间上的率先行动，所以，从一般意义上来理解，作为领先发展者，其面临的挑战和困难是可以想象的。临安区“富丽山村”建设工程更是在浙江省先行了一步，从时间节点上看，浙江省于2010年12月31日提出了美丽乡村建设的工作要求和工作安排，随后，杭州市政府于同年的4月29日制定出台相关政策意见。而早在2009年，临安区政府就开始谋划实施“富丽山村”建设，并于2010年1月出台了有关配套政策，在全区域范围内推行美丽乡村建设，所以，时间和实践的领先让其在该项创新性工作中面临额外的挑战和困难，其中，经验上的不足和缺乏可资借鉴的成功范例，是其遭遇的最主要的困难和挑战，这就要求他们必须通过“摸着石头过河”的方式去探索、去实践，并在不断的试错过程中寻找可行性方法与路径。

另外，相关人才特别是领军型人才的缺乏也是该区在“富丽山村”建设中面临的实际困难，从某种程度上说，这个困难仍然是县级市的地方政府难以自行解决的。因此，他们在“摸着石头过河”的具体实践过程中，不仅需要付出更多的发展性成本，而且需要尽快培养出不同能级和不同层面的创新性实践人才。撤市设区后，在人才引进与培养方面会有一些变化，如何充分发挥好引进和培养两种人才产出机制的作用，解决发展中的人才短板问题，是关乎“富丽山村”建设能否顺利推进的更为重要的影响因素。

第二是体制创新的挑战。“富丽山村”是一项系统的创新性工程，只有各方力量，特别是政府力量强力参与，才能够顺利推进。但是，临安区域内已有的管理体制还存在一些问题，这些问题既包括区政府不同职能部门在职权划分方面的问题，又包括各部门横向间及同一性质部门纵向间关系不协调甚至是相互掣肘的问题，等等。综合起来看，下列两类问题成为制约“富丽山村”最为主要和亟须破解的体制性难题，分别是：政府部门间行动整合能力差的问题和政府财政资金投入渠道分散、管理分散的问题。

政府部门间行动整合能力差的主要表现是各部门间工作不衔接或衔接程度不够，导致在实际工作中呈现出各自为政、各行其是的不兼容、难以整合的散乱局面。实事求是地讲，区政府辖下的各类政府职能部门，包括同一性质职能部门的不同层级，对“富丽山村”建设是高度支持并积极参加的，其正面效果就是各相关部门及各种相关社会力量被纷纷动员起来，大家争先恐后地为着自己的目标殚精竭虑，以图奋发有为，形成了全区域内共建“富丽山村”的热闹局面；但是，其负面效果也是不容忽视的，那就是彼此间的行动并不协调，部门之间各行其是，导致各部门积极性越高、行动力越强，相互间的矛盾与冲突越多，“富丽山村”建设的总体目标越难实现这样一种行动悖论。

政府财政资金投入渠道分散、管理分散既是上一个问题的结果，某种程度上也可以说是上一个问题的原因。正是各行其是的体制性问题的存在，才导致一方面不同职能部门按照自己的工作职责和工作范围向自己所辖领域集中投入资金，并按照自身要求和自设标准，管理所投资金的投入方向、用途、效果等；另一方面，不同职能部门基于自身要求尽可能向相关的不同上级部门争取资金。于是就出现了政府财政资金存在不同渠道分散投入、分散管理的问题，这一问题又同上一个问题结合、碰撞，最终出现财政资金“撒胡椒粉”式的分散使用现状。

两方面问题的存在，既削弱了以“富丽山村”为载体的新型城镇化的政策效应，也分散并降低了资金的使用效率，致使这一系统性创新工程难以整合全区域力量高效健康运转。因此，创新管理体制，消除内耗，提高各政府职能部门之间的协同性和整合程度，有效整合各个部门的资源和力量，形成可以“集中力量办大事”和“协同关系办大事”的新体制，是“富丽山村”工程向临安区政府及各种力量提出的客观要求，也是相关人员必须直面的现实挑战。临安区的设立，是一个好的时机，能够利用好这次机会，直面此前存在的体制性挑战，是能够实现体制创新发展的。

第三是激励机制创新的挑战。客观地说，临安区下辖各政府部门及相应的工作人员，因为区委、区政府的要求及考核的压力，其积极性和主动性是不用顾虑的，它能够成为积极推动和实施“富丽山村”建设工程的一个常数。但是，村级组织从事该项工作的持续积极性和主动性，因为工作任务本身时间跨度长、需要资金多、具体工作面广量大，并且村庄基础条件参差不齐和村民的思想认识不统一等客观不利因素的存在而成为一个难以把握的变量。而这个变量又是指“富丽山村”工程推进过程中处于第一线的实际领导者，因此，其工作态度、工作状态和工作成效，成为决定整个“富丽山村”建设工程成败得失的重要环节。建构一套保证基层干部使用好大量的财政建设资金，实施好项目建设，提高建成项目的使用效率，积极胜任“富丽山村”建设所赋予重担的工作激励机制，形成你追我赶、创先争优的良好工作氛围，是领导者所面临的又一挑战。

第四是资金压力的挑战。从严格意义上讲，“富丽山村”建设应该覆盖现有的所有农村人口和所有农村区域，甚至可以包括已经实现了人口城镇化，但在经济结构、空间景观结构等方面还没有完全城镇化的原有农村区域。因此，面大量广的建设任务需要巨量建设资金的投入和保障。实际情况是，农村自身可用于“富丽山村”的资金数量是极为有限的：村集体经济实力普遍弱小，农村居民尚不愿意自投资金于“富丽山村”建设事业，而营利性企业因为看不到实际的经济回报而裹足不前，各类社会力量也没有投资“富丽山村”建设的意愿、能力和行动。所以，“富丽山村”建设的资金来源主要是政府财政投入。临安区委区政府按照城乡统筹以及以工补农、以城带乡的原则和要求，从本级财政中安排新农村建设专项资金支持和支撑“富丽山村”建设工程，例如仅2010财政年度，就投入了专项资金4000万元人民币。但是，分析其实际运行情况，可以发现，政府财政专项资金难以满足临安区域城镇化发展的实际资金需要，并由此产生了如下两种尴尬局面。

其一，政府财政资金只能有选择地投入局部村，也就是所谓的创建村。虽然该区在操作过程中有着严格的甄选标准，保证有限的资金投入合适的行政村，以保证政府财政的最大投入产出效应，但是有选择的投入本身使该区“富丽山村”建设难以成为惠及每一个农村人口的不完全、不充分的惠民工程。

其二，由于创建村中需要投资建设的基础设施、服务设施较多，分配到各村的几十万元甚至几百万元的资金，难以保证完成“富丽山村”规划要求中的52项创建目标，因之带来两种必然结果：要么增加投资，完成创建任务；要么“看菜吃饭”：政府投入多少钱，农村就做多少事。前者引起的连锁反应一是需要政府继续加大财政资金投入，二是需要行政村内部自筹资金。囿于政府财政实力的限制和农村集体经济实力的缺乏，一个必然的结果就是村级集体组织负债搞建设；如果不举债发展，就会因为完不成区委、区政府下达的任务指标要求而难以通过正常考核验收，因之失去政府设定的以奖代补的激励性建设资金的后续投入，“富丽山村”的烂尾工程就在所难免。因此，如何破解资金难题，是“富丽山村”建设面临的又一大挑战。

通过对第一种现象的代表性案例和第二种现象的代表性案例的分析，我们认为，以混合所有制经济作为农村城镇化发展的基础是非常合适、特别有利的。因为它除了可以发挥其一般的优点外，还可以集公有制经济和非公有制经济的优点于一身，形成全新的第三种经济组织形式，以充分调动和发挥政府、企业、集体经济组织领导人以及农民四个方面的积极性，化解主动城镇化创新过程中产生的政府与集体经济组织的矛盾、自下而上型城镇化与自上而下型城镇化的矛盾、村集体利益和外部利益的矛盾三个方面的矛盾，缓解村集体内部因创新发展而引起的各种紧张，从而可以管控各种风险，形成发展合力，实现理性城镇化的快速和可持续发展。因此，从长远的发展角度分析，J 村主动城镇化继续推进的支柱，将是基于村域集体经济占主导地位的混合所有制经济；对于全国其他农村来说，虽然在自然条件、资源禀赋等各方面都存在很大差异；在不同区域，甚至在同一区域里的不同行政村、自然村，其城镇化的条件、机遇、任务及优先事项也千差万别，新型城镇化路径不可能完全相同，但是，基于村域混合所有制经济的自下而上型城镇化模式，却是其可以做出的一个聪明选择。基于这样的理解，我们将借用吉登斯的模态概念，首先从村域城镇化的本质开始，进而对城乡一体化实现方式和理论模式进行深入研究，从而实现对基于混合所有制经济的自下而上型城镇化模式的创造性研究。

二　城镇化的本质追求

在我们看来，城镇化的具体发展路径问题并不是它的本质性问题，而仅仅是工具性问题，只是农村区域通过什么途径、依凭什么手段、借用什么工具实现新型城镇化的问题。因此，我们认为，凡是有效的同时又是合法的方式、方法，都是可以拿来为城镇化发展服务的，都是城镇化的理性发展，即理性的城镇化。也就是说，只要紧紧扭住城镇化的本质这个关键性问题不放松，工具性问题就是可以因时、因地、因人而异的。

那么，城镇化的本质追求是什么呢？关于这个问题，目前，在学术界内外还存在不同的理解。例如，有人认为，城镇化的本质就是农村经济社会结构的调整；还有人认为，让农民富裕起来才是其本质；等等。我们认为，现存的许多观点都有其合理性，都能够从特定角度阐释城镇化本质问题。在对以 J 村主动城镇化模式为代表的自下而上型城镇化进行研究的过程中，我们发现，可以用“城乡一体化”来统领城镇化的本质追求。之所以做出这样的判断，是因为它不仅揭示出了农村新型城镇化的实现路径，更重要的是揭示出了在发展水平差异巨大、发展阶段参差不齐、农村区域幅员辽阔的现实条件下，通过统筹城乡区域协调发展，从而实现农村人口与城市人口一起共享城市文明发展成果这样一个城乡一体化的目标追求。换句话说，我们认为，城乡一体化不是指农村空间区域转变为城市空间区域，也不是指城乡经济社会结构的趋同化，而是指城乡居民都能够无障碍地、有保障地共享城市文明提供的生产性机会和生活性机会，分享城市文明发展成果。并且，这种分享不是让落后乡村无条件地去分城市发展的一杯羹，不是以牺牲城市发展利益为代价，满足城乡之间低水平的共有共享，而是通过新型城镇化的途径，在城乡公平性发展环境中，实现农村区域的城镇化。十九大报告做出的我国现阶段主要矛盾变化的判断，即“中国特色社会主义进入新时代，我国社会主要矛盾已经转化为人民日益增长的美好生活需要和不平衡不充分的发展之间的矛盾”① 的判断，从一个特定角度，揭示了我国旧式城镇化的弊端和缺憾，也证明和阐释了农村人口与城市人口一起共享城市文明发展成果的必然，是我们认识、理解和研究我国农村城镇化本质追求的重要指南。

基于上述分析，我们认为，城乡一体化同时内含了主动城镇化的两大本质追求，其一是对城乡之间公平的生产性机会和生活性机会获得的追求；其二是对共同富裕的追求。而后一个追求又内蕴了两种共富类型：一是城与乡的整体性共同富裕，二是村域内部农民个体之间的共同富裕。

分析各样本对象村村民的实际感受，我们认为，主动城镇化的本质追求也应该用“城乡一体化”来概括和统揽。例如，在访谈中，当谈及户籍问题、收入问题等传统的敏感话题时，J村村民以一种超然物外的态度，让我们感受到不一样的城镇化。

> 个人认为与农村户口没多大区别，农转非过来的，老婆孩子还是农村户口，唯一的区别是城市户口交四金，但J村也有社保，所以差不多。②

① 习近平：《决胜全面建成小康社会夺取新时代中国特色社会主义伟大胜利——在中国共产党第十九次全国代表大会上的报告》（2017年10月18日），人民出版社，2017，第11页。

② 资料来源于我们对J村文化中心村民（H-jzn^{1}z）的访谈录音。

城里的上班下班生活不一定比J村好，还有人下岗，所以城市生活不一定好，那些做生意、炒股的可能过得还比较好一点。个人认为J村的生活也很好，钱也不少，用小沈阳的话说是，不差钱！①

上述访谈对象从两个方面解释了他们认知和理解的城乡一体化。其一，户口不是关键，如果城乡居民同等享受城市文明的发展成果，二者就“差不多”；其二，在城市还是在乡村生活也不是关键，只要收入高、“不差钱”，居住在乡村还会优于在城市中的居住与生活。需要特别指出的是，对上述访谈对象进行采访时，我国二元户籍制度改革的步伐还较小，还很少有城市降低农民到城市落户的门槛，更不用说放开城市户口，实行局域内的一体化户籍管理制度了。另外，当时我国的城镇化正处于摊大饼式阔步前进时期，逆城市化现象还没有出现或很少出现，城乡差距越来越大。在这样的城镇化背景下，主动城镇化中的J村村民用自己的实际经历和切身感受告诉人们，城镇化的本质追求并不是全民进城，“看得见山、望得见水，留得住乡愁”式城乡一体化才是城镇化的本质追求。所以，我们认为，农村新型城镇化实现路径没有刚性化模式，只要满足“城乡一体化”的本质追求，我国的城镇化就能沿着理性城镇化的发展路径推进下去，也就自然而然地完成了理性城镇化的历史使命。

三 城乡一体化的实现方式选择

虽然城镇化实现路径没有刚性化模式，城乡一体化也没有固定的模式要求，但是，以J村主动城镇化为代表的发展实践说明，因地制宜、实事求是地选择与构建适合自己的城乡一体化独特模式，却有着很强的实践意义。

对J村来说，改变自身命运的选择有两个，其一是发展道路的选择，其二是发展道路实现方式的选择。前者是指该村以集体经济为载体、以市场为主打产业、以市场衍生业为继续发展的着力点之“市场兴村”的产业选择；后者则是指该村采取的集体主动城镇化发展模式。正是这两个不同于其他地方，但却适合J村自身发展实际的自主选择，才保证该

① 资料来源于我们对J村保洁公司村民（R - jzn^{1}z）的访谈录音。

村在竞争激烈的市场环境中，不断克服各种困难，包括在席卷全球的2008年金融危机冲击期间，依然能够以较高的速率，促进村集体经济、混合所有制经济及各项事业的健康发展。

可以设想一下，如果当时的J村没有通过“以市兴村”的产业选择与产业转换，摆脱既不擅长，也没有效益的乡村工业化发展模式；或者说，如果他们是通过回到第一产业的方式，通过经营各种农作物来摆脱债务困境，谋求村集体经济的发展；或者说，如果他们不是以集体经济为载体，走集体主动城镇化的道路——如果J村的历史，是按照上述三个假设之一展开的话，现在的J村，会是怎样的一番景象呢？

尽管历史是不能假设的，但是，通过假设的方式，可以更加清楚地看清历史发展的真谛。沿着上述三个假设的方向，我们会很清楚地看到，假设中的J村所必然经历的三种历史命运：如果按照第一种假设展开，该村只能在以几何数字增长的债务中不断沉沦，陷入难以自救的破产泥淖；如果按照第二种假设展开，在城镇化不断推进的背景中，不断失地的J村将在地球上渐渐消失，失地后的J村村民必将发生大的分化：运气较好、能力较强的村民，在成为上海市新市民以后，能够较好地融入社会；而大部分村民，在成为失地农民之后，在被以各种方式安排在“三多一少”（看门房的多、打扫卫生的多、食堂做饭的多、工资少）的岗位上之后，必将是“高高兴兴地当上了征地工、灰溜溜地成了下岗工”的结局。如果按照第三种假设展开，失去集体经济载体的J村村民，将无可挽回地走向原子化，在人力资本严重匮乏的条件下，不但村集体经济组织名存实亡，就连村民也失去了传统的村落依托，其物质家园和精神家园双重丧失，是其必然归宿；其整体结果，就不是一个生机盎然、共同富裕的J村，充其量也就是一个问题重重的城中村、一个贫富差距悬殊的个体经济或私营经济发达村。不论是因举办工业而沉沦，还是因举办农业而消亡；抑或是因失去集体经济依托，村民以原子化方式拼搏于竞争激烈的市场经济中，与现实中因兴办市场而发展的风生水起的J村迥然不同，假设中的J村将只能成为社会的沉重包袱。从中我们可以清晰地意识到，J村现有的以集体经济为核心，“以市兴村”的产业选择与产业转换的重要意义。

总之，J村通过实践中的上述两个选择，实现了村域内以集体经济为核心的经济、社会、文化等各项事业同城市社会的全面对接。例如，从生产方式方面看，J 村人完全揖别了农村传统的生产方式，村内支柱产业，或者说，截至目前的唯一产业是第三产业；再如，从生活方式方面看，J 村人的工作节奏、生活安排、社会风尚等，已经完全城市社会化。概言之，今天的 J 村，得益于自己创造的主动城镇化模式，实现了城乡一体化的目标，它给予我们的启示在于，基于农村不同的发展阶段和资源禀赋，设计适合自身的城镇化模式，是城乡一体化顺利推进的关键。因此，实事求是、因地制宜地创新各具特色的城乡一体化发展模式，既是可行的，也是城镇化本质追求所内蕴的，因之是势在必行的。

第三节　理性城镇化的可能模式与问题讨论

基于本书所有的观察与思考，特别是基于对 J 村主动城镇化实践路径和发展成就的研究，基于对我国农村城镇化经验教训的审视和反思，基于对政府主导型城镇化利弊得失的讨论，并基于对各类自下而上型城镇化的对比和其存在的现实性讨论，结合以主动城镇化为代表的自下而上型城镇化需应对的三大关系，我们在本书的最后阶段，尝试构建一个具有适应性和可操作性的新型城镇化模式——理性城镇化模式，尝试在理论层面上全面提升本书的理论价值和实践意义，并希望该模式能够成为构建具有中国特色新型城镇化理论模型的一个具有基础性意义的理论成果。

一　模式结构

我们所要构建的新型城镇化模式——理性城镇化模式的基本构成因素包括目标、宗旨、核心、行为主体、基本载体，以及目标形成机制、动力机制、实现机制、规范与保障机制九个方面内容，它们从不同的角度，通过不同的方式，共同塑造出以混合所有制经济为基本载体的理性城镇化模式。根据发展的水平和发展阶段的差异，这九个方面的内容又可以分解为两个层次，第一个层次是后发展类型，起步较晚或处于起步阶段，发展水平仍然较低村，其新型城镇化推进的基本模式结构，是围绕目的、宗旨、核心、行为主体和基本载体五个方面建构属于自己的城镇化模式结构；第二个层次是起步较早、发展较快或者谋求城镇化转型村，这些村在继续优化、推进第一个层次模式结构的基础上，重点通过建构、重构并运行更加高效合理的目标形成机制、动力机制、实现机制及规范与保障机制，实现农村新型城镇化的完善与拓展。为了更加清晰地呈现这两个层次的结构特点和内在联系，我们以社区农村理性城镇化总体目标和手段两个维度为分析工具，将这两个层次和九个要素的内容与关系在四个象限中予以呈现，详细情况请参见图 7－1。

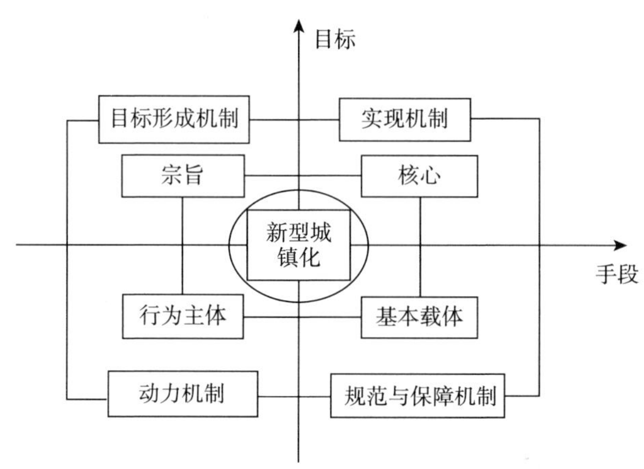

图 7－1　双层九要素结构简图

对图 7－1 所涉及的两层次九方面要素的具体内容还可以做进一步的阐述，其中，需要特别强调的是，我们在此建构的理性城镇化模式的重要基础是农村发展过程中出现的并具有强大生命力的一种新的经济组织形式——混合所有制经济，作为新时代公有制经济的一种新的实现形式，混合所有制经济逐渐在实践中显露出其灵活的运作方式和强大的经济价值。2013 年 11 月 22 日，中共十八届三中全会对混合所有制经济的基本形式、运作方式和经济社会价值等进行了具体阐述，指出“积极发展混合所有制经济。国有资本、集体资本、非公有资本等交叉持股、相互融合的混合所有制经济，是基本经济制度的重要实现形式，有利于国有资本放大功能、保值增值、提高竞争力，有利于各种所有制资本取长补短、相互促进、共同发展。允许更多国有经济和其他所有制经济发展成为混合所有制经济。国有资本投资项目允许非国有资本参股。允许混合所有制经济实行企业员工持股，形成资本所有者和劳动者利益共同体”[①]。我们所要构建的基于混合所有制经济的新型城镇化模式——理性城镇化的目的非常明确，那就是“农方”在政府规范与引导之下，通过自下而上的努力实现真正意义上的、高水平的、可持续的城乡一体化，进而从根本上消解城乡二元格局，城市农村共享现代文明成果，并通过城与乡的互生与共赢，既消灭“农村病”，也化解“城市病”，以此“促进人的全面发展和社会和谐进步”。[②]

基于混合所有制经济的理性城镇化宗旨包括以人为本、因地制宜、生态集约高效和城乡互生共赢的可持续发展思想；其核心则是通过自上而下和自下而上的两个城镇化积极性的发挥，通过多利益主体的竞合互动以及以公有制经济为主导的多种所有制形式的联合发力，实现农民的全面城镇化，既包括农民生产方式、生活方式等方面的城镇化，也包括农民思维方式等方面的城镇化，从而最终达到城市与农村协调发展、共同繁荣，实现城乡文明化、城乡一体化、城乡可持续发展目标。

在理性城镇化模式中，城镇化最主要的行为主体是新时代的农民群体，他们应该同时满足以下几个方面要求。其一，应该是运行良好的、拥有强大集体经济实力的村混合所有制经济中的农民群体，这是其能成为新型城镇化行为主体的至关重要的客观条件；其二，应该拥有被以法律为代表的法律政策体系所认可并赋权的理性城镇化主体资格，并以完全平等权利主体的身份代表“农方”与城市系统互动，这是他们能够成为理性城镇化行为主体的又一客观条件；其三，应该具有J村农民在主动城镇化实践中展示出的求实、创新和主动性特点，具有吃苦耐劳、坚忍不拔的传统农民优良品质，这是他们能够承担起理性城镇化行为主体角色的基本主观条件；其四，应该具有较高的知识素养、开阔的视野、兼容并蓄的意愿和不断进取的精神，具有驾驭市场经济的能力，具有学习型社会所要求的学习能力和基本品质，具有基本的人际交往和沟通能力，这是他们能够成为理性城镇化行为主体的又一主观条件。

---

① 《中共中央关于全面深化改革若干重大问题的决定》（2013年11月12日中国共产党第十八届中央委员会第三次全体会议通过），人民出版社，2013。

② 《国家新型城镇化规划（2014—2020年）》，中央政府门户网站，http://www.gov.cn，2014年3月16日。

毫无疑问，基于混合所有制经济的理性城镇化基本载体就是以集体经济为主导力量的混合所有制经济。这种经济形式既能够发挥集体经济在所属村的指导引领功能和整合功能，发挥将全村力量凝聚成一个整体的作用，同时又可以满足产权多元化主体的市场经济要求，通过赋予农民清晰的产权形态，调动农民的积极性，为理性城镇化在农村的推动奠定坚实的人力资源基础。困难之处在于，改革开放后的许多农村社区，对家庭联产承包责任制的贯彻执行力度较大，而对统分结合的双层经营体制执行不力，或者没有能力执行，导致农村集体经济实力不够甚至逐渐式微。因此，这成为理性城镇化模式建设的一个约束性因素，削弱了农民担当城镇化行为主体的能力和实现程度。另外，现实生活中的农民并不都像J村农民那样，具有求实、创新和主动性特点；同时，他们也很难满足第四个方面的要求，即在知识素养等方面，也很难承担起理性城镇化建设的重任。因此，探索创新农村集体经济的发展之路，培养和提升农民理性城镇化的能力，也是理性城镇化建设的重要内容。相比较而言，农民理性城镇化主体资格的获取倒是一个容易实现的客观条件，特别是在“农业农村农民问题是关系国计民生的根本性问题，必须始终把解决好‘三农’问题作为全党工作重中之重”的今天，“构建现代农业产业体系、生产体系、经营体系，完善农业支持保护制度，发展多种形式适度规模经营，培育新型农业经营主体，健全农业社会化服务体系，实现小农户和现代农业发展有机衔接。促进农村一二三产业融合发展，支持和鼓励农民就业创业，拓宽增收渠道”① 就内蕴着农民理性城镇化主体资格的意蕴与实现路径。

总之，上述五大因素，即目标、宗旨、核心、行为主体和基本载体五因素在启动和推进农村理性城镇化方面作用的侧重点各自不同，但又能够彼此配合、相互促进，是各方面基础较差、城镇化比较滞后村，可以方便操作的结构性要素和推动城镇化顺利发展的主要抓手。其中的关键环节在于通过明确目标的引领和召唤，将农村自身拥有的人力资源留在农村并能不断地挖掘、培育和提升村域内可拥有的人力资源能力和水

① 习近平：《决胜全面建成小康社会夺取新时代中国特色社会主义伟大胜利——在中国共产党第十九次全国代表大会上的报告》（2017 年 10 月 18 日），人民出版社，2017，第 32 页。

平，经由混合所有制经济的吸引和激发，实现农村城镇化的健康发展，在此基础上，通过进一步建构和重构理性城镇化的动力机制、目标形成机制、实现机制、规范与保障机制，为理性城镇化的完善和拓展提供运行机制保证。

研究理性城镇化的动力机制，必须要注意该动力系统的复合性特点，其动力要素构成主要来自四个方面，其一是政府的力量，其二是市场的力量，其三是村集体经济组织的力量，其四是农民的力量，包括农民群体中的企业家和有组织的农民两种力量。其中，政府和市场的力量是理性城镇化动力系统中的环境因素：政府通过提供政策环境和各种公共服务，从规范、引导、促进角度，发挥推动作用；市场则通过公平竞争的压力机制和优胜劣汰的激励机制，发挥拉动作用。村集体经济组织和农民的力量，是理性城镇化的主要动力源泉，基本构成要素包括“村两委”、具有企业家素质的村庄能人和逐渐组织起来的普通村民。“村两委”是从组织者、领导者、保护者和监督者角度发挥作用的，村庄能人发挥着领头雁式的作用，组织起来的村民是主要的实践力量。上述四个方面的力量，从各自不同的角度，为理性城镇化的发展发挥不同的作用，在作用发挥过程中，各动力源的作用方向虽然是不统一的，但是，最终能够形成一个强大的合力，推动自下而上型城镇化健康、迅速发展。上文中我们研究过郑杭生教授的观点，他认为，新型城镇化包含着政府推动、市场拉动、民间协同和创新驱动四大动力因素。他及其团队成员在著述中界定的这四大新型城镇化动力因素，与我们在此界定的理性城镇化的四大动力因素，所涉及的内容范围基本一致，但是，研究的角度和叙述的语言却有所不同。我们在此通过介绍二者之间的一致与不同的方式，进一步阐明理性城镇化动力机制及其复合性特点。

首先，政府推动、市场拉动是二者都关注的城镇化动力因素，也是本书学习、研究郑先生研究成果的所得；另外，郑先生所说的民间协同，在我们这里细化为两个来自农村社区的动力因素，其一是村集体经济组织的力量，其二是农民的力量。虽然这两个农村因素并不能全部包括郑先生的民间协同内蕴，但却是农村中推动城镇化发展的主要力量，那些存在于村域外部的可能发生作用的其他社会力量，由于其本身存在的不成熟、不完善等客观原因，并且它们在村域城镇化中发挥的作用不具有重要性，甚至可以在某种程度上被忽视，因此，我们在界定理性城镇化的动力机制时，将其归并到市场因素之中。

其次，郑先生界定的创新驱动动力因素是我们在整个行文中一直关注的重要问题，事实上，J村的主动城镇化自始至终都是在创新中实现与发展的，J村人自己总结出的J村精神，即“坚忍不拔、勤奋好学、自主创新、求强务实”，就将创新作为村精神之一。因此，以J村主动城镇化为主要研究对象，进而研究凝练出的理性城镇化模式，必然会重视并回应实践中创新驱动对城镇化的巨大推动作用。

最后，由于我们是基于自下而上型城镇化模式来研究城镇化动力机制的，与郑先生既关注自下而上的城镇化，又关注自上而下的城镇化的宏大叙事模式相比较，存在一定程度的视角差异。我们是从各类行为主体角度研究理性城镇化的动力机制的，所以，关注的问题就落脚在政府、市场、村集体经济组织和农民这四个主体力量方面，对于极为重要的创新驱动动力因素，我们则将其合并到对上述四大动力因素的研究考察中。事实上，这四大动力因素发挥正功能的重要凭仗，就是自身的创新能力、创新行动及创新成就。所以说，创新驱动也是理性城镇化的重要推动力量，它是以“幕后英雄式”的方式，将自己的推动力显现在四大动力因素的作用之中的。因此，郑先生提出的创新驱动也是理性城镇化的重要动力因素。对于民间协同在理性城镇化中的推动作用，我们则将两种民间力量：村集体经济组织和农民单列出来，作为与政府和市场并列的四大推动因素，共同建构出理性城镇化的动力机制。我们之所以做出这样的判断，是因为这两种民间力量是自下而上型城镇化的直接承担者，因此，它们发挥的作用就不仅仅是政府与市场的协同者，而是理性城镇化推进与发展的主要动力源泉。再加上其他民间力量在村域城镇化中的作用不大，甚至可以忽略不计，因此，我们就将直接发挥作用并且作用发挥较为显著和较为重要的四大动力因素，界定为理性城镇化动力机制中的四大结构性要素。

理性城镇化的目标形成机制既包括决策机制，也包括涉及村民切身利益和村庄公共利益的其他类型目标形成机制。其中，前者的形成过程更具有严肃性、正规性和权威性等特点，更注重民主与集中、集中与民主的双向互动，更注重发挥“村两委”的领导功能和协调功能，是村民参与式的决策模式；后者的形成过程则依据具体任务的性质差异，而具有更加灵活多样的目标形成方式。例如，可以是村民意见为主的协商式模式，也可以是过程本位的渐进性模式，也可以是公平和谐本位的“老好人”模式，等等。总结起来，理性城镇化的目标形成机制既要按照“又有集中又有民主，又有纪律又有自由，又有统一意志又有个人心情舒畅、生动活泼的”方式正式运作；又要适合农民的特点和要求，形式灵活、空间自由和方式多样，在许多情况下，在其他类型目标形成机制中，效率可以是第二位的，和谐公平应是第一位的目标追求。

理性城镇化实现机制总体特点和总体性要求是协调、灵活和高效，具体来说，就是结构合理、功能齐全、各要素间的关系协调与和谐，能够保证理性城镇化各项目标的顺利实现，特别是能够保证城乡一体化的顺利推进和健康发展。J村城镇化的成功实践揭示的是由决策机制、激励机制、约束机制、共富机制四大要素构成的理性城镇化实现机制的弹性与效率，它既能够做到各构成要素自身功能合理、高效运转，并“各司其职”，又能够做到相互间互动和谐、连接流畅，并以村集体总体发展目标为行动的最高准则与最终追求。

规范与保障机制在理性城镇化模式中具有特别重要的意义，这可以从其包含的内容和发挥的功能方面得到阐释。从内容上看，该机制包括以地方基层政府为标志的党和政府的领导和以法律为代表的各种强制性规范；从功能上看，该机制主要通过引导、规范和奖惩等手段，保证理性城镇化沿着健康的道路和可持续发展的方向推进，成为实现城乡一体化发展的有效载体。其中，以地方基层政府为代表的党和政府，是以领导者角色存在的，其主体功能是宏观领导和正确引导，而不是直接插手或直接干涉或亲自去当“运动员”。到位而不越位、规范而不压制、放手而不放弃、保护而不包办，是其功能发挥的主要路径。各种强制性规范以政府和政府职能部门为行动载体，既能做到“有法必依、执法必严”，又能够有合理的弹性，对创新性发展和探索性事业能够予以必要的保护和适度的宽容，对于发展过程中的失误和错误，能够“网开一面”，既有纠错机制，也有容错机制，能够将“依法治国”和“以德治国”相结合的精神巧妙贯彻到理性城镇化发展领域。同时需要特别强调的是积极向上的村域文化的塑造功能和建设功能，它能够从特定角度，以润物细无声的方式规范与保障理性城镇化的推进与发展。因此，在理性城镇化的规范与保障机制中，文化建设也占有一席之地。

基于上述分析与研究，我们对新型城镇化模式：理性城镇化模式进行了基本的概括，认为其应该包括如下几个核心要素，即党的领导，政策法律体系的规范与引导，“三农”行动主体地位，市场、科技与文化三轮驱动，以及村域内外良性互动。围绕这些核心要素，理性城镇化的基本结构框架就可以建构起来，并从图 7－2 中得到直观的反映。图 7－2[①] 对理性城镇化模式做了最简单的介绍，虽然其对各构成要素及其相互之间互动关系的说明是粗线条的，但是，它力图构建新型城镇化双层九要素，即目标、宗旨、核心、行为主体、基本载体，以及目标形成机制、动力机制、实现机制、规范与保障机制内容之间流畅、高效、健康的互动模式。

概言之，本书构建的理性城镇化模式，试图从整体上囊括与反映理性城镇化的主体架构和诸要素之间的内在发展逻辑，其核心要素和最关键点是具有高度行动理性和高效行动策略的行为主体——混合所有制经济中的新时代农民，他们不仅是理性城镇化的直接承担者、经营者和受益者，也是该模式的四大动力因素之一，这一行为主体的存在，是理性城镇化宗旨得以贯彻、目标得以实现的主要原因。因为这一核心要素的存在和发挥作用，理性城镇化诸结构性要素得以被激活和有机互动，互动结果又被行为主体进一步整合和优化，从而成为各要素进一步良性互动、协同发展的基础与前提。以行为主体为最关键项，各要素之间构建起多维度的线性逻辑关系，其中，目标、宗旨与核心紧密连接在一起，共同规范与作用于行为主体，使其能够在理性城镇化推进过程中，整合各相关要素间的关系，形成推进理性城镇化展开、深入、完善与拓展的运行机制。另外，在四大机制中，理性城镇化的目标形成机制引导、约束并被统合于日常运行的实现机制之中；而具体路径的选择，既内蕴在实现机制之中，又与规范与保障机制密切相关，在实践中形成了遵行与突破、约束与鼓励、创新与发展的矛盾性关系格局。也正是在这种矛盾

① 在图 7－2 中，“→”代表“包括、导致或作用”，双向箭头代表“互相包括或导致”，虚线单箭头代表“作用的强度很低”，短划线框是为了突出最重点要素，“—”代表所连接的对象可以相互替换。

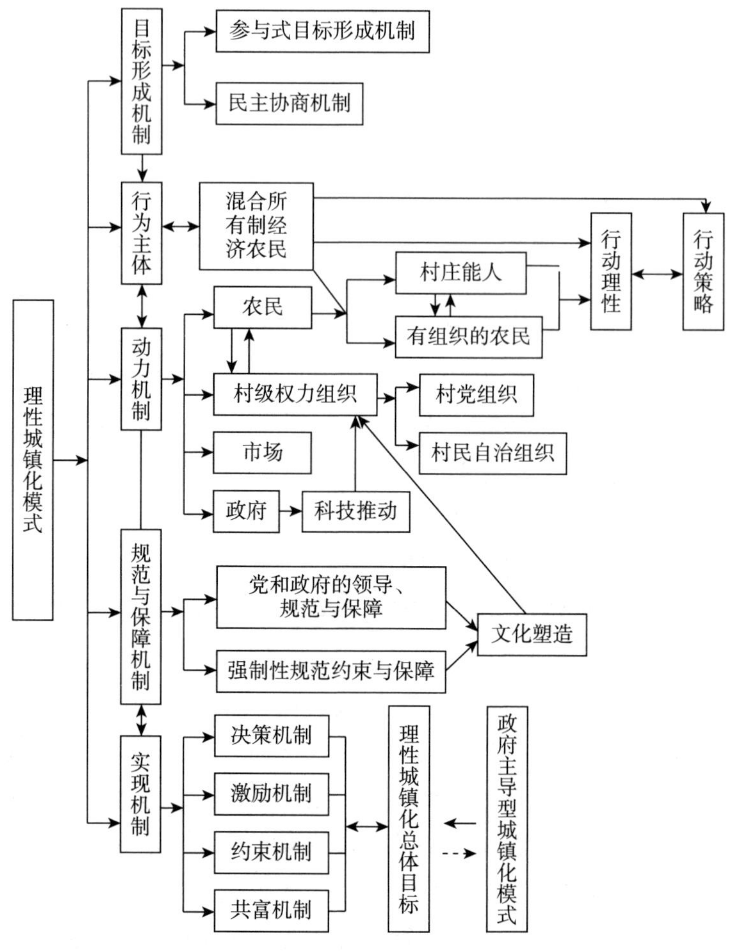

图7－2 理性城镇化模式结构图

性关系格局破与立的频繁互动中，理性城镇化成熟模式被不断试错，并最终确立。当然，上述各要素在服从于线性运动逻辑的同时，也呈现出发散式运动态势，即其对上游因素、下游因素和不相邻因素也发挥作用、形成影响。实际上，在日常运行状态中，各要素之间的关系模式也应该是网络状态的，特别是在理性城镇化模式被建构完成之后。因此，线性逻辑关系是各要素之间互动关系的主线，是有显见的路径可寻的；发散性网络关系是它们互动的诸多辅线，具有偶发性和隐性关系特点。一主多辅的关系格局，使理性城镇化模式拥有了更加灵动的特点，在实践中可以发挥更大的作用。

需要特别交代的是，科学技术作为一种具有显著影响力的推动因素，它在这个模型中是作为依附性因素存在并发生作用的，其主要依附于政府这个动力因素，并通过政府职能部门这个媒介，与理性城镇化实践结合并发挥积极作用。我们之所以对之做出这样的界定，是基于科学技术在这里的服务对象特质所做出的判断——农民不可能自行研发科学技术，也不可能独自建设科研机构以研发所需的科技；从市场上购买也不是最可行的选项，即便是在未来我国科学技术市场化发展达到一个较为成熟的程度时，从市场上购买也不是农民的最优选择；其获取所需科技最经济稳妥的方法，目前看来是直接、免费从政府处获得；当然，在遥远的未来，当科学技术市场发育完善之时，从市场上购买可能也是可选择途径之一，但与从政府处直接、免费获得相比较，也总是农民退而求其次的次优选择，更何况完善的科技市场还是一个未来形态。因此，我们在模型中，只是把科学技术作为一个次生的动力因素，是经由政府过渡而形成的理性城镇化动力因素。另外，作为三轮驱动中的文化因素，我们也把它放在了次生的位置，从党和政府的领导、规范与保障及强制性规范约束与保障角度，研究它对理性城镇化的塑造功能。我们这样设计的主要目的是希望用社会主义文化主旋律建构农村社区文化，然后经由这种文化塑造与规范理性城镇化发展。毋庸置疑的是，原生态的农村文化精华与糟粕并存，主动城镇化后的农村文化，更注重经济效益，对社会效益有所重视，对环境效益基本忽视，整体上并不是理性城镇化的理性文化形态，难以承担起塑造健康和谐发展的理性城镇化模式的重任。因此，我们希望用先进的、科学的、积极健康的文化作为理性城镇化模式的内在之魂。所以，在模式设计时，我们就将文化因素置于党和政府的领导、规范与保障及强制性规范约束与保障这些制度化的笼子里，以保证理性城镇化自身的理性和健康发展。

二　讨论与思考

我们设计的基于混合所有制经济的、自下而上的理性城镇化模式，既来源于农村城镇化实践成功经验的启示，特别是以J村为代表的主动城镇化实践的经验借鉴，又超越了实践中具体的新型城镇化实现形式，带有理想类型的特点。因此，难以与现实中的任何城镇化推进路径及其内蕴的城镇化关键因素形成严格的一一对应关系，按照英国社会学家安东尼·吉登斯的说法，就是："An ideal type is constructed by the abstraction and combination of an indefinite number of elements which, although found in reality, are rarely or never discovered in this specific form。(理想类型是对大量元素抽象、组合而构建的，这些元素具有现实性，但又很少或从未在现实社会中发现其特定的形式)"[①]。但是，这一模式的实践意义也是存在的，"The ideal type is not formed out of a nexus of purely conceptual thought, but is created, modified and sharpened through the empirical analysis of concrete problems, and in turn increases the precision of that analysis (理想类型不是产生于纯粹的概念，而是通过具体问题的实证分析而被修改完善和创造的，但是，反过来又增加了分析的精度)"[②]。现实针对性、理论概括性和抽象性及前瞻性甚至还包含着些许空想因素的理想类型，对具体实践活动的建设性指导意义，不仅仅是说明书性质的，更多的是创新发展理念的思想宝藏及创新发展实践的推进器和活水源头。因此，可以通过对理论模式的建构与思考，来为现实中的理性城镇化发展提供好的理解工具与有力支撑。

(1) 理性城镇化模式与现实差异

分析我们设计的理性城镇化模式，可以发现，有下面一些要素和要素间的互动关系与现实社会存在明显的差异，主要包括：行为主体及素质要求的差异，村庄能人与有组织村民关系的差异，动力机制作用于及如何作用于行为主体的差异，理想化的目标形成机制与现实运转状况的差异，规范与保障机制发挥作用的形式及实际功能与现实存在的差异，等等。可以说，与现实存在相比较，其差异是全方位的，二者之间的区分度也是非常明显的。

第一，行为主体及素质要求方面存在的差异。在现实生活中，农民的理性城镇化行为主体地位，并没有获得法律和政策的明确授权，也没有得到各种社会力量的一致认同，相反，持异议者不但人数众多，而且，

---

① 安东尼·吉登斯：《资本主义与现代社会理论》(英文版)，北京大学出版社，2006，第141、142页。

② 《中共中央关于制定国民经济和社会发展第十二个五年规划的建议》(2010年10月8日中国共产党第十七届中央委员会第五次全体会议通过)。

大多来自关乎理性城镇化发展的关键领域、直接的上级领导者；与之相对应，他们在城镇化实践领域的创造性举措和创新性成果，也没有得到有力支持和肯定。另外，农民本身的素质也与模式所设计的要求存在较大距离，以J村村民为例，截至目前，在全体村民中，拥有大学以上教育背景的人口，约占全村总人口的4%左右，拥有专科以上教育背景的人口，也不足全村总人口的16%。考虑到J村坐落于我国最大城市上海市城区的区位特点，特别是上海市这个国际化大都市强大辐射效应和极化效应的影响，J村村民受教育的机会和平均水平都高于全国农村的平均水平。所以，我们可以据此认知我国农村居民实际的受教育情况，与之相对应的农民整体素质与理性城镇化充分发展要求之间的差距就可见一斑。管中窥豹，由此我们就能够推知，农民本身的综合素质与理论模式的设计要求间存在巨大差异。

第二，村庄能人与有组织村民关系方面存在的差异。在主动城镇化的现实实践中，村庄能人和村民之间的关系，存在许多需要改进和完善的地方，最为突出的问题，是两者之间分享着不平等的身份地位和存在不对等的互动关系。从身份地位角度分析，可以清晰地发现，在村域内，村庄能人往往在政治、经济、社会等各个领域，享有绝对的、不受村民和“村两委”约束的并且是为村内居民所接受的“无上权利”。而村民，并没有自觉地或被有目的地训练和组织起来，在村域各种权利领域，仍处于原子化状态，再加上他们对能人能力和贡献的折服与感激，条件反射式地接受着能人的各种“无上权利”。基于此，在两者之间，也逐渐形成了一种类似于封建家长制条件下的“父父子子”样式的互动关系。在这样的关系氛围里，村庄能人与村民之间，难以形成平等的对话条件和对话平台，这在很大程度上影响着村域内民主建设进程的推进，影响着两者之间和谐互动关系的形成。更具有严重意义的是，达不到理性城镇化素质要求的农民，在村域经济社会发展等各个领域中又离不开能人的带领和帮助，因此，已经形成的能人与村民间的这种“父父子子”互动关系还将持续下去，并为村民所乐见，这是导致理性城镇化的现实版本与模式要求存在较大差距的基本原因。

第三，理想化的目标形成机制与现实运转状况方面存在的差异。以J村为例，在现实生活中，理性城镇化各种各类目标的形成过程，并不是所有利益相关主体公平、公开、公正博弈的结果。虽然民主集中制是村内政治生活的主旋律；虽然村民自治制度已经推行多年，并一直在运转；虽然决策规范化、科学化、民主化是“村两委”追求和努力的目标，但是，真正能够进入目标制定程序范围内的村民，还只是少数。其中，具有特殊贡献的村庄能人实际上主宰着村内大小事务的决策过程，并在目标选择、目标确定和目标决策中发挥着无人替代的作用。当然，因为我国政治大环境对村民自治的强调和党内民主政治建设的不断进步，村民参与决策已经在村域许多领域得到推行，但从总体上看，还是流于形式、力度不大，需要从内容到形式的不断开拓与创新，需要在整体推行村民自治、加强民主法治建设过程中予以不断推进。其中，对村民整体素质的提升，特别是他们参与各类村内事务能力的培养与提升，是最为迫切和最为关键的问题。

第四，动力机制作用于及如何作用于行为主体方面存在的差异。从总体上看，实践中的主动城镇化生存环境还有很大的优化空间，动力机制各要素间的关系还处于不太和谐状态；政府及政策的推动力还受到其本身不完善和执行者不作为或作为不到位的负面影响；市场还存在发育不完善、竞争不公平等不良现象，基本上还以异己的力量呈现在农民面前，其向前的推动作用和向后的制约作用并存；再加上村集体经济组织和农民这两个动力因素，也是理性城镇化的直接承担者本身存在的诸多不足，使得现实中的自下而上型城镇化动力机制与我们建构的理性城镇化动力机制相去甚远。

第五，规范与保障机制方面存在的差异。J村主动城镇化的经历，以及我国农村自下而上型和自上而下型城镇化推进的全部事实可以充分证明，理论模式中规范与保障机制的要求和现实中存在并发挥作用的规范与保障机制，无论是在内容方面，还是在功能发挥方面，都存在较大的差距。例如，以地方政府为代表的政府力量，还较为习惯对农村城镇化事务的直接干预，有些地方，特别是非发达地区，更是喜欢“保姆”式的工作方式，领导者角色变异为“运动员”角色。于是，在城镇化实践中，政府越位、错位、不到位等诸多现象，不但影响了政府工作效率和政府形象，还严重弱化和抑制了农民城镇化积极性作用的发挥。再如，立法的相对滞后性所导致的法律不能到位地服务于现实生活，或者难以对现实生活中发生的新问题进行有说服力的解释和规范、约束等现象，也在某种程度上阻碍了理性城镇化的健康推进，甚至成为打擦边球式的城镇化实现方式的制度性鼓励因素。总之，与理性城镇化模式的设计相比较，现实生活中政府等力量发挥的规范、引导与保障功能，还有一定的差距，还需要进一步完善。

总结以上讨论的五个方面差异，我们认为，以理性城镇化模式为参照系，有针对性地思考与设计实践中的新型城镇化发展路径，是一个事半功倍的工作思路和行动方式。

（2）关于理性城镇化模式的延伸思考

理性城镇化模式虽然与现实生活中的城镇化实践还存在一定的差距，虽然还具有某种程度的理想类型特点，但是，这并不影响该模式在农村新型城镇化实践中应有作用的发挥，因为即便是纯粹的理想类型也是“constructed by the abstraction and combination of an indefinite number of elements”（对大量元素的抽象、组合而构建的），所以，应该正确评价及认知其对实践中新型城镇化运行和推进的参考意义与实用价值，并以之为坐标，研究与探讨适合各地农村发展实际的新型城镇化推进路径。基于理论模式与理性城镇化实践状态的研究与分析，我们认为，可以从如下角度来反思和改革我国理性城镇化实现路径。

其一，加强党在农村城镇化推进过程中的领导作用，用政治上的正确保证与促进城镇化过程中的技术正确和最终结果的正确。其中的最关键点是强化基层党组织的建设，使之发挥真正意义上的战斗堡垒作用，并通过党员先锋模范作用的发挥，将农民群众紧紧地团结在党的周围，使农村城镇化的丰硕成果，成为党在农村事业中的重要组成部分。

其二，改革政府涉农工作模式，优化政府与农村的关系。其中的关键环节就是让农民成为理性城镇化的真正主体，在政府放权的同时，从政策与法律上授权于农民，并通过相关政府工作机制的改革，确保政府涉农工作不越位、不错位和及时高效到位。

其三，进一步改革、理顺与完善“村两委”之间的关系。充分发挥村党组织和村民自治组织两个机构的功能和积极性，形成相互支撑、共同推进城乡一体化进程健康发展的合力。

其四，进一步改革、理顺与完善“村两委”与村民及与村域内社会组织的关系。充分调动、保护和发挥各种力量从事村域集体事业建设的积极性，挖掘与培养他们参与集体事务的能力，进而从总体上提升他们的参政议政素质。以此为突破口，从各个方面加强、提升农民本身的素质，从而逐步改造农民的传统意识、传统思维与传统的生活方式，为农民向市民转型或农民的市民化创造条件。

其五，培养村庄能人，引导和构建新型的"'村两委'—村庄能人—村民"的互动关系模式。一方面，确保村庄能人成长与发展的良好环境，确保其带动作用的发挥；另一方面，确保"村两委"的应有地位和应有作用的发挥，进而确保不发生村庄能人凌驾于"村两委"或"绑架""村两委"的事件发生，从而为村庄各项事业的发展创立良好的运行机制和良好的社会环境。

其六，规范和约束村集体的"自利"冲动，培养与引导他们养成法治意识与依法办事的行动能力，引导其树立大局观念和全局意识，在致力于自身事业发展的同时，顾全大局、考虑未来，既不损害村域内外国家、集体、个体的利益，也不损害村域内外的环境利益，真正引导其走上可持续发展的理性城镇化道路。

其七，优化和净化农民致力于理性城镇化事业的经济社会等诸方面环境，防止借口市场化而发生的对农民利益的侵害行为，防止不良的市场环境与市场秩序侵害和损害"三农"利益。

总之，由于农民终究还是弱势群体，由于农村城镇化还有许多制约因素，由于"农村病"依然严重，由于许多农村社区还在城镇化发展过程中艰难探索，所以，从城镇化的理论模式入手，思考和设计理性城镇化的实现方式和具体推进路径，既具有现实意义，又具有理论意义。

参考文献

专著类

阿尔弗雷德·韦伯：《工业区位论》，李刚剑等译，商务印书馆，1997。

埃比尼泽·霍华德：《明日的田园城市》，金经元译，商务印书馆，2012。

埃米尔·迪尔凯姆：《社会学方法的规则》，胡伟译，华夏出版社，1999。

艾德加·莫兰：《社会学思考》，阎素伟译，上海人民出版社，2001。

爱德华·格莱泽：《城市的胜利》，刘润泉译，上海社会科学出版社，2012。

安东尼·吉登斯：《现代性的后果》，田禾译，译林出版社，2000。

安东尼·吉登斯：《现代性与自我认同》，夏璐译，中国人民大学出版社，2016。

安东尼·吉登斯：《资本主义与现代社会理论》（英文版），北京大学出版社，2006。

巴林顿·摩尔：《民主和专制的社会起源》，拓夫等译，华夏出版社，1987。

保罗·诺克斯、琳达·迈克卡西：《城市化》，顾朝林等译，科学出版社，2009。

保罗·萨缪尔森、威廉·诺德豪斯：《经济学》（第十六版），萧琛译，华夏出版社，1999。

卞华舵：《主动城市化：以北京郑各庄为例》，中国经济出版社，2011。

布迪厄：《文化与符号权力——布尔迪厄的文化社会学导论》，张意译，中国社会科学出版社，2005。

布赖恩·贝利：《比较城市化》，顾朝林等译，商务印书馆，2008。

曹锦清：《黄河边的中国》，上海文艺出版社，2006。

查尔斯·泰勒：《自我的根源：现代认同的形成》，韩震译，译林出版社，2001。

戴维·波普诺：《社会学》（第十版），李强等译，中国人民大学出版社，1999。

丹尼斯·米都斯等：《增长的极限》，李宝恒译，吉林人民出版社，1997。

费孝通：《费孝通文集》（全十四卷），群言出版社，1999。

《冯村之路》课题组：《冯村之路》，中国经济出版社，2009。

高珮义：《中外城市化比较研究》（增订版），南开大学出版社，2004。

郭笑撰：《西方城市化理论、实践与我国城市化的模式选择》，武汉大学出版社，2006。

哈贝马斯：《公共领域的结构转型》，曹卫东等译，学林出版社，1999。

哈贝马斯：《交往与社会进化》，张树博译，重庆出版社，1989。

哈贝马斯：《在事实与规范之间》，童世骏译，生活·读书·新知三联书店，2003。

纪晓岚：《论城市本质》，中国社会科学出版社，2002。

纪晓岚：《学习型社区理论与实践——上海浦东潍坊街道构建学习型社区实证研究》，上海人民出版社，2008。

加里·贝克尔：《人类行为的经济分析》，王业宇等译，上海人民出版社，1999。

杰弗里·亚历山大：《社会学二十讲》，贾春增译，华夏出版社，2000。

金耀基：《中国社会与文化》，牛津大学出版社，1992。

科尔曼：《社会理论的基础》（上册），邓方译，社会科学文献出版社，1990。

蓝宇蕴：《都市里的村庄》，生活·读书·新知三联书店，2005。

雷蒙·阿隆：《社会学主要思潮》，葛智强译，华夏出版社，2000。

李明华、杨超、张本效：《村落的技术》，社会科学文献出版社，2006。

李培林：《村落的终结》，商务印书馆，2010。

李培林、陈光金等：《中国社会和谐稳定报告》，社会科学文献出版社，2008。

李强：《转型时期的中国社会阶层结构》，黑龙江人民出版社，2002。

李小建主编《经济地理学》，高等教育出版社，1999。

刘易斯·芒福德：《城市发展史》，宋俊岭等译，中国建筑工业出版社，2005。

刘玉照、张敦福、李友梅：《社会转型与结构变迁》，上海人民出版社，2007。

陆学艺：《当代中国社会阶层研究报告》，社会科学文献出版社，2002。

罗卫东主编《社会学基础文献选读》，浙江大学出版社，2008。

马尔科姆·沃特斯：《现代社会学理论》（第二版），杨善华等译，华夏出版社，2000。

马克斯·韦伯：《社会科学方法论》，韩水法等译，中央编译出版社，2006。

马克斯·韦伯：《经济与社会》，林荣远译，商务印书馆，1997。

马戎：《社会学的应用研究》，华夏出版社，2002。

麦克·布洛维：《公共社会学：麦克·布洛维论文精选》，沈原等译，社会科学文献出版社，2007。

曼纽尔·卡斯特：《认同的力量》，曹荣湘译，社会科学文献出版社，2003。

曼瑟尔·奥尔森：《集体行动的逻辑》，陈郁等译，上海三联书店，1995。

诺思：《制度、制度变迁与经济绩效》，杭行译，上海三联书店，1994。

帕克等：《城市社会学》，宋俊龄等译，华夏出版社，1987。

帕森斯：《经济与社会》，刘进等译，华夏出版社，1989。

帕森斯：《社会行动的结构》，张明德等译，译林出版社，2003。

帕特南：《使民主运转起来》，王列等译，江西人民出版社，2001。

齐美尔：《社会是如何可能的》，林荣远译，广西师范大学出版社，2002。

乔纳森·H. 特纳：《社会学理论的结构》，邱泽奇等译，浙江人民出版社，1987。

乔治·米德：《心灵、自我和社会》，霍桂桓译，华夏出版社，1999。

若尔迪·博尔哈等：《本土化与全球化》，姜杰等译，北京大学出版社，2008。

塞缪尔·亨廷顿：《变化社会中的政治秩序》，王冠华等译，三联书店，1989。

时蓉华：《社会心理学》，浙江教育出版社，1998。

舒尔茨：《改造传统农业》，梁小民译，商务印书馆，1985。

舒尔茨：《经济增长与农业》，郭熙保等译，北京经济学院出版社，1991。

宋林飞：《西方社会学理论》，南京大学出版社，1997。

唐恢一：《城市学》（修订版），哈尔滨工业大学出版社，2004。

乌尔里希·贝克：《风险社会》，何博闻译，译林出版社，2003。

谢立中：《西方社会学名著提要》，江西人民出版社，1998。

谢宇：《社会学方法与定量研究》，社会科学文献出版社，2006。

亚当·斯密：《国富论》，莫里编译，中国华侨出版社，2013。

杨德才：《工业化与农业发展问题研究：以中国台湾为例》，经济科学出版社，2002。

于海主编《城市社会学文选》，复旦大学出版社，2005。

约翰·汉尼根：《环境社会学》（第二版），洪大用等译，中国人民大学出版社，2009。

约翰·梅纳德·凯恩斯：《就业、利息和货币通论》，高鸿业译，商务印书馆，2016。

张琢、马福云：《发展社会学》，中国社会科学出版社，2001。

折晓叶：《村庄的再造：一个“超级村庄”的社会变迁》，中国社会科学出版社，1997。

郑杭生：《中国社会结构变化趋势研究》，中国人民大学出版社，2004。

中国社会科学院社会学研究所：《中国社会学》（第三卷），世纪出版集团、上海人民出版社，2004。

钟秀明、武雪萍：《城市化之动力》，中国经济出版社，2006。

周三多：《管理学》（第四版），高等教育出版社，2014。

Earl Babbie：*The Practice of Social Research*（*9th Edition*），清华大学出版社，2003。

Michael Lipton: *Why Poor People Stay Poor: Urban Bias in World Development Cambridge*, Harvard University Press, 1977.

论文类

陈明:《从转型发展看我国的城镇化战略》,《城市发展研究》2010年第10期,第1~8页。

胡荣:《社会资本与中国农村居民的地域性自主参与》,《社会学研究》2006年第2期,第61~85页。

贾宝军等:《中心~边缘模型(CPM)研究述评》,《陕西理工学院学报》(社会科学版)2006年第1期,第4~11页。

江淑文:《阿尔弗雷德·韦伯的工业区位论述评》,《台声·新视角》2005年第6期,第43~44页。

李培林、李炜:《近年来农民工的经济状况和社会态度》,《中国社会科学》2010年第1期,第119~131页。

刘传江、王志初:《重新解读城市化》,《华中师范大学学报(人文社会科学版)》2007年第40卷第4期,第65~71页。

刘精明、李路路:《阶层化:居住空间、生活方式、社会交往与阶层认同》,《社会学研究》2005年第3期,第52~81页。

刘仕俊、陈春华:《试论我国现阶段劳动力的有效转移》,《乡镇经济》2008年第3期,第60~63页。

毛丹:《村落共同体的当代命运:四个观察维度》,《社会学研究》2010年第1期,第1~33页。

钱伟:《区位理论三大学派的分析与评价》,《科技创业月刊》2006年第2期,第179~180页。

戎建:《城市化:主动还是被动?》,《经济体制改革》2006年第6期,第31~33页。

申静、王汉生:《集体产权在中国乡村生活中的实践逻辑》,《社会学研究》2005年第1期,第113~148页。

孙建波、张志鹏:《主动城市化:经济结构调整的关键依托》,《新华文摘》2010年第22期,第56~59页。

王春光:《中国城市化与社会结构变迁》,《中国农业大学学报(社会科学版)》2008年第25卷第3期，第55~67页。

王唯山:《城乡空间统筹下的厦门农村发展规划与建设》，《规划师》2007年第23卷第2期，第8~11页。

王新文:《城市化发展的代表性理论综述》，《济南市社会主义学院学报》2002年第1期，第25~29页。

徐勇:《农民理性的扩张:“中国奇迹”的创造主体分析》，《中国社会科学》2010年第1期，第103~118页。

张海波、童星:《被动城市化群体城市适应性与现代性获得中的自我认同》，《社会学研究》2006年第2期，第86~106页。

张鸿雁:《西方城市化理论反思与中国本土化城市化理论模式建构论》，《南京社会科学》2011年第9期，第1~10、15页。

张忠法:《国内外有关劳动力就业结构转换和劳动力市场的几个理论问题》，《经济研究参考》2001年第3期，第23~29页。

章光日、顾朝林:《快速城市化进程中的被动城市化问题研究》，《城市规划》2006年第30卷第5期，第48~54页。

赵新平、周一星:《改革以来中国城市化道路及城市化理论研究评述》，《中国社会科学》2002年第2期，第132~138页。

郑杭生、张本效:《“绿色家园、富丽山村”的深刻内涵》，《学习与实践》2013年第6期，第79~84页。

周怡:《共同体整合的制度环境:惯习与村规民约》，《社会学研究》2005年第6期，第40~72页。

致　谢

光阴荏苒、岁月如梭，不经意间已迎来了从事本研究的第十个年头，掩卷沉思，十年来的研究生活历历在目，无论是在撰写博士学位论文时所经历的甘与苦，还是近几年为修改、丰富、充实和完善博士学位论文所经历的得与失，皆化为记忆中甜美的回忆，并为能在逾不惑之年实现自己攻读博士的心愿，油然而生对老师和母校的不胜感激之情。

衷心感谢恩师纪晓岚教授的谆谆教诲和无私帮助。从博士学位论文选题的凝练，到论文结构的谋划；从调研地点的选择，到与各相关方的联系，以及调研的具体实施环节；从论文的写作过程，到具体细节的推敲，都倾注了她的心血。纪老师严谨的科研风格、宽广的研究视野、精益求精的研究态度、事必躬亲的学术努力和谦和的学术人品，让我受益匪浅：一方面，使我的博士学业能够在规定的时间内顺利完成；另一方面，为我此后的学术历程确立了坐标、树立起楷模。正是得益于此，我才能够在原有论文的基础上，在毕业后的两年时间内，在尽可能博览相关文献的同时，多次往返各样本村更新和充实研究数据及其他资料，力所能及地完善本研究成果。

衷心感谢恩师郑杭生教授的引导和栽培，恩师虽然已经仙游，但忆及与恩师的交往过程，无论是在中国人民大学做访问学者的一年间，还是在此前的接触中，郑老师构建的社会运行论、社会转型论、学科本土论、社会互构论、实践结构论等中国特色社会学理论体系，一直是我从事社会学研究的理论源泉，特别是贯穿于“五论”始终的“理论自觉”，既是郑老师自己对中国社会学的重大贡献，更是我们在本研究中敢于尝试理论创新的原动力，同时也为我们以后的学术生活规定了基本原则；郑老师在学术态度、论文写作方法等具体研究工作中的点拨和指导，是本研究能够顺利进行的重要支撑。在此，谨以此文纪念恩师！

感谢华东理工大学张广利教授的无私帮助，无论是在博士学位论文撰写方面，还是在日常工作、学习、生活方面，张老师的帮助，都让我感激不尽；感谢曹锦清教授的点拨与鼓励，曹老师在百忙之中抽出时间对我的博士学位论文进行了全面指点，对论文在质的方面的全面提升具有关键意义；感谢杨发祥教授的倾力支持与大力帮助；感谢徐永祥教授的教诲与鼓励；感谢张昱教授、范斌教授、郭强教授的教导与熏陶，感谢何雪松教授的指点与评价。各位老师渊博的学识、娴熟高超的教学技艺，是指导我在教学科研道路上不断前行的宝贵财富。

感谢浙江农林大学校院两级领导的大力支持和鼓励，同时感谢社会学学科全体同人的理解和支持。还要真诚感谢对我提供大力帮助的各位学友和学弟学妹，调研过程中的欢声笑语，学习间隙的相互鼓励与启发，生活上给予我的方便，让我曾经的博士学习过程充满无限乐趣。同时还要感谢浙江农林大学城市管理专业和农业科技组织与服务专业在读的诸位研究生同学，他们在后期为本研究成果集中校稿，在一定程度上保证了文稿的质量。

最后，祝我的父母亲朋身体健康，祝我的宝贝女儿张旭东茁壮成长。

附　录

附录一　1980～2008 年 J 村被征地情况统计表

序号	征地单位	耕地	非耕地	合计	劳动力安置情况	备注
1	上海市农学院	64.425		64.425	吸劳 37 名、养老 17 名	1986
2	县房产总公司振兴开发部	27.866	3.393	31.259	无	
3	沪市邮电器材公司	11.709	3.67	15.379	吸劳 14 名、养老 2 名	
4	上海市邮电管理局	15.432	8.204	23.636	吸劳 6 名、养老 2 名	
5	县建设实业总公司	18.198		18.198	吸劳 15 名、养老 6 名，七宝镇安排	
6	上海市建设四公司	18.88		18.88	吸劳 12 名、养老 6 名	
7	上海公安局 M 分局	反征 5.849		5.849	吸劳 5 名	原征用收回，拍给兆星泰路公司
8	县申莘投资开发公司	367.038	129.93	496.968	吸劳 202 名、养老 107 名	
9	市环卫局（渣土办）	46.444	4.83	51.274	吸劳 33 名、养老 7 名	
10	县建设总公司	154.32	78.336	232.656	不吸劳	
11	县房产总公司、振兴开发部	247.043	17.469	264.512	不吸劳，由 J 村安排	
12	县房产总公司、振兴开发部	33.067	7.133	40.2	不吸劳，由 J 村安排	
13	县房产总公司	13.96	4.02	17.98	不吸劳，由 J 村安排	
14	上海农口房产总公司	303.926	282.574	586.5	吸劳 312 名、养老 157 名	

续表

序号	征地单位	耕地	非耕地	合计	劳动力安置情况	备注
15	上海经济适用房	443.35	156.91	600.26	吸劳244名、养老121名	
16	上海华申房产公司			133.14	不吸劳	
17	M区教育局	101.313	34.56	135.873	吸劳101名、养老30名	
18	振兴房产公司 、	25.154		25.154	吸劳20名、养老7名	
19	市电力工业局	24.942	5.618	30.56	养老24名	
20	上海送变电公司	13.08	2.249	15.329	不吸劳	
21	国际针织	11.273	0.184	11.457	不吸劳	
22	上海市政管理局	42.256	205.04	247.296	不吸劳	
23	上海市园林管理局	64.148	13.282	77.43	不吸劳	
24	上海绿化管理局			63.323	不吸劳	
25	中国残疾人联合会	94.206	32.805	127.001	养老25名，其余J村安排	
26	中国残疾人联合会	28.446	6.214	34.66		
27	中国残疾人联合会		41.44	41.44		
28	中国残疾人联合会		59.9	59.9		
29	M区人民政府		245.973	245.973	不吸劳	
30	上海市天然气公司		2.757	2.757	无	包干补偿3000万元

图书在版编目(CIP)数据

城镇化的模式创新与风险管控 / 张本效著. -- 北京：社会科学文献出版社，2018.9
国家社科基金后期资助项目
ISBN 978-7-5201-3193-3

Ⅰ.①城… Ⅱ.①张… Ⅲ.①城镇经济-经济发展模式-研究-中国 Ⅳ.①F299.27

中国版本图书馆CIP数据核字(2018)第174571号

国家社科基金后期资助项目
城镇化的模式创新与风险管控

著　　者 / 张本效

出 版 人 / 谢寿光
项目统筹 / 谢蕊芬
责任编辑 / 胡　亮

出　　版 / 社会科学文献出版社 · 社会学出版中心 (010) 59367159
地址：北京市北三环中路甲29号院华龙大厦　邮编：100029
网址：www.ssap.com.cn
发　　行 / 市场营销中心 (010) 59367081　59367018
印　　装 / 三河市龙林印务有限公司

规　　格 / 开 本：787mm×1092mm　1/16
印 张：20.25　字 数：320千字
版　　次 / 2018年9月第1版　2018年9月第1次印刷
书　　号 / ISBN 978-7-5201-3193-3
定　　价 / 99.00元

本书如有印装质量问题，请与读者服务中心 (010-59367028) 联系